去趟民国
1912—1949年间的私人生活

刘仰东　编著

生活·讀書·新知 三联书店

Simplified Chinese Copyright © 2012 by SDX Joint Publishing Company. All Rights Reserved.
本作品简体中文版权由生活·读书·新知三联书店所有。
未经许可，不得翻印。

图书在版编目（CIP）数据

去趟民国：1912～1949年间的私人生活／刘仰东编著．—北京：生活·读书·新知三联书店，2012.1（2023.5重印）

ISBN 978-7-108-03913-2

Ⅰ．①去… Ⅱ．①刘… Ⅲ．①社会生活-中国-民国 Ⅳ．①D639.9

中国版本图书馆CIP数据核字（2011）第228923号

责任编辑　徐国强
装帧设计　蔡立国
责任印制　董　欢
出版发行　生活·讀書·新知三联书店
　　　　　（北京市东城区美术馆东街22号）
邮　　编　100010
网　　址　www.sdxjpc.com
经　　销　新华书店
印　　刷　北京隆昌伟业印刷有限公司
版　　次　2012年1月北京第1版
　　　　　2023年5月北京第11次印刷
开　　本　635毫米×965毫米　1/16　印张17.75
字　　数　237千字
印　　数　64,001-67,000册
定　　价　34.00元

（印装查询：01064002715；邮购查询：01084010542）

目 录

自　序	*1*
1. 男女	*1*
2. 饮食	*27*
3. 穿戴	*57*
4. 居所	*73*
5. 出行	*97*
6. 家境	*107*
7. 家事	*124*
8. 癖好	*140*
9. 做派	*159*
10. 性格	*182*
11. 起居	*192*
12. 习惯	*200*
13. 聚会	*207*
14. 交游	*222*
15. 恩怨	*237*
16. 年节	*247*
17. 意趣	*257*
18. 识见	*266*

自 序

民国史很短，只有三十八年。民国的历史虽短，却很热闹，出过不少大事。事情是人干的，因而民国时期也出了不少人物。但再大的人物，干再大的事的人物，也得过小日子，正如丘吉尔所言：仆人的眼里没有伟人。"大人物"过小日子，有时候就像大手笔写小文章，他们留下的故事，往往能让人一唱三叹、回味无穷。其实人物不论大小，比起当众亮相，他们不戴面具的私生活显然更容易引起常人的好奇心。

这本书写的就是私生活，或者说是私人生活的某些侧面、片断、细节，用的是"世说"一类的记述方式，素材大多取自回忆录、日记、书信等原始资料。忆者的脑子毕竟不等于录音机和摄像机，当中的某些细节，能否经得起有考据癖的所谓历史学家的推敲，谁也打不了保票。我们所尽力去做的，是让读者读一本好看的书，知道一些好玩的故事，领略一点当年的风情。而故事的背景是真实的，来龙是清楚的，不是捕风捉影的，更不是凭空瞎编的。

这是一本随意翻翻的书——没有头尾，没有章节，没有次序。只依类分了一二十个题目，也未必分得很清楚，因为生活中的事情，往往你中有我，我中有你。一页之间，这一段说的是民国元年，下一段也许就到了四十年代末，再下一段没准又回到了民国初年，反正就是这三十九年间的人和事。读者可以从头一页、从最后一页、从任何一页读起。从另一个意思上说，"随意翻翻"是指这本书从表到里都不沉重，是一本解闷的书，可以在大多数私下或公共场合花零碎时间阅读，比如床头、卫生间、厨房、阳台，比如各种交通工具，比如银行、公园、街头、河边、医院、餐厅、咖啡馆、茶楼、户外扎营的帐篷里……

民国的历史已届百年，还能去回忆民国那些事的当事人，已是一天比一天少了。民国史的专著和教科书倒有的是，但多流于说教，很难把读者吸引过来，带到民国去。我们倘能换一个视角，撇开所谓的大事，去看看当年那些"大人物"以及更多的小人物是怎么过日子的，过的是什么样的日子，不等于去了趟民国么？

作者的知识面和阅读量都有限，书中疏漏和缺憾在所难免，这是动笔之前就可以料定的。好在这不是什么"大全"一类的读本，"民国"也不是去一趟就非得转悠个遍的地方。剩下的遗憾，只能再找机会弥补了。

友人王鹤杰先生逐字逐句审阅了原稿，订正了不少错漏，提出了不少有见地的意见和建议；友人马长虹先生给了作者许多有益的指点，并为此搭进去很多心思和精力；三联书店潘振平副总编、徐国强编辑对书稿的出版给予了大力支持和帮助。特此一并向他们致以衷心的谢意。

刘仰东

2011 年 8 月

1. 男女

吴昌硕 70 岁时曾纳一妾，不出两年，妾便跟别人跑了，在与友人闲聊时，吴笑语："吾情深，她一往。"

王赓和陆小曼结婚时，女傧相有九人，徐志摩是男傧相之一。后来王陆离婚，陆小曼改嫁徐志摩，两人结婚时，王赓又成了男傧相。

毛彦文 33 岁时，嫁给了曾任北洋政府国务总理、后来成为慈善家的熊希龄，当时熊希龄已 66 岁。婚礼上悬挂的贺联，多涉及两人的年龄差。毛的一个同学与熊希龄是世交，平素称熊为"世伯"，他送的贺联是："旧同学成新伯母，老世伯作大姐夫。"报人崔通约的贺联是："老夫六六新妻三三，老夫新妇九十九；白发双双红颜对对，白发红颜眉齐眉。"学者沈尹默的对联是："且舍鱼求熊，大小姐构通孟子；莫吹毛求疵，老相公重作新郎。"三年后，熊希龄突发脑溢血去世，毛彦文此后终其一生，一直未再嫁。

1926 年，燕京大学从北京城里迁至西郊海淀，与清华相距不远。清华学生有时去燕京大学玩，能看见女生宿舍前贴着男生写的红绿纸条："我们不欢迎清华学生","反对清华学生到处乱窜"。

1923年8月17日，谢冰心和一群年轻人从上海乘船启程赴美留学。此前谢在贝满女中的一个同学来信请谢上船后找她的弟弟、清华学生吴卓，以便互相有个照应。谢上船的第二天，便让同学许地山去找，结果找来的并非吴卓而是吴文藻。后来问起姓名才知道找错了人。这一错，却成就了一桩脍炙人口的经典姻缘。

冰心和吴文藻结婚后，吴文藻把一张冰心的照片摆在书桌上。冰心问："你真的是每天要看一眼呢，还只是一件摆设？"吴笑道："我当然每天要看了。"某日趁吴去上课，冰心把相框里的自己换上阮玲玉，过了几天，吴文藻也没反应。后来还是冰心提醒吴文藻："你看桌上的相片是谁的？"

艺术史家滕固是地主家长大的少爷，曾留学日本，回国后任教于上海美术专科学校，这是上世纪20年代的事情。此期间，他看上了一个漂亮的女医生，守寡不久，独自行医，婆家娘家都是名门大户。女医生家里雇着一个乡下丫头，兼做家务和护士，丑且胖，后来被滕固拿下当了红娘，从中穿针引线，促成两人的情事，眼看要办喜事的当口，被女医生的婆家得悉，又请律师又登报，横加干涉，一时"家丑"外扬。女医生迫于压力，只得知难而退。滕固为此大病一场，也正是这场病，成就了他的一世姻缘。女医生家的丫头一直服侍孤独而患病的滕固，像个贴身的侍婢，在她的悉心调理下，滕固的身体日渐恢复，两人遂产生了爱情，这与蒋百里的经历有些相仿。后来，便有了滕固娶乡下丫头的骇俗之举。滕固的结婚仪式据说贺客寥寥，就连证婚人章太炎也没亲自到场。

清末，南京人陶保骏被两江总督端方委以军务要职，任内贪污了巨额军饷。武昌起义后，陶挟十数万贪款到上海，将钱物寄存在名妓沈秋水处，成了沈的恩客。后陶保骏被沪军都督陈英士设计枪决。陶死后，史量才来找沈秋水。沈担心钱物被当局侦知，正不知所措，便将实情端出，让史量才给拿主意。史听后作若有所思状。沈秋水急了，连连逼问，史量才才正色相对，说了这样一番话："此事处置不当，确有倾家之祸。现在我为怜惜你起见，也顾不得一切，我来担当风险。以我在上海政、商、学界的地位，可以说得到，做得到。当局既未来查包裹，你尽可放心。我来负责保证你的安全就是。"沈秋水听后不免感激涕零，史量才遂人财两得——沈秋水后来成了史量才夫人；而那笔陶保骏贪污的巨款，则成了史量才日后盘下《申报》的财源。

曾任北洋政府国务总理的潘复，是个见色就搂不住的人。民国初年，潘在财政部当司长。有一次他从天津回北京，在火车过道上遇见一体态妖冶的女郎，便上前吊膀子。该女自称叫张静娟，潘约她次日到东兴楼吃饭。第二天晚上，张果然姗姗而来，饭后张邀潘到家里小坐，潘去后才发现，此女是班子里的红妓。自此两情缱绻，终至互订婚嫁，张成了潘的大姨太太。后来潘又不择手段接二连三地纳妾，十多年后，凑成金钗半打。

1924年，末代皇帝溥仪被冯玉祥逐出皇宫。不出几年，冯手下的多位将领却与爱新觉罗家族结亲，成了端郡王载漪的孙女婿。

载漪之孙毓运曾忆及，上世纪20年代末，他的几个妹妹都在兰州女一中读书。一次，他六妹和同学黄宝贞（女一中校花）去兰州最大的绸缎店明义号买料子，碰巧遇见也来逛商店的七、八、九妹。黄宝贞当即热情邀请她们去家里作客。黄当时已婚，丈夫张允荣是甘肃省财政厅厅长。几个女孩拗不过黄宝贞的盛情，便跟着她一起去了。

黄宝贞的家安在省财政厅后院。她们路过客厅时，恰巧张允荣也在接待客人，当中有西北军高级将领门致中、孙连仲、冯安邦等。这三人当时还是光棍,见一群穿着很讲究的旗袍的女学生穿堂而过,不免一时分神,动了杂念。事后便屡托黄宝贞打探底细,再请媒人去提亲。后来,毓运的九妹和门致中、八妹和孙连仲、四妹和冯安邦、十妹和鲁崇义等在兰州订婚,这是1930年的事情。再后来,门致中调任宁夏省主席,孙连仲任青海省主席。

完婚以后,门致中、孙连仲等有一次和毓运闲聊时谈起,与端王家结亲,是一种巧遇的"天作之媒"。

奉系军阀汤玉麟曾在张作霖手下当军长,后任热河省主席。此人嗜色成性,妻妾成群。平泉县警察局长单某投其所好,在平津搜罗多名手段出众的交际花做姨太太,然后送到汤府应酬,陪酒陪睡。汤的两个儿子知道后,也给单打电话或直接派车去接,将单的姨太太请来自家陪着抽烟喝酒打牌睡觉,一玩就是十天半个月不回家。后来汤的孙子也知道了,单的这几个姨太太又去伺候汤家的孙少爷。如此祖孙三代争着和几个美人欢聚,却不闻醋海风波。这在当年,是一桩热河全省尽人皆知的风流闹剧。

抗战期间,曹聚仁作为战地记者,跑遍了大半个中国。一天深夜,他在皖南一个小镇的饭铺和伙计攀谈,伙计说镇上没旅馆,楼上有一个房间,只能和别人搭铺,曹也只能答应下来。他后来回忆说:"房中有两张床,右边那张床,住着中年妇人,带着一位16岁少女……我走得很疲乏,吃了晚饭便睡了。哪知到了半夜,那妇人一定要她女儿睡到我的床上。那少女一声不响,真的睡到我的身边来了。也就糊里糊涂成其好事了。后来,我才知道他们欠了饭店六块大洋,身边又没一文钱,只好听伙计的安排,走这么一条路了……第二天早晨,我便替她俩付了房钱,叫了一辆独轮车,送她俩上路,还送了十块钱。她俩就那么谢了又谢,把我看作是恩人似的。临别时,那妇人暗中塞给我一方手帕。我偷偷地看了,原来是猩红血迹的白手帕,我当然明白是什么了。"晚年，曹聚仁在回忆之余总结说："希望读者不必用道学家的尺度来衡量这一类的课题；在战时，道德是放了假的。"

作家姚雪垠早年入河南大学预科后，暗恋同班一个长相和成绩都很出众的女生。这是上世纪20年代的事情，那时在开封这样的内地城市还不兴自由恋爱，男女生之间界限分明。姚自始至终没有任何行动，只停留在单相思阶段。但他就此写了一篇小说，完全采取心理描写的手法，这大约是国内较早的一篇"意识流"小说。令人有些遗憾的是，姚雪垠为避免日后相见时的尴尬，并没有把小说捅出去发表。

女画家潘玉良本姓张，生在扬州，父母早逝，后被舅舅骗到芜湖，卖给了妓院。1912年初夏的一天晚上，芜湖商界在县城一家饭馆给刚到任的海关监督潘赞化接风，张玉良被召来唱歌弹琴。席间潘对张生出好感，被商会会长看在眼里，事后便把张送到监督官邸，借以拉拢潘赞化。潘就势收留了张玉良。张从良后，与潘结为夫妻，先去上海，又到海外，受到良好教育，成为名噪一时的画家。

1927年2月11日，梁实秋和程季淑在北京南河沿欧美同学会举行婚礼。仪式过程中梁实秋因戒指太松或手指太细不慎把戒指丢掉了。新娘程季淑对他说："没关系，我们不需要这个。"

1938年，20岁的文艺青年陈强（陈佩斯之父）经历一番漂泊，从国统区来到延安，成了鲁艺戏剧系的学员。他后来参加了一系列演出，这辈子出演的第一个反派角色，是话剧《国际玩具店》里的希特勒。此期间，因为戏中合作，他看上了鲁艺的一个女同学，据说是爱得死去活来并论及婚嫁。某日，上面突然找陈强谈话，告诉他该女生是有夫之妇。陈强顿觉惊雷乍响，失魂落魄。他为此不仅痛苦了很长一段时间，还大病一场。后来他才知道，她的丈夫是中共派到国民党军中任职的高级将领，由于形势险恶，她被秘密送到延安。

多年后，陈强从敌后回到陕北，路过绥德，歇了两天。他闲着没事上街看报，一抱小孩的妇女在他身边转来转去地盯着看，陈一转身，她脱口叫了声："陈强！"原来这正是陈强在鲁艺认识的女朋友。陈强被她带回家里洗澡吃饭。还送给他一套丈夫的衬衣、衬裤，又给他准备了毛巾、肥皂等。陈强后来甜蜜地回忆："我们有战斗友谊，也有朋友的友情，我们都忘不了那段使我大病一场的'人生插曲'。"

李叔同年轻时是一"翩翩浊世佳公子"，以结交娼优为一好。《弘一法师传》说他曾"浪迹燕市……与坤伶杨翠喜、歌郎金娃娃、名妓谢秋云辈以艺事相往还"。到上海后，又和名妓朱雁影、李苹香过往密切。

空照是个洋和尚，祖籍德国。他曾在汉口的花柳场所结识一个王姓商人，两人天天混在一起，征花纵酒。某日，他们叫来一个20岁出头的歌女，举止大方，谈吐不俗。王老板的轻狂劲一如往常，上来就要动手动脚，被空照劝止。歌女出于感激，邀空照次日到其寓所。空照如约而去，在门口就听到弹得很熟练的钢琴声。叩门后，琴声止，歌女含笑迎出。空照见她的梳妆台旁边，有一本狄更斯的原版小说，便用英语和她对话。歌女含泪痛说家史，空照出于慈悲，从中斡旋，终使歌女脱离风尘。

民国初年的名记者林白水有一子，名陆起，被爷爷视做至宝。他自小随爷爷出入花街柳巷，从而被那里的氛围"殃及"一生。他最爱去的地方是歌楼酒馆，最爱看的是花枝招展的姑娘，最爱听的是莺歌燕语，最渴望整天生活在脂粉群中。他同父异母的妹妹后来叹道："可惜我们家不是大观园，他如果有一个大观园式的家，一定是其中的贾宝玉了！"

蒋介石与宋美龄成婚前，曾在《申报》登离婚启事："毛氏发妻，早已仳离；姚陈二氏，本无契约。"

金城银行总经理周作民出身寒微，后被同乡富户何家相中，欲招为女婿。何家小姐起初不肯，后勉强同意。何家招赘的当夜，据说贺客盈门，及宾相送新郎入洞房的刹那，何小姐又不干了，叫人把门关上，致场面尴尬。后何家把何小姐一向尊敬的一位老者请来劝说，盛称周的才干，非池中之物，将来必成大器。一番胡乱吹嘘后，何小姐这才开门成亲。

1929年5月26日，鲁迅在写给许广平的一封信里提及："丛芜因告诉我，（高）长虹写给冰心情书，已阅三年，成一大捆。今年冰心结婚后，将该捆交给她的男人，他于旅行时，随看随抛入海中，数日而毕云。"

白云观住持安世霖表面上"道"貌岸然，实则一肚子男盗女娼。他的日常生活之阔绰和奢靡，丝毫不逊于京城的显贵们。他常把情妇从白云观后花园的暗道经夹壁墙引入其住室过夜。固定的姘妇有五个：一个是新街口的康太太；一个是西单古玩铺老板的女儿赵二姑娘；一个名赵小叶；一个是他表妹，住安定门；还有一个住西直门。安不仅自身多犯清规，平时更多行不义，抗战胜利后，被36名道众火烧于观内。

江苏督军李纯虽有两妻四妾，却无子女，抱养了一个厨子的儿子，取名李震元。李震元长大后成了纨绔子弟，其妻方氏说："他奸污的女生被遗弃后，不敢公开指控，用信寄到家里痛骂他的就有九十几封。"

黎本危是黎元洪的宠妾。黎元洪原为前清一协统，黎本危则是汉口大智门一带的妓女。武昌起义爆发后，黎元洪躲在黎本危家不肯出来,革命党人就是从黎本危的床底下把他拖出来的。黎元洪第二次当政下台前,把15颗印信交给黎本危带到东交民巷德国医院躲藏起来。两人也算是患难与共了。

何应钦无子女,却一直不纳妾。这在所谓"党国要人"中,似不多见。

陈诚的妻子谭祥系谭延闿次女,宋美龄的干女儿,曾留学美国。宋美龄将谭祥介绍给陈诚时,据说谭延闿并不同意,但陈对谭倾心已久。1930年冬,谭延闿去世不久,陈诚到长沙访何健等,临别时,一夜两宴,痛饮达旦。大醉之后,陈在上车前仍没忘了"审查"他给谭家买的求婚礼物,属下将在长沙八角亭选购的鹅绒织锦沙发椅垫、枕头、鹅绒被等数十件高档用品铺满一餐厅。回南京后,陈诚派人将这些礼品连同他的亲笔信送到成贤街谭公馆,谭家随即回柬请陈,因谭延闿病故不久,只以茶点招待。这门亲事就算敲定了。

名号瑞蚨祥的销售对象多为豪门贵妇,送货到宅,是瑞蚨祥的一种"非常"促销手段。所谓送货,也搭着有"送人"的意思。送货人员是一水的翩翩少年,伶牙俐齿,修饰整洁,与一般送货工是两码事。他们出入豪宅,贵妇、小姐们不仅看货,顺带也看人,人既顺眼,货自然也中意,得利的最终还是商家。碰上不安于室的贵妇,打起送货人的主意,也是难免的。

日伪时期,北平伪商会会长邹泉荪有一爱妾,藏娇于中南海内。邹因有数处公馆,加上"公务"缠身,不能天天莅临妾处。邹妾便利用在瑞蚨祥购物之机,与一个姓孟的送货员勾搭成奸。孟某一次离去时,将大衣遗忘在邹妾处,被邹发现。隔了几天,邹打电话到瑞蚨祥,询问是否有人送货到家,答有孟某已去。邹遂匆匆赶回,撞个正着,气急中扬起手杖就打,孟自知理亏,只得抱头鼠窜而逃。邹泉荪后以几千伪币将妾打发出门，邹妾便带着孟某去上海同居，不久又另有新欢，弃孟如遗。

抗战期间，顾祝同任第三战区司令长官，长官部位于距屯溪十多公里的梅林。1938年夏天，长官部派汽车从温州接来一个戏班子，两个女角是姐妹俩，大的叫美素娟，小的叫花秀琴，两人曾是杭州大世界的二等角儿。美素娟唱了十来天戏，突然销声匿迹，去向不明。两个月后，花秀琴也悄然离开。

原来，美素娟到屯溪不久，去长官部唱了两天堂会，被顾祝同一眼相中。上官云相、邹文华等投其所好，从中撮合，将美素娟纳为顾祝同的外室，在铅山找了一栋小公馆，并派一个叫吴宝书的少校副官不时去照料。不久，美便怀孕。这事免不了传到身在重庆的顾妻许文蓉耳中，许闻后兼程赶到上饶（此时三战区长官部已迁至上饶），直接找吴宝书，施以压力，吴被迫吐实，并把许带到小公馆。

许文蓉一见美素娟，先来一通甜言蜜语，张口闭口以"妹妹"相称，嗔怪说："墨三（顾祝同字墨三）也太不应该了，这么大的事情也不通知我，委屈了妹妹。现在你又怀了孕，真是我们顾家的福。"说得美素娟心花怒放。次日，许端来一碗药，说是自重庆带来的安胎药，极其名贵，妹妹吃了对胎儿很好。美自然深信不疑，当即喝下。许见状说了声："好好休息，我再来看你。"这其实是一剂加料的堕胎药，美素娟服用后很快就和腹中胎儿双双被毒死。许文蓉没和顾见面就回到重庆，并向蒋介石检举此事。蒋后来给顾去电，称淫伶美素娟有重大敌特嫌疑，"仰速查明具复"云云。

宋希濂驻扎昆明时，其妻对他看管甚严。一天宋晚归，妻审问何故，宋答："打扑克去了。"当时流行一种叫"唆哈"的扑克牌赌博游戏。妻仍不信，宋顺手从兜里掏出一沓票子，说："这是我赢的钱。"宋妻一把抢过来，扔到炉子里烧了。据说后来蒋介石训斥宋希濂："你老婆把票子都烧了！你们有多少钱？"

抗战期间，陈立夫想把孔祥熙的二小姐孔令俊介绍给胡宗南为妻。胡先向戴笠了解，得到的"情报"是孔二小姐生性浪漫，品行不端。后来孔令俊到西安相亲，胡宗南化装到孔的住处先"侦察"一番，见孔举止粗蠢，长相吓人。又听说孔经常女扮男装，短发西服，雌雄莫辨，且恶少气十足。胡遂彻底打消娶孔的念头，借故推说军务紧张，避而不见。后来胡写信如此答复陈立夫："国难当头，正我辈军人抗敌御侮、效命疆场之时，匈奴未灭，何以家为？"

韦永成是李宗仁的表亲，年轻时有"广西潘安"之说。他在德国留学时认识了蒋介石的侄女，蒋小姐主动追求韦，韦则待价而沽。蒋父当时也不肯把女儿嫁给一个广西佬，但蒋小姐大有非韦不嫁之势。抗战时，韦永成在安徽当厅长，蒋小姐从上海跑到安徽和韦成婚。蒋桂这两个对立的政治集团于是便攀起亲来。后来竞选副总统时，他们成了两方都想拉拢，又都有所防备的一对夫妻。韦曾向李宗仁一方提供过一些重要"情报"。

蒋宋成婚前后，奉化县长是徐之圭。某日，徐的同学张明镐去看他，徐很神秘地对张说："你来得很巧，我给你看一样东西。"说着从办公室抽屉里取出一份文件，张仔细一看，原来是蒋介石与原配毛福梅的协议离婚书。徐之圭笑道："本老爷三生有幸，办此千古大案。"张打趣说："贵老爷若在这份离婚书上批个'不准'两字，定必名扬千古！"

一次，蒋介石和宋美龄从镇海机场乘一辆黑色特长轿车去溪口。同车一个侍从室人员回忆，在80分钟的车程中，两人谈笑风生。宋美龄和蒋介石打赌说："谁先见到江口塔，谁就赢。"过了一会儿，蒋说："我先看见了。"宋不认输，说："我老早就看见了。"两人在雪窦山上散步时,常手拉手往返于妙高台和相量岗之间。

抗战期间,蒋纬国在胡宗南部当连长。敌机空袭西安时,蒋纬国在防空洞里认识了西安大华纺织公司董事长石凤翔的女儿石景宜。两人一来二去,有了意思。石小姐长相平常,肤色黝黑。她的一个可取之处,是生在富豪之家,却从不修饰自己。她不穿高跟鞋,不涂脂抹粉,身上穿的蓝呢大衣,也是她自家厂里出产的。她的另一个可取之处,是性格温存,体贴,善解人意。两人结婚时,戴笠特地不远千里而来,和胡宗南一起出席了婚礼。

孔祥熙的大女儿孔令仪对家里给她介绍的对象一概拒绝,自己选中了圣约翰大学毕业生陈继思。陈父是上海一个舞场的音乐指挥,孔祥熙夫妇觉得陈出身不行,够不上门当户对,一直不同意这门亲事。孔大小姐不管这一套,和陈远走美国,两人在纽约结婚。孔祥熙夫妇见木已成舟,只得默认,空运补送了一份嫁妆,不巧飞机失事,遂引来社会指摘。

孔祥熙的儿子孔令侃想娶宋子文的妻妹为妻。宋霭龄认为儿子娶娘舅的小姨子,有点不成体统。孔令侃说:"娘舅归娘舅,讨他的小姨子,我就是他的连襟。"

《红旗谱》的作者梁斌年轻时,有人来家里提亲,说的是邻村一个16岁的姑娘。母亲让他二哥去打听打听,二哥去后,见村口有个打鱼的,就上前问这姑娘长得怎么样。打鱼的说:"长得怎么样?有鼻子有眼就行了!"

梁斌年轻时看上同村一个叫云英的女孩,没事就在她家对过的大木头上坐着,可以看见云英家的台阶。有时云英从台阶上经过,进门前回头朝他笑笑，常令梁斌心跳不止。梁斌晚年在回忆录中写道："此事过去了几十年，如今年已古稀，儿孙成群了，我的心上还想着她，两地相隔，想见一面也难呀！我把这种悬念，写进《红旗谱》和《烽烟图》中。"

1933年7月，胡风从日本回国，住在上海施高塔路四达里韩起家。一天下午，韩家后门传来一阵敲门声，韩起夫人把钥匙从楼上扔下去，却摔断了，只好下楼开门。进来的是楼适夷，后面跟着个小姑娘，经韩起介绍，知其名屠玘华。屠当时穿一件淡蓝色的短旗袍，短头发，显得很精神，给胡风留下了极佳的印象。她便是后来的胡风夫人梅志。

郁达夫和王映霞结婚后，经常双双漫步街头。冷眼看去，一个服装华丽、风姿绰约的少妇，身边跟着个蓝布长衫、弱不禁风的瘦男，类似于公馆里的少奶奶带着听差上街闲逛。

四川军阀杨森有一堆小老婆，却不许青年男女自由恋爱，在街上同行。当时少年中国学会会员舒新城在成都教书，思想解放，穿戴时髦。一日他和女友手拉手漫步街头，恰巧被杨森撞见。杨回去立即下令捉拿舒新城，甚至扬言要枪毙舒。作家李劼人闻讯后将舒新城在家里藏了三天三夜，后又化装把舒送出四川才算了事。

诗人臧克家在一篇回忆文字中说：张宗昌"姨太太几十个，编成号码"。

作家黄药眠回忆说："曾经有一位姑娘，送给我一张相片，背面写着：'您瞧，她在献给你微笑。'她是一个很可爱的姑娘。但是因为穷，我还是微笑地谢却了她的微笑。"

兰妮是上海有名的交际花，一度为孙科情妇。抗战时期她曾得到一笔相当可观的不明财产，胜利后，被当作敌伪财产没收。兰妮找到时任立法院长的孙科求援，孙便致信上海有关官员，替兰妮说情。信中称兰妮为"敝眷"，一时传为笑谈。后来孙科和李宗仁竞选副总统时，黄绍竑甚至化名以《敝眷兰妮》为题在报上写文抖搂孙科的老底。

学者钱穆的第一个妻子病故后，吴江友人金松岑给钱介绍自己的族侄女，该女曾是东南大学校花。两人书信来往几次后，在金家见了一面。该女告诉金松岑：钱先生为师则可，为夫非宜。

郁达夫的视线总离不开女人。上世纪20年代，他去苏州旅游，转遍了玄妙观周围，称印象深刻的观感只有两个。其中之一是三五个年轻姑娘在观前街一家箫琴铺买箫，郁达夫站在旁边一阵呆看，她们也回了郁几眼。

吴宓赴美留学期间，经同学介绍与从未谋面的杭州姑娘陈心一订婚。时吴宓与一道赴美的清华同窗朱君毅是情同手足的哥们儿，而朱的未婚妻毛彦文与陈心一又是浙江女师的同学。吴宓便委托毛彦文代为打探陈心一的底细，毛考察一番后回复说："陈女士系一旧式女子，做贤妻良母最为合适。皮肤稍黑，性情似很温柔，倘吴君想娶一名能治家的贤内助，陈小姐似很适当；如果吴君想娶善交际会英语的时髦女子，则应另行选择。"后吴宓回国与陈心一成婚，却又看上了曾代他考察未婚妻的毛彦文。

吴宓和陈心一离婚后，毛彦文分析说："吴（宓）脑中似乎有一幻想的女子，这个女子要像他一样中英文俱佳，又要有很深的文学造诣，能与他唱和诗词，还要善于辞令，能在他的朋友、同事间周旋，能在他们当中谈古说今，这些都不是陈女士所专长，所以他们的婚姻终于破裂。这是双方的不幸，可是吴应负全责。如果说他们是错误的结合，这个错误是吴一手造成的。"毛彦文所言吴宓脑中幻想的女子，其实指的就是自己。

学者姜亮夫从清华毕业后，到上海教书，认识了陶小姐，并论及婚嫁。女方出身豪门，家里不识穷书生的潜质，开出的条件是姜必须出洋镀金，否则不得履行婚约。姜为了爱情毅然留学法国，三年后才回到国内，两人终成眷属。姜后来成了著名学者，其夫人则温柔闲静。

朱自清25岁时，写了名篇《桨声灯影里的秦淮河》，当中一段文字涉及对妓女的看法："一、在通俗的意义上，接近妓者总算一种不正当的行为；二、妓是一种不健全的职业，我们对于她们，应有哀矜勿喜之心，不应赏玩地去听她们的歌。"

1940年，戴望舒之妻穆丽娟决定和他离婚。戴望舒因此向她发出《绝命书》，说："从我们有理由必须结婚的那一天起，我就预见这个婚姻会给我们带来没完的烦恼。但是我一直在想，或许你将来会爱我的。现在幻想毁灭了，我选择了死……"但戴望舒终于没有死成。

学者谢国桢二十多岁时游杭州，在西湖附近的葛岭闲逛时，遇见两个老者，其一姓李，据说懂得相术，谢便请他给自己看看。李说："谢先生相貌很好，将来一定有二十年的好运，可是有一桩，如果是不怎样……那就更好了。"谢马上问："怎么样？"李吞吞吐吐地说："要是到三十五六岁的时候，不被娘儿们引诱，那就更好了。"谢说："我又不嫖姑娘，那又怕什么？"李正色道："花钱取乐，不损人格，那又怕什么！只怕是不花钱的女人呀！"十多年后，谢已四十朝外，自嘲道:"深盼有一天机会来临,可是一直到民国三十二年尚未遇见一回事,真是书生老矣,机会不来。"

上世纪二三十年代,北京女学生的择偶标准被编成一句顺口溜:"北大老,师大穷,清华、燕京可通融。"

刘海粟这样描述自己的第二个妻子:"当时,成家和较之一般的女孩子,是很美的,她的容颜、体型、风度、神韵皆美。"抗战时,先是刘海粟没有留下足够的生活费便抛下妻儿去了南洋,后来成家和又抛下儿女,带着刘海粟的藏画和作品与人私奔。

画家叶浅予的第一次婚姻并不幸福,女方罗彩云不识字,两人情趣上的距离可想而知。叶那段时间经常借酒浇愁,遂有女画家梁白波的第三者插足。叶梁的私情后被罗发现,据叶后来回忆,罗彩云"有如缉私巡警一般,随时追踪袭击我们,记得1936年她'袭击'了两次。一次在上海某处亭子间,由女儿的奶妈侦察追踪,把我们抓获。罗彩云俨然以太太自居,把白波当成姨太太来羞辱,我当时惊慌得不知所措。另一次在南京,罗彩云把她的父亲也搬了来,当面逼我'定个名分'。我被牵着鼻子送他们父女回上海,还由律师作证,写下了保证书。"解放后,叶和罗正式办理了离婚手续,但"文革"中罗仍受叶的牵连而遭罪,后服安眠药离世,死前,她对女儿说:"你们叶家害得我好苦!"

叶挺向李秀文求婚时,李家家底殷实,李父提出成婚的两个条件:一、叶须当上团长;二、女儿出嫁时,他把家产全部卖掉,给女儿当嫁妆,但女儿女婿须负责给他们养老。后来叶家用这笔钱在澳门买了一幢房子,又租了一幢房子,并保障了一家人的日常开销。

胡絜青回忆说:1930年的寒假,老舍回到北京。"罗莘田请我和老舍在家里吃了一顿饭,接着,白涤洲先生和董鲁安先生也单请我和他去吃饭。这几顿饭当然都是主人有意安排的,我和他这两个客人心里也明白。吃过这几顿饭,他给我写了第一封信。他说:咱们不能老靠吃人家的饭来见面,你我都有笔,咱们在信上把心里的话都说出来吧。他先说了心里的话。回到济南以后,他每天起码给我一封信,有时两三封信。"

梁思成说:"我爹(梁启超)把家庭的财政大权给了第一夫人,把爱情给了第二夫人。"

学者张岱年晚年对儿媳说:"年轻时,你妈的手凉,我的手热;现在呀,是她的手热,我的手凉。"

梁漱溟的侄女婿也是他的得意门生,结婚时梁说了一番夫妻理当相敬如宾的话后,举例道:"如像我初婚的时候,我对于她(梁漱溟夫人)是非常恭敬,她对于我也十分的谦和。我有时因预备讲课,深夜不睡,她也陪着我,如替我沏茶,我总说谢谢,她也必得客气一下。因为敬是相对的、平衡的……"话未说完,其太太突然大声叫了起来:"什么话?瞎扯乱说!无论什么到你嘴里就变成哲学了!……"

林语堂夫妇感情很好,生活上自然也很默契,彼此相知。一次聚会,林先到,后门外有皮鞋的脚步声,林侧耳一听便说:"她来了!"

作家赵景深回忆,他第二次结婚前,友人钱歌川与妻子凌丽茶去赵家看新娘子,"凌女士很漂亮,在我的朋友们妻子中间,像这样具有丰仪的女性是很少见的。歌川的肤色也很白皙,略为隆起的希腊式的鼻子,与丽茶真是一对璧人。"

抗战时期，学者舒湮住在重庆。某个周末他去歌乐山，等公共汽车返回时，舒湮牙疼加剧，恰巧附近有一家医院，便去求诊。一个姓吴的值班女医生接待了他，说是周日不门诊，把他回了。舒湮不死心，说："我是特地从重庆赶来求诊的。倘若在此地过夜，明天再来，实在有些不大方便，请通融一下吧。"吴小姐便为他拔了牙。舒湮以为拔牙很疼，没想到吴小姐医术高妙，牙拔下来的时候，舒湮竟然不知道。他说："我宁愿牙齿多坏几颗！"这一通融，正如舒湮所愿。后来，两人在重庆举办婚礼，证婚人是张元济。张在婚礼上说，舒湮的先人冒辟疆当年带着董小宛去过他的老家——浙江海盐。

胡适说："陆小曼与徐志摩的关系只有少数人能够了解，还有几个人是'完全了解'，而我就是'完全了解'。"

诗人杨骚和白薇约定，等他在新加坡嫖妓过百，真正懂得女人之后，两人再结婚，白薇居然同意。杨是否嫖娼过百不得而知，但他确因此染上了一身性病。

章克标回忆说："林语堂逢场作戏地在交际场中，也会吃花酒，叫条子了，也懂得长三堂子的韵味了。他还十分赏识那时的名妓富春楼老六，好像还为她写过捧场、赞美的文字。他穿着长袍马褂，伴陪了交际花、名妓到高级跳舞厅婆娑起舞或坐听音乐，也感到兴趣不恶了。"

茅盾在回忆录《我走过的道路》中，只字未提秦德君其人，但在茅盾的一生中，这是一个抹不去的名字。大革命失败后，茅盾和秦德君同船避往日本，在京都同居。1930年又一起回国，仍同居数月。秦德君曾为茅盾两次堕胎，一次自杀（未遂）。

郁达夫和王映霞结婚后，曹聚仁对徐懋庸说："一个瘦的诗人，配上一个结实的美人,一定要时常牙齿疼,终于闹离婚。"曹聚仁下这个断言还有一个理由,他说过:诗人住在历史上是一个仙人,住在楼上就是一个疯子。后来郁王终于闹翻,演成悲剧。曹聚仁又和黎烈文说:"这是对才子佳人型恋爱的最大讽刺。"

苏曼殊好逛妓院,但他找的姑娘没一个和他有床笫私情。这是典型的目中有妓,心中无妓。

章亚若风情万种,在认识蒋经国以前,已经有过三次婚姻。蒋经国任职赣南时,一次左右公宴蒋经国,章亚若也在座。喝到最后,只剩蒋章二人,章亚若便成了蒋经国的爱人。章后来怀孕,因难产而死。据说章死不瞑目,一直等到蒋介石从重庆来电话,左右传话给她听:"老人承认她是他的媳妇。"章才闭目。

阮玲玉自杀后,影迷迁怒于她的情人唐季珊。唐原为华茶公司经理,阮死后唐竟致不敢在上海住下去。后唐迁往昆山时,头等二等车也都不敢坐,穿一件破布衫挤在三等车上。

陈碧兰原为黄日葵的妻子,到莫斯科东方大学留学时被罗亦农追到手,两人在莫斯科同居。回国后,陈碧兰又与彭述之发生恋情,据说在喜宴上,萧楚女曾当众问陈:你下次什么时候再请我们吃这样的喜酒呢?罗亦农后又找了个新爱人——诸友伦,诸原为贺昌之妻,贺去莫斯科开会时,诸与罗同居。诸后来也去了莫斯科。1927年罗亦农在武汉得知诸有伦与自己脱离关系后,又与李哲时同居。罗亦农牺牲后,其遗体为李哲时收殓。

梁漱溟曾这样描述自己的原配夫人:"她的衣履装饰,极不合时样,气度像个男子,同她的姐姐伍夫人站在一起,颜色比姐姐反见老大。凡女子可以引动男子之点，在她可说全没有。就在这匆匆一面后，我们便订了婚。"1934 年，梁漱溟夫人因难产而死，梁又写道："我和她结婚十多年，我不认识她，她也不认识我。正因为我不认识她，她不认识我，使我可以多一些时间思索，多一些时间工作。现在她死了，死了也好，处在这样的国家，这样的社会，她死了使我可以多一些时间思索，多一些时间工作。"

梁漱溟的一个学生结婚，梁写一条幅赠送："男女居室，西人言爱，中国主敬，敬则爱斯久矣。"

1923 年夏天，有妇之夫胡适与未婚女青年曹诚英在杭州烟霞洞同居数月，曹诚英对诗人汪静之说："我们在烟霞洞真像神仙一样，快活死了！"

朱毅农一直单恋胡适，后因精神失常入院。1930 年 10 月 20 日，胡适去医院探望朱毅农，朱告诉胡适："我是为了想你发疯的。"

沈从文当年拼命追求张兆和，留下不少故事。沈是中国公学的老师，张是英语系的学生。一天张带着一大包沈写给她的情书去见胡适校长，张举出沈信中的一句话："我不仅爱你的灵魂，我也要你的肉体。"认为这是对她的侮辱，请校长给她做主。胡适皱着眉头听张陈述后，温和而诚恳地对她说："我劝你嫁给他。"但沈骨子里似乎并非一个感情专一的人，把张追到手后，他又惹出多起婚外恋来。沈曾对友人说："打猎要打狮子，摘要摘天上的星星，追求要追漂亮的女人。"

闻一多的一个朋友婚后移情别恋，家庭濒临散伙。闻一多劝他："你何必如此呢？你爱她，你是爱她的美貌，你为什么不把她当做一幅画像一座雕塑那样去看待呢？"

林语堂在谈到许广平与鲁迅相爱时说："许女士爱他，是爱他的思想文字，绝不会爱他那副骨相。"

大革命时期，黄慕兰、范志超等在武汉工作，同住一个宿舍，她们都是单身，且年轻漂亮能干，在武汉三镇很有名。一些单身男士天天晚上往她们的宿舍跑，赖着不走。瞿秋白的弟弟瞿景白也在死追范志超，瞿景白是塌鼻子，瞿秋白对他说："在你没有把鼻子修好以前，还是不要急着追求范。"瞿景白把这番话写在信中传递给范志超，范在信上批道：女人要求于男人的并不是鼻子。把信退了回去。瞿景白逢人便展示范的"批语"，以致很多人半开玩笑地问范志超：女人要求于男人的到底是什么呢？

大革命失败后，茅盾和范志超从九江同船潜回上海。两人不敢随意走动，就在船舱内闲聊。范志超告诉茅盾，她没有爱过任何人，当年嫁给朱季恂并非出于爱情，而是工作需要。范还让茅盾看黄琪翔（时为张发奎部军长）写给她的许多情书。茅盾读后感慨道：想不到黄琪翔能写如此缠绵的情书。

学者罗尔纲说："我和张兆和同班，还同选过一门只有七个人选的《说文》，却从来没有说过一句话。"

学者钱端升年轻时与陈公蕙谈恋爱，两人酝酿结婚时，闹了一回别扭，陈负气而去，回了天津。梁思成会开汽车，钱端升便求梁开车追，车内除了钱、梁，还有林徽因和金岳霖。四个名人开车追到天津，结局自然是两人重归于好，不久，陈公蕙就成了钱太太。

上世纪 30 年代，季羡林在清华读书，他当年写的日记后来以《清华园日记》出版，作者对原稿未做任何改动，当中不乏涉及男女的内心表白。如："1932 年 12 月 1 日，过午看同志成中学赛足球和女子篮球。所谓看女子篮球者实在就是去看大腿。说真的，不然的话，谁还去看呢？""12 月 21 日，看清华对附中女子篮球赛。说实话，看女人打篮球，其实不是去看篮（球），是在看大腿。附中女同学大腿倍儿黑，只看半场而返。""1933 年 12 月 2 日，过午看女子篮球赛，不是去看想[打]篮球，我想，只是去看大腿。""1934 年 5 月 10 日，晚上，有人请客，在合作社喝酒，一直喝到九点，我也喝了几杯。以后又到王红豆（即王岷源，红豆乃混蛋的对音）屋去闲聊，从运动扯起，一直扯到女人，女人的性器官，以及一切想象之辞，于是皆大欢喜，回屋睡觉。""今天（5 月 17 日）看了一部旧小说《石点头》，短篇的，描写并不怎样秽亵，但不知为什么，总容易引起我的性欲。我今生没有别的希望，我只希望，能多日几个女人，（和）各地方的女人接触。"

吴宓任清华教授时，曾疯狂追求毛彦文，甚至在报上发表爱情诗，当中有"吴宓苦爱毛彦文，九州四海共惊闻"之句，有人请金岳霖去劝劝吴宓。金就去对吴宓说："你的诗如何我们不懂。但是，内容是你的爱情，并涉及毛彦文，这就不是公开发表的事情。这是私事情。私事情是不应该在报纸上宣传的。我们天天早晨上厕所，可是，我们并不为此而宣传。"吴宓听了很生气，说："我的爱情不是上厕所。"金岳霖说："我没有说它是上厕所，我说的是私事不应该宣传。"

金岳霖喜欢对对子，他针对梁思成、林徽因夫妇作过一个对联："梁上君子，林下美人。"梁思成听了很高兴，说："我就是要做'梁上君子'，不然我怎么能打开一条新的研究道路，岂不还是纸上谈兵吗？"林徽因听了很不高兴，说："真讨厌，什么美人不美人，好像一个女人没有什么事可以做似的，我还有好些事情要做呢！"

金岳霖终身未娶，也有人说他是为了林徽因终身不娶。林洙曾著文谈及这件事："我曾经问过梁公，金岳霖为林徽因终生不娶的事。梁公笑了笑说：'我们住在总布胡同的时候，老金就住在我们家后院，但另有旁门出入。可能是1931年，我从宝坻调查回来，徽因见到我哭丧着脸说，她苦恼极了，因为她同时爱上了两个人，不知怎么办才好。她和我谈话时一点不像妻子对丈夫谈话，却像个小妹妹在请哥哥拿主意。听到这事我半天说不出话，一种无法形容的痛苦紧紧地抓住了我，我感到血液也凝固了，连呼吸都困难。但我感谢徽因，她没有把我当一个傻丈夫，她对我是坦白和信任的。我想了一夜该怎么办？我问自己，徽因到底和我幸福还是和老金一起幸福？我把自己、老金和徽因三个人反复放在天平上衡量。我觉得尽管自己在文学艺术各方面有一定的修养，但我缺少老金那哲学家的头脑，我认为自己不如老金，于是第二天，我把想了一夜的结论告诉徽因。我说她是自由的，如果她选择了老金，祝愿他们永远幸福。我们都哭了。当徽因把我的话告诉老金时，老金的回答是："看来思成是真正爱你的，我不能去伤害一个真正爱你的人。我应该退出。"从那次谈话以后，我再没有和徽因谈过这件事。因为我知道老金是个说到做到的人，徽因也是个诚实的人。'"

徐悲鸿与蒋碧微当年属于"私奔"式的结合。徐在暗中筹划离开上海时，给蒋碧微做了许多衣服，花色、料子和样式，全部按照自己的审美观挑选，蒋碧微后来很满意，说："他是艺术家，懂得色调的搭配和式样的合宜。"

徐悲鸿任中央大学教授时，与一个名为邵可侣的法国人为邻。徐看邵是外国人，只身在中国，生活不便，便请他来家里吃饭，并声明不收费用。一次徐去上海，邵可侣和蒋碧微同桌吃饭时，突然抓住蒋碧微的手，蒋很惊骇，因为以邵平时的为人，不应该有这样的举动。蒋碧微不动声色地轻轻把手抽回，平静地起身，退出餐厅。后来邵到北平教书，一次来南京，去看徐悲鸿夫妇，徐不在家，当时徐蒋之间的感情已出现裂痕，邵也已知道，他对蒋说："你为什么不到北平来，你知道那里有一个朋友，他愿意照料你和安慰你。"

1926年底，任教于中山大学的郁达夫打算离开广州，12月3日晚，几个学生给他饯行，女作家白薇同座。郁达夫喝多了，散席后又和白薇等去看电影。出电影院仍未酒醒。郁达夫在日记中说："路上起了危险是幻想，因为时候太迟了，所以送白薇到门口的一段路上，紧张到了万分，是决定一出大悲喜剧的楔子，总算还好。送她到家，只在门口迟疑了一会，终于扬声别去。"十天后，他又在日记中写道："白薇去了，想起来和她这几日的同游，也有点伤感。可怜她也已经过了青春，此后正不晓得她将如何结局。"

郁达夫从广州回到上海后，1927年1月13日从邮局取回其妻孙荃从北京寄来的皮袍子，在当天的日记里感慨道："我想顶好还是早日回北京去，去和她抱头痛哭一场。"第二天，"午前洗了身，换了小褂裤，试穿我女人自北京寄来的寒衣。"没想到中午去一个同乡家串门，"在那里遇见了杭州的王映霞女士，我的心又被她搅乱了，此事当竭力的进行，求得和她做一个永久的朋友。""中午我请客，请他们痛饮了一场，我也醉了，醉了，啊啊，可爱的映霞，我在这里想她，不知她可能也在那里忆我？"次日，郁达夫在日记里说："荃君（郁达夫妻）信来，嘱我谨慎为人，殊不知我又在为王女士颠倒。"

林语堂是福建漳州人，父亲是牧师，家里没钱。他在上海圣约翰大学读书时，回乡常去一友人家串门，看上了友人的妹妹，但友人的父亲却替他妹妹相中一个富户的少爷。隔壁也是林语堂的朋友，也有个妹妹。林应邀去其家吃饭，席间总觉得有一双眼睛在偷看他，那便是他以后的妻子廖翠凤。她后来告诉他，在计算他吃几碗饭。廖家很有钱，两人结婚前，廖母告诉女儿，林家很穷。廖翠凤答："贫穷算不了什么。"婚后两人定居上海，林语堂征得妻子同意，把结婚证书给烧了。他说："把证书烧掉，只有离婚才用得着。"

蒋百里任保定军校校长时，感到北洋政府陆军部"遇事掣肘"。1913年6月17日，蒋从北京回来，生了一肚子气，一时激愤加郁闷，写下遗书。次日清晨，他集合学生训话后，突然拔枪自杀，幸好身边的一个差弁眼疾手快，冲上去夺枪，致子弹没有击中要害，保住了性命。袁世凯请来日本医生和护士为蒋疗伤。蒋于养病中与日本护士左梅（左藤屋子）产生感情，后结为夫妻。钱学森夫人蒋英即二人之女。

作家孙犁称自己的婚姻是"封建婚姻"，与完全的"封建婚姻"所不同者，是婚前他见过妻子一面。孙犁回忆说："定婚后，她村里唱大戏，我正好放假在家里。她们村有我的一个远房姑姑，特意来叫我去看戏，说是可以相相媳妇。开戏的那天，我去了，姑姑在戏台下等我。她拉着我的手，走到一条长板凳跟前。板凳上，并排站着三个大姑娘，都穿得花枝招展，留着大辫子……我看见站在板凳中间的那个姑娘，用力盯了我一眼，从板凳上跳下来，走到照棚外面，钻进了一辆轿车。"

沈从文追求张兆和时，张父住上海，张在苏州，沈则在青岛。沈从文写信给张兆和："如爸爸同意，就早点让我知道，让我这个乡下人喝杯甜酒吧。"张兆和在得到父亲明确的意见后，和三姐张允和一同去邮局给沈从文各发了一个电报。张允和的电报只取自己名字中的一个字："允。"张兆和在电报纸上写了一句话："乡下人，喝杯甜酒吧。"邮局职员对电文感到诧异，问张兆和是什么意思。张有些不好意思地说:"你甭管,照拍好了。"

画家陈巨来年轻时爱上一女,但没追到手,便请友人张大千画一仕女,聊以寄意。张大千慨然应允,画一女凭轩远眺,窈窕多姿。画后张自己也认为这是平生得意之作。

苏曼殊一次与友人但懋辛在上海某戏院看戏,邻座为一少妇,仪态妩媚,因注目台上,没留神两指间香烟落下来的烟灰落在苏曼殊的新西装上。但懋辛嗅到焦灼的气味,急呼苏曼殊,苏则置之不理。少妇觉出后嫣然一笑,冲苏曼殊道歉,苏也报以一笑。散场后,苏曼殊反怪但懋辛煞风景,说:"为了绝世美人,损及一衣,算得了什么,何必大惊小怪!"

钱锺书曾受一个朋友委托,去撮合他与另一个女朋友的关系,见到那姑娘后,钱声明来意,开台便说了第一个理由:那位男朋友学问顶好。正待说第二个和第三个理由时,姑娘打断了他的话,清冷地笑道:"假使学问好便该嫁他,大学文科老教授里有的是鳏夫。"

作家黄裳在天津公学读小学时,一天刚进校门,就被老校工喊住,说有个女学生忘了带语文课本,要借他的用一下,下课后归还。校工不等黄裳表态就从他的书包里把书拿去,说:"你就甭管了,下课来拿书。"下课后黄从校工手里取走还回来的书,坐在教室打开课本时,发现书里夹着一个"巧妙地叠起来的花纸方胜"。等到下课,黄裳才悄悄打开来看,纸条上是铅笔写的一行小字:"我爱你,你爱我吗?"黄裳年纪虽小,却没有把这件事告诉任何人,他说:"后来上学时虽曾多次留心,但终于无法发现写字条的到底是谁。"

广东才女冼玉清毕业于岭南大学,后留校教书。有人形容她"容颜艳丽，才华超卓"，曾倾倒一时豪杰。面对无数追求者，她都不为所动，但并不假以辞色，曾赋诗云："香饵自投鱼自远，笑他终日举竿忙。"这诗句传诵一时，虽吓退众人，到头来也坑了自己。冼终因美人迟暮，落了个没嫁出去的下场。她后来对自己年轻时的傲气颇多悔意，又赋诗云："花开花落无人管，惆怅春风又一年。"

龚稼农曾与胡蝶同演电影。龚毕业于中央大学，能游泳、会骑术，人品演技都很出色，博得不少当红女演员的好感，其中也包括胡蝶。胡曾托人去南京摸龚稼农家的底细，得悉龚家世代书香，家道古风，当年西园三支铁笔，龚家即其中之一。龚稼农当时已结婚多年，不可能再和胡蝶谈婚论嫁。不过有人认为，于此可见胡蝶为人正派之一斑。

郁达夫与王映霞的婚姻没维持几年，就遭遇了第三者插足。所谓"第三者"，是曾为浙江省教育厅长的许绍棣，郁达夫自然对此耿耿于怀，说："现在他比我有名，再过五十年，我们两个齐名，再过一百年，我比他有名。"

学者黄侃性轻狂，蔑视伦理，一生结婚九次，有"黄侃文章走天下，好色之甚，非吾母，非吾女，可妻也"之说。章太炎的夫人汤国梨曾回忆黄侃骗婚黄绍兰一事，致其一生流离失所，直斥黄为"无耻之尤的衣冠禽兽"，"小有才适足以济其奸"。

1927年初，鲁迅即将离开厦门到广州，执教中山大学，他写信给已在广州的许广平："想来二十日以前，总可以到广州了。你的工作的地方，那时当能设法，我想即同在一校也无妨，偏要同在一校，管他妈的。"

2. 饮食

梁实秋的同学张心一是甘肃人,喜食葱蒜;其妻是江苏人,家里忌食葱蒜。一次张心一到青岛,梁实秋在家宴客,张事先要梁给他准备一盘子大葱。梁从其所欲,备足了大葱和几张家常饼。客到后,狼吞虎咽地吃着烙饼卷大葱,顷刻而罄,直吃得满头大汗,对满桌子的其他菜竟未动筷子。张告诉梁,这是他数年来第一顿如意的饱餐。

1929年蒋冯大战冯玉祥失败后,被阎锡山骗到山西软禁起来。《大公报》记者徐铸成被派去采访。时冯住在阎锡山的老家五台县建安村,此前,徐曾在晋祠采访过冯,算是熟人了。当晚冯玉祥请徐铸成一起用餐,菜很简单,四盆荤素加一个火锅。时值冯的部下起兵讨蒋,徐便向冯问起战情,有否捷报传来。冯笑答:"我的消息,哪有你们记者灵呀。老实告诉你,我现在新闻的唯一来源,就是它。"冯用筷子指着桌子上的火锅说:"每次,他们打好了,火锅里就有了肉片、肉丸;如果今天只有白菜、粉条,那一定是他们失利了。这是我屡试不爽的。今天,你看,这里面肉片,肉丸不少,还有几条海参,看来,一定又打了大胜仗了。"

南昌起义失败后,叶挺和聂荣臻流落香港。漂泊数日,囊中羞涩,为了省钱,他们选了一家靠近池塘的早茶店吃饭。当时小饭馆都以数桌上的盘子算账,叶挺一边吃,一边偷着把吃光的盘子扔进池塘。

商震有"五洋"将军之称,即穿洋服、吃洋饭、住洋房、骑洋马、打洋球。他家雇有西餐厨师。商震任军长时,一次召手下三个师的参谋长去家里议事,饭点上用西餐款待,同席另有两个客人。这俩人显然对西餐的吃法不太明白,误把一盆用来洗手的水当汤喝了,商震为免使二人尴尬,也故意喝了一勺,说:"开过的水,可以喝。"

北洋政客潘复有个怪癖,吃饭时每样菜必先夹一筷子放在自己的盘子里。倘别人先动筷子,他对那样菜便不再举箸。不论外面赴宴或自家用餐,一概如此。

末代皇帝溥仪曾忆及第一次吃西餐时的情景:"我叫太监到六国饭店去买西餐。店里问:'要买几份?'太监说:'反正多拿吧!'店里要派人来摆刀叉什么的,太监说:'那怎么成!你们可不能到宫里去。我们自己摆!'好啊,大碗大碟摆满了一大桌子,菜多得出奇。我看见一碟黄油,黏糊糊的,不知道该怎么个吃法,就对太监说:'你们尝一尝!'他们吃了一口,连声说:'太难吃了,太难吃了!'我还记得,汤是用乌龟做的,也很难吃。"

清末端郡王载漪,庚子事变后充军西北二十余年。他生性善饮,自称从不知醉酒的滋味。他在阿拉善定居蒙古罗王府,常与罗王作通宵之饮,一晚上能喝个三四斤白酒。当年载漪是主战派,一次酒后,他对罗王说:八国军队加在一起不过几万人,联军只是依仗武器及海运之利占得一时优势。战事失利朝廷可以迁都,之后调动全国兵马整军再战。太后错在只知道有北京,只想回皇宫……大清国就坏在了一个"和"字上。

天津泰昌洋行老板李全泰有一次过生日,在有名的商行分所做东,用的是义和成饭庄的八八(64样菜)上等酒席,一桌约几十元,当年一袋面粉不过二元。一摆就是20桌。席间,来宾同声盛赞红扒鸭和红烧鱼翅做得好。次日恰逢中秋,李寿星一高兴,把饭庄老板叫来说:"老爷们都说今天菜做得好,明天照原样,给我做20桌,一直预备到本月底,仍请原人在这里吃饭。"这一下,李全泰花了8000余元。

抗战期间,华北敌伪组织想让曹汝霖出任粮食局伪职。曹多少吸取了以前的一些教训,说:"日本人吃粮食不受限制,单管中国人,我怎么管?这不是找骂吗?"那时,北平的老百姓都吃用四十多种杂粮渣滓凑起来的一种混合面。一天,曹把混合面窝头带到伪华北政务委员会,对汉奸头子王克敏说:"这样的粮食怎么能让老百姓下咽!"王克敏听后,拿起窝头就咬了一口,说:"这他妈怎么不能吃!"

冯玉祥任陆军检阅使时,一次患小肠疝气,在家养病。某日,黎元洪去看冯,冯借机向黎叫苦,称部队军士每天只能吃上小米饭,希望黎元洪多拨给一些粮饷,黎答:"小米最富营养价值,多吃头脑清楚,我很爱吃。"

瞿秋白临刑前,在《多余的话》的末尾写道:"中国的豆腐也是很好吃的东西,世界第一。"

"胜芳蔡"起家于河北霸县,后移居天津,成为名噪一时的"天津八大家"之一。到了第三代,饮食上已奢靡无度、随心所欲甚至无所不用其极了。蔡次泉早点必吃甜食,而且每天必花样翻新,家中雇有专门的甜点厨师。蔡家养着不少鸭子,用糯米当饲料,喂肥后熬汤,蔡只喝汤不吃肉。蔡尤好紫蟹、银鱼，但都只吃活的。每年冬天，派人在三岔河口不分昼夜地轮流守候于渔船，捕捞活银鱼（银鱼出水后片刻即死）。

马其昌是袁世凯时代总统府的"典膳"，负责袁私人的厨房，大约有20个以上的佣人归其管。袁世凯的伙食费本来是每天100元，某日袁问马："我一天饭费花多少钱？"马据实告以百元，袁连声说"要减要减"，遂减为60元。袁每天得喝鸡汤，负责熬汤的鸡汤刘，是袁从天津直隶总督任上带过来的专人，退休后子承父业。

袁世凯每天吃两顿饭。他是河南人，但不吃家乡饭，而是由天津一个姓徐的厨子掌勺，整成了天津口味。据说徐冬天上灶，身穿青缎子面狐腿皮袄，显见是随着袁的发迹也发（天津话，读四声）了。

作家李准生长在河南农村。抗战期间，他在达德中学读书时，逢河南大旱，学校的伙食标准一再看减。先是停止供应馒头，每天两顿面片。李准在同学里，属于年纪和个头都不大的。逢开饭，两大锅面片抬出来，个大力壮的学生便挤到前头，每人把着一把长把勺子，专捞面片。这些孩子的"捞技"也很高超，用勺子一搅，再一捞，稠的就进碗了。待李准这样身单力薄年纪又小的孩子凑到跟前时，往往就剩下半锅面汤了。随着旱情的发展，片儿汤也喝不上了，开始"跑灶"。李准回忆说："每星期天回家背点红薯面饼馍，由母亲烙好卷点韭菜花，背到学校，每天啃点干饼馍，喝点开水。"

陈强当年作为热血青年，先到延安，入鲁艺，后随文艺大军开往敌后。此期间日夜行军，翻山越岭，备尝艰辛，经常是几天也吃不上一顿正经饭。一日，部队到达太行山区一个叫张谷庄的村子休整，边区政府送来粮食。他们都跟饿狼似的，无论男女，没人搂得住。陈强一气吃了四大缸子面条。据他回忆，那顿饭平均每人吃两斤。后来随队的医生劝大家少吃，说这是患了胃扩张的毛病。

正品尼姑在庙近60年，她晚年回忆说："入庙以后，必须吃斋。吃斋有两种，一是吃全斋，就是长年吃素，鱼肉类不能吃，葱蒜不能吃，就连鸡蛋也不能吃，只能吃豆腐、蔬菜一类的东西。再是吃花斋，即每年旧历六月、腊月和每月的初一、十五吃素，其他时间可以吃荤。一般是师父吃全斋，也要求自己的徒弟跟着吃全斋；师父吃花斋，徒弟也就吃花斋。"正品是山东人，在庙里学会了烹调，曾站厨房掌勺。

虞洽卿喜欢吃猪下水。虞公馆附近有一家名同华楼的宁波菜馆，店内的一道"糟钵头"，为其他宁波菜馆所不见，相传为虞洽卿亲授。这道菜就是把猪肠、心、肝、肺之类切成薄片，用砂锅文火炖几个小时，直至猪杂酥烂，再加上糟卤后取食，据说其味无穷。有很长一段时间，虞洽卿每天中午来此吃饭，总是两碗米饭一个钵头，吃完便走。

拈花寺是京城名刹，民国时期，庙里的和尚等级分明，过着迥然不同的生活。方丈朝则牛奶，夕则银耳，虽是素食，却不失为美味佳肴，且价高于荤味。稍逊于方丈的是寺中的"中层干部"，即一些"职事"僧，他们每顿四菜一汤，每五天吃一次面条，平时中午与清众同饭菜，下午则一律吃白米饭。一般清众每日两干一稀，中午和晚上都吃粗粮，隔天吃一次白米饭，初一、十五吃馒头，副食是大锅菜和咸菜。

当年，京城的高等居士被各寺庙奉为上宾，他们一入庙，全寺上下都得跟着忙活，唯恐招待不周，也顾不得什么禁例了。大居士郑文轩的妻子每到拈花寺都非去方丈室抽大烟不可。一次，厨房忘了做杏仁豆腐，郑太太大为不满，临走放话："以后再也不到拈花寺来了。"就因为这句话，全寺僧众挨了方丈全朗和尚的半天臭训。

李叔同出家数年后，一次，他在浙江师范教过的学生李鸿梁去庙里拜访。弘一法师说：你来得很巧，今天寺里吃"罗汉菜"，你在这里吃中饭。开饭时，李见桌子上摆着六碗菜，弘一法师换上破衣，指着桌上两碗同样的菜对李说："这就是罗汉菜。"又说明了另外四色不同样的菜，是他特地告诉厨房临时添的，可知僧众平时午饭只有一种菜。所谓罗汉菜，是蚕豆、豇豆、茄子等等用白水煮熟再加上一点盐的一种什锦菜，各种菜都能充分保持原味。弘一法师大概偏好这一口，那天就着罗汉菜吃了三碗饭。

印光法师是弘一法师的前辈，他自甘清苦的饮食风格，与弘一类似。印光是陕西人，喜吃馒头，每顿饭仅粗菜一碗，末了必用馒头将菜碗擦干净吃掉，或用开水冲菜底当汤喝。他一生云游四方，住上海太平寺时，一位姓关的居士请他去吃斋，他谢绝再三而不得，便要求只需高装馒头一盒，豆腐渣一碗，关居士照办，他才答应。更有甚者，他云游至苏州报国寺时，有一次因菜里所用酱油稍好，把寺里的明道法师训了一顿。

修女刘淑静说，修女院的伙食以稀饭、花卷为主，有时吃窝头，咸菜多半是腌萝卜，仅午饭有炒菜。院长则可以吃到白馍乃至白糖、水果。此外，修女院对教会规定的"斋期"必须严格遵守。如每星期五为天主教"瞻礼六"，这天忌食家畜肉或其他热血动物肉，但鱼虾类冷血动物肉例外。对于一般修女来说，此规矩形同虚设，因为她们一年到头极少能吃到肉。

民国初年，蒙古吐鲁谷特亲王从新疆到北京面见大总统袁世凯。

途经甘州时，去拜访正住在那里的载漪。次日，载漪宴请亲王父女。吐鲁谷特亲王的女儿当时大约十四五岁，举止安详端庄，甚招载漪喜欢。载漪问她爱吃什么，自己有好厨子给她做，一连数问。亲王的女儿答：喜欢吃羊肉下挂面。

徐亚伦常年在天津行医，一度是袁世凯家的常任医生。1923年夏，袁的孙女袁家红患病，徐去出诊。袁家留他晚饭，当时徐父病逝未及百日，按其南方乡俗要吃一百天素，他便说明情况。孩子的奶奶吴氏说："这好办，就给你做几样素的。"后来上了六个菜——素什锦、炸豆腐皮、鸽子蛋、炸虾仁、红烧鲤鱼、银耳汤。徐起初对鱼虾不动筷子，吴氏见状笑道："放心吃吧，全是素的。"徐颇感惊讶，临时留一个医生吃顿便饭，立马就能做出一席可口的素肴。袁世凯已死去七八年，他家做素食的厨师却不是"吃素的"。

孙丹林曾是吴佩孚手下的要角。五四运动后，一次孙到北京，住金台旅馆。某日上午和白坚武同游颐和园后，到李大钊在西直门内南小街的寓所午餐。李大钊此时已是北大教授、社会名流。这顿饭很简单，李大钊外出买了几个鸡蛋、一片肉和一撮豆芽，由其夫人烹饪。孙后来感叹说："此君自奉之俭和待客之诚，大有茅容待郭林宗之风度，令人肃然起敬。"

有回忆记述，蒋介石平时吃西餐时是三菜一汤，吃中餐时是六菜一汤，这都是固定的。如外出视察，他的食品都在南京预备好，由两名厨师乘先行机带到某地准备其用餐，蒋从不吃当地厨师做的饭。蒋吃中餐也采用"西式"吃法，即用两副筷子和勺，一副可以进口，另一副只用来夹菜、舀汤，不能入口。

汤恩伯任第31集团军总司令时，表面上和所有官兵一起吃大锅饭，背地里却吩咐属下在其住地另准备他一个人吃的饭菜，汤称："我有胃病，不能吃米饭，只能吃馒头。"

抗战后期，一次影佐祯昭和冈村宁次等侵华日军头目请汪精卫在南京中日文化宫吃饭。席间他们轮番敬汪日本酒，直到把汪灌醉。正是这次醉酒，致使汪多年前遇刺的伤口发作，虽经手术取出子弹，最终还是要了汪精卫的命。

中原大战，阎锡山战败下野，秘密前往天津。他让厨师做了一口袋烧饼，以备沿途食用。他本人化装成普通旅客，长袍马褂，老棉鞋，坐的是三等客车。

1928年4月，蒋介石带着新婚妻子宋美龄到溪口小住。蒋的发妻毛福梅让厨师做了不少蒋爱吃的家乡菜和点心送到乐亭蒋宋住处，内有鸡汁烤芋艿、霉干菜烧肉等。宋美龄平素多吃西餐，乍一尝到如此乡味，竟胃口大开，赞不绝口。蒋宋离乡之际，毛氏还特地让人备了一麻袋上好的芋头送给宋美龄。

蒋宋结为夫妻后，虽成一家人，口味却是两样。宋美龄习惯于吃西餐，偏好烤鸡、猪排；蒋介石则喜欢吃肉丝咸菜汤、干菜烧肉、咸菜大黄鱼这些家乡菜。他们也常请客，所备菜肴都很普通，量也不大。据说有人到蒋家吃饭后出来说没吃饱，当中自然有拘谨的因素，但也和饭菜欠丰盛不无关系。

蒋介石滴酒不沾，蒋经国则是海量。蒋经国喝酒时有几种偏好：佐以鸡头鸡爪；猜拳；灌人；袒胸。一次在溪口老家，蒋经国打听谁的酒量大，有人推荐了商会会长江某，蒋经国遂把他请来同饮，致江醉倒，被人扶归。在重庆时，一日蒋经国带着罐头和酒邀蒋介石的侍从医生吴麟孙到黄山野餐，吴喝得酩酊大醉，恰逢蒋介石要他去看病，听说吴醉了，大发脾气，后又听说是被蒋经国灌醉的，便不予追究。

蒋经国在上海当经济特派员时，一天路过一家饭馆门口，正要进去吃饭，见一警察吃了一碗肉丝面不付账就出来了，店主还笑脸相送。蒋随即也入店吃了一碗面，未付钱，正起身要走，却被老板和伙计拦住。蒋问："警察可以白吃吗？"双方争吵起来。在对面站岗的白吃面的警察见状跑了过来，指着蒋破口大骂，还差点动手。蒋经国跑到隔壁的绸布店，打电话给上海市警察总局局长俞叔平，俞立即带着武装人员赶到，将警察逮捕。这倒霉的警察后来被判了两年。

蒋介石爱吃芋头。在重庆时，一次他在德安里寓所附近的拐角处看见有烘山芋的，便叫人买来，大啖一顿。

民族资本家范旭东在天津创业时，条件虽艰苦，但一向重视工人的福利待遇。一次大总统黎元洪到工厂参观，赞许说："工人吃的馒头，面很白，同我吃的一样。"

魏信臣长期掌管正金华账房，是天津著名买办。他每在应酬中尝到新鲜菜品，回来便让厨子照做，故正金华账房的伙食质量很好，驰名于当时天津的银钱界，有"紫竹林小馆"之称。那里每天午餐备客饭一桌，天天高朋满座，多年如一日。

东北巨富邵乾一对家里的一日三餐做如下规定：早晚吃粗粮，苞米粥、窝头；中午细粮，大米粥或面条等；一大家子几十口人一天只许买一斤肉。

张群嗜酒成癖。黄郛主持华北政务委员会时，张常衔蒋命北来，与黄商谈对日妥协计划。张每次到北平，金诚银行老板周作民都要在前门外的丰泽园设宴，与张聚饮。一次张群微醉后叹道："我愿意每天到这个丰泽园来，而不愿意到那个丰泽园（指中南海黄郛办公处）去。"

上世纪 20 年代，作家许杰在浙江临海当小学老师，属于半义务性质，每月开伙食津贴三元，勉强糊口。许杰很会过，把三块钱的一半交给邻居入伙，剩下的一块五，用来买些下饭的小菜。当年一块钱可兑换一百几十个铜板，他把铜板放在抽屉里，每天计算着用，限定花六七个。一般是早晨买一个铜板的生豆腐，午饭和晚饭再买点小菜，有时炒一个鸡蛋，有时在饭锅上炖个鸡蛋，当时鸡蛋不到一个铜板一个。有时也花一个铜板买两三个大烧饼当夜宵。

《红旗谱》的作者梁斌是 1914 年生人，家在保定蠡县梁家庄。三四岁时，他就跟着父亲去三里外的辛兴镇赶集，不为别的，到了集上，他可以趴在卖豆腐脑的担子边，吃一碗豆腐脑，或是买个大火烧，夹上熟肉，搂在怀里，边走边吃。梁斌后来回忆说：这时我才感到父亲给我的一点温暖。梁家雇着长工，但全家三四十口子吃饭，日子未见得比一般中农过得好，经常是煮一大锅菜粥，一箅子窝头，半锅熬白菜。仅逢年过节能吃几顿白面。

梁斌当年考上第二师范后，和同村两人雇一辆驴车上保定读书。中午在大庄镇打尖。他们怕店家把赶车的伙食费也摊在自己身上，就没进店里吃饭。大庄镇的咸牛肉很出名，哥仨每人买了两个大火烧，夹上咸牛肉，就着一大碗开水，来了顿街边"野餐"。

孤岛时期，作家林淡秋夫妇一度坚守在上海，从事进步文艺工作。林的妻子后来回忆说："我与他结合以来，一年三百六十天，多数的日子是一天两餐，一条三四寸长的盐黄鱼是我们的家常菜。当时这样的小盐黄鱼最便宜，又不用油和盐，一蒸就可以了。"

翻译家李霁野小时候生活在安徽乡间，姑父是种菜的，每天让他白吃一个白萝卜。李霁野更爱吃胡萝卜，从小到老，一生不改。晚年曾说："有人说我八十岁不戴眼镜看书写字，或者与此有关。"

郁达夫好酒。一次杨端六在四川路银行俱乐部餐厅请客，郁达夫喝醉了，一个人在马路上晃悠，被巡捕抓进看守所。楼适夷说有一段时间郁达夫每天都得大喝一场，能一气灌下七八瓶啤酒。

学者费巩和邵荃麟是中学同学，两人都关心时事，但看法不同。一次邵父请邵荃麟的几个同学吃面，大家入面馆落座后又争了起来，邵父问他们想吃什么面，邵荃麟心不在焉地答了一声："随便。"邵父便朗声冲堂倌说："来五碗随便面。"邵后来在上海过亭子间生活时，常到俄国餐厅吃饭，要一碗最便宜的汤，那里的黑面包免费。

四川作家李劼人也是出了名的美食家。不仅会吃，还会做。他从小便练就高超的厨艺，李的老乡和同行沙汀说，李劼人做饭，"从选料、持刀、调味及下锅用铲的分寸火候，均操练甚熟"。李劼人自己著文说："成都平原沃野千里，是天府之国的中心城市。米好，猪肥，蔬菜品种多而味厚且嫩，故成都多小煎小炸，而以香、脆、滑三字为咀嚼上品。"中学时代的李劼人有个绰号叫"精致"，是说他爱好修洁。这也是他做饭时的风格。在法国留学时，为做烟熏兔，他非要用花生壳熏，叫两个跑采买的同学画起花生图形，跑遍了巴黎城的旮旮角角，最后才在郊外一吉卜赛人手中买到两斤。还有一次，李劼人要做豆瓣酱烹制正宗川菜，采买同学跑遍巴黎，最后找到一位西班牙商贩专程进口了几斤辣椒。商贩大惑不解："你家到底有多少电灯罩？"原来辣椒只是被当地人用来做灯罩装饰。

1939年春节,冯雪峰在浙江义乌乡下家中接待来访的作家骆宾基。当日的晚饭,谈不上丰盛,但不乏厚重的乡味。喝的是自家酿的米酒,两三样菜中,有一色是家制干菜笋蒸的大片大片的咸肉。主食是荞麦面蒸饺,素馅,内有蘑菇、粉丝、冬笋等。骆宾基家乡的蒸饺,馅以胡萝卜、虾皮和白菜为主。几十年后,骆宾基说:"这顿饭是我直到今天还不忘的。"

梁斌自称三周岁始有记忆,他晚年还记得这样小时候的场景:母亲叫他吃奶:"来吧,吃一口吧。"邻家嫂子说:"都多大了,还吃奶?还有水儿吗?"母亲说:"四岁(虚岁)了,哪还有水儿,干嗫呗。"梁斌五岁入村学,老师性格开朗,教他认一二三四五、人手足刀尺等,梁每天中午都去找老师,一准能见他在吃饺子,有时他也让梁斌蘸着蒜醋吃几个,梁晚年回忆说:很香。

诗人朱湘早逝,贫穷是致其死的一个要因。朱在徐志摩家吃过一次早点,事后曾向人感慨说,单是饺子就有各式各类的花样。朱是南方人,自然喜欢吃米,但在清华读书时一日三餐以啃馒头为主,偶尔有点钱买个好菜,才吃米饭。有个同学请他去前门外吃过一回"馅饼周",朱湘大享口福,据说乐得几乎睁不开眼了。

1924年5月30日,鲁迅邀同乡友人许钦文到中山公园来今雨轩喝茶。鲁迅向服务员要了一盘刚出锅的冬菜馅包子,热气退下去,不再烫手时,他一边拿起一个包子,一边用另一只手把盘子推到许钦文面前,说:"这里的包子,可以吃;我一个就够了,这些就由你包办吧!"

上世纪20年代末,李璜在上海四马路宴请徐悲鸿、蒋碧微夫妇等,梁实秋也在座。席中有一道蚝油豆腐——用头号大盘,一片片平铺着嫩豆腐,上洒黄澄澄的蚝油汁。这道菜梁实秋记了一辈子,他说:"此后数十年间吃过无数次川菜,不曾再遇此一杰作。我揣想那一盘豆腐是摆好之后去蒸的,然后浇汁。"

1948年3月,郑振铎到杭州,住葛岭饭店。一天晚上,郑喝过一斤黄酒后,去丰子恺家,恰巧丰子恺也刚喝了一斤黄酒。两个阔别十年的酒友遂重启杯盘,女仆端来一壶酒和四样下酒菜:酱鸡、酱肉、皮蛋、花生米。窗外下着小雨,丰家墙上贴着一首他抄录的数学家苏步青的诗:"草草杯盘共一欢,莫因柴米话心酸。春风已绿门前草,且耐余寒放眼看。"丰感慨道:"别的事都可有专家,而诗不可有专家。因为做诗就是做人。人做得好的,诗也做得好。倘说做诗有专家,非专家不能做诗,就好比说做人有专家,非专家不能做人,岂不可笑?"两人还提起二十多年前一件和喝酒相关的旧事:

那时他俩都在上海。一日郑振铎在街上遇见丰子恺,正当饭点,便说:"子恺,我们吃西菜去。"两人来到新世界对面的晋隆西菜馆楼上,点了两客公司菜,一瓶白兰地。饭罢仆欧送来账单,郑振铎问丰子恺:"你身上有钱吗?"丰一边答应一边摸出一张五元的票子把账付了。隔了一天,郑振铎到立达学园找丰子恺还钱,摸出的是一张十元钞票,丰死活不收。正僵持间,立达同事刘熏宇过来把钱抢去,说:"都别客气了,去新江湾小店喝酒吧!"于是又号召了夏丏尊、匡互生、方光焘等七八人,去了小酒铺,等大家把这张十元的钞票吃完时,都已烂醉如泥。20年后,当年共饮的人中,有的作古,有的远在贵阳,有的已不知去向。只剩两个有缘的"东家"坐在一起喝酒叙旧。

1927年3月19日,武汉国民政府派郭沫若带着委任状和大印到安庆拜访李宗仁,促其兼任安徽省主席。从下午两点说到傍晚,李宗仁仍不吐口。后李留郭晚餐，并饷以白兰地酒。郭沫若既健谈，也善饮，更擅长划拳。席间他与李宗仁划拳，拳技远在李之上。平均起来郭喝一杯，李得喝四五杯。后来李酩酊大醉，倒在沙发上睡着了。第二天醒来，李宗仁问左右，郭副主任（郭时任北伐军政治部副主任）哪去了。副官答：你醉了之后，他再三推你不醒，便带着委任状和大印回武汉去了。

苏州有不少有名的茶馆，如雅聚、望月、玉楼春等，有人曾把这三家茶馆名作为对子："雅聚玉楼春望月。"但似乎没有征得下联。泡茶馆是当年在苏州十分盛行的一种消闲方式。不少人一日数进茶馆，一次茶罢，堂倌往往不收茶壶，等着茶客再至乃至三至。老茶客出一壶茶资，可以坐上一整天。

上世纪20年代，苏州流行吃一种油煎排骨，每块卖铜元五六枚。玄妙观前到处是排骨摊。提篮叫卖的见人便问："阿要买排骨？"有老先生叹道："排骨二字，音同败国。国事失败，一至于是也！"

学者周越然曾盛赞苏州的小吃："瓜子香而且整，糖果甜而不腻，其他如小肉包、良乡栗子及一切小食，使人人有口不忍止、不顾胃病之势。"

苏曼殊喜食甜食，尤好采芝斋糖和麦芽塔饼。麦芽塔饼是吴江一种民间食品，用麦芽和苎捣烂做成饼，里面是豆沙馅，杂以枣泥脂油。这种饼味美无比，但不好消化。常人能吃三四个，已属健胃，苏曼殊则一气能吃20个。除了上列两种，苏还爱吃酥糖、可可糖、粽子糖、八宝饭、摩尔登糖，曾自号"糖僧"。

江南多水乡，船上生活是一景，船菜是当中的一样。船菜顾名思义,即船家做的菜。民国年间,船菜在苏州一带颇为盛行,这也是一般饭馆所比不上的。因为船菜只备一席,小锅小灶,做一样是一样,汤水不混合,材料不马虎,每样都有它的真味。又由于船菜质量好,坐在船上吃喝,十分逍遥安舒,还可以眺望、谈笑,玩个夜以继日,因而当年快船常有求过于供的情形。

苏州的许多小吃,如糖山楂、桂圆糖、脆松糖、排骨、酱牛肉、五香豆等都风味独特。星社成员徐碧波迁居上海后,还常托苏州的友人代买吴苑茶馆的五香豆。

民国时,苏州观前街有一家叫王宝和的酒店。据曹聚仁感觉,这家店的酒很不错,但店里只卖酒,不卖下酒菜。店外面以少女少妇为主的酒菜贩子则川流不息,有粉蒸肉、烧鸡、熏鱼、烧鹅、酱鸭以及各色卤味。她们各卖各的,任酒客选择。酒客各样切一碟,便摆满了一桌子,吃得喝得津津有味。曹聚仁说:"这便是生活的情趣。"

女作家中烟酒都好的,赵清阁算一个,这在她的多篇游记中都曾提及。如1936年秋天游苏州时,她写道:"临行前一小时,我还和表姊等在一家洁净雅致的小酒馆持蟹畅饮。有名的清水蟹,肥硕而味美。与故人对酌谈心,真有不醉无归之感!"12年后,赵清阁重游苏州,住在花园饭店写剧本。她写道:"天黑了,凉台上有电灯,晚饭时我喝了半瓶啤酒,夜色苍茫中看垂柳,看小溪,别是一种情调。"此后几天,她在旅馆写作,几乎天天喝酒。到了第六天,剧本完稿,又写道:"我进城访友,和少卿老人把盏谈天。桌前,我们是忘年交,端起杯来他不像是六旬老人。他不服老,我也不甘示弱,我们都豪爽!……于是我醉了!平日我最爱和长者饮酒。抗战初,诗人卢冀野、画家顾荫亭,我们同客居武汉,曾以酒论英雄。后来在重庆,我和梅贻琦先生共饮，相约不醉无归。"

1924年，周作人说："我在北京彷徨了十年，终未曾吃到好点心。"

上世纪二三十年代，南京的所谓"下九流"如车夫、乞丐、捡破烂的、修锅补碗的之类，多聚居在高井街一带，据说有上千户人家。他们也吃也喝也赌，和富人的区别只在于方式。例如喝酒，他们的方式是：一包花生米或一块臭鱼，几个铜子的一碗烧酒，仰脖一饮而尽。醉后便四处找茬打架，弄个头破血流方休。

南京大报恩寺对过有一家叫马祥兴的清真小店，店小而名气大，一味"美人肝"更是驰誉一时。汪精卫也好这一口。抗战期间，汪常用荣宝斋的信笺自书"汪公馆点菜，军警一律放行"，派车去那里买菜。所谓"美人肝"，是一种鸭胰，每只鸭子只有一个胰脏，若拼成一盘菜，非几十只鸭子不成。

张恨水在南京办报时，秋天常到城北一带赏景。他认为南京城北"空旷而萧疏，生定是合于秋意的"。他一般是绕到丁家桥，在那里的一家茶馆泡壶毛尖茶，然后在附近切两毛钱的盐水鸭子，包五分钱的椒盐花生米，再在烧饼桶上买几个朝排子烧饼，饱啖一顿后，踏着落叶回家。

1933年秋天，学者陈寅恪之父陈三立自庐山到南京，友人在万全酒家给他接风。席间陈提起南京的一些旧事，说当年顾五的酒量无人能及。同席的卢冀野年轻气盛，虽已戒酒年余，听后似有不服，便问顾五的酒量。陈答："饮必五斤。今不可复一矣！"卢称五斤酒自己以前肯定能喝。陈让他试试，其他人也跟着起哄。卢遂即席喝了五斤，自此也破了酒戒。后来陈每提及这次吃饭，必称许卢的能饮。

南京人濮友松住在聚宝门内的白酒坊，大约是沾了这名字的光，据说"能酒者盖世无出先生右者"。濮自幼喝酒，直至八十以后，无日不饮；每顿喝四五两。他的理论是："或谓酒伤人，我谓酒养人；非酒能伤人，人自伤于酒；非酒能养我，我自养于酒也！"

1946年，郭沫若等十来人同游南京玄武湖，冯玉祥也赶来凑热闹。他们租了一条带篷子有栏杆摆着藤椅的游艇。荡游中，冯玉祥命船靠岸，差副官买来馒头、卤肉、盐水鸭、香蕉等食物，包了三大荷叶。大家也饿了，正待动手在船上野餐，冯说不忙，还有好东西。又叫副官从包里取出一瓶法国葡萄酒。冯本不喝酒，这次也破例喝了两口。冯玉祥虽行伍出身，却喜欢附庸风雅，周旋于文人之间。

吴昌硕活了84岁。晚年于酒宴逢请必到，到则大吃大喝，回家便常闹肚子，屡教不改。

冯国璋爱吃玉田酱肉，每差仆人去买时，为防止被偷吃，必令切成整齐的四方块。有时用酱肉待客，怕客人多吃，冯总是亲自操刀，把肉切得薄如片纸。若有零星碎肉沾在刀上，他都要用舌头舔干净，有时舌头不慎被刀划破，致满嘴流血，得不偿失。其为人之吝啬，可见一斑。

尚小云不"懒做"，但"好吃"。有文章记述他爱吃的东西很杂，如天福号的酱肘子、荷叶包子等。平时嘴里离不开零食，吃完了花生吃瓜子，吃完了瓜子又吃水萝卜，吃完了萝卜再吃梨……

钟敬文一次冬游西湖，在灵隐寺门外的饭馆喝酒，他把从山路上带下来的一团雪放入酒杯，混着喝。堂倌说："这顶得上冰淇淋了。"

民国初年，丰子恺在杭州第一师范读书。伙食是八人一桌，五个菜，丰子恺把吃饭形容为"老虎吃蝴蝶"。所谓五个菜，盛在高脚碗里，蔬菜是浅零零的，整块的肉难得一见。一碗菜里露出疏稀的几根肉丝，就算不错了。学生都跟饿狼似的，一开饭，十多只筷子一齐插向菜碗里，八面夹攻。有高手在菜碗里转一圈，便把肉丝一筷子扫尽；另有高手从底下斜插进去，把唯一的鸡蛋掏走大半个……这些半大孩子的饭量也让人瞠目，有的一顿吃十来碗饭，此桌吃到碗底朝天，再转移到彼桌，"好像逐水草而转移的游牧之民"。

1933年春，林语堂游杭州，在火车上和一土豪对坐，林因此自认"乘位不好"。开车十分钟后，土豪开始大吃大喝起来，先叫了一盘"中国大菜式的西菜"，不久，又要了一大杯烧酒，接着又要了一份白菜烧牛肉，林语堂数了数，牛肉有十二片之多。最后又上吐司五片，奶油一碟。林语堂就此断定：此人50岁时必死于肝癌。

作家施蛰存酒量不行，自称一杯啤酒就能让自己醉态酡然。但他又好酒，追求薄醉的感觉。他曾细致入微地表述这种感觉："得好酒二三两，醉虾一盘，或卤鸡一碟，随意徐饮之，渐渐而面发热，眼花生缬，肌肤上有温柔纤软之感，口欲言而讷讷，心无感而凄凄，乍若欲笑，忽复欲哭，此薄醉之时也。"

据施蛰存观察："杭州人吃酒似乎等于吃茶。不论过往客商，贩夫走卒，行过酒店，闻到香气，就会到柜台上去掏摸出八个或十个铜元来烫一碗上好的绍酒，再买三个铜元的花生米或两块豆腐干，悠然独酌起来。吃完了再赶路做事。"

上世纪40年代，作家金性尧一次在杭州的庙里吃斋饭。"菜凡八器，而食客则有三人。"其中的几样菜是现从菜地里拔出来烹烧的，金描述为"一上舌本，果然不同庸味"。

田汉一次坐火车过嘉兴南湖，买来湖菱大啖，称："我的指甲都剥开了，但还不肯释手。"他一人吃了两篮子菱角，从嘉兴一直吃到杭州。

居士金复三烹素斋的厨艺很高，他久住杭州烟霞洞，一次张元济一家到此一游，正当饭口，在庙里吃了一顿金复三做的素餐，四菜一汤，有竹笋和豆制品，蔬菜和笋是现从地里采摘的，十分可口。张元济夫妇议论说，上海有名的功德林哪能吃到如此新鲜的蔬菜。胡适曾在烟霞洞养病数月，金常给胡适掌厨。1947年，金已年过八十，曾托人带信给在北平的胡适，盼胡到杭州一聚，将再亲手为胡烧几样素菜。胡回信答应第二年到杭州看金，不料事过不久，金便去世。

抗战期间，西南联大的教授们生活颇为清苦。不少教授不带家眷，等同于过集体生活。文科研究所雇一当地人打杂做饭，七八个人一桌，每顿只两菜一汤，菜为炒萝卜和豆豉。饭费每人每月400元。后有教授不堪其苦，到外面包饭，每月500元，伙食比之前有所改善，六七人一桌，每顿有一大碗红烧牛肉或猪肉，尚属够吃。早上是稀饭、油炸花生米。

1943年圣诞节，西南联大教授浦江清请几个同事在昆明金碧路南丰西餐馆聚餐，客有唐立庵、罗莘田、闻一多、朱自清、许骏斋等。西餐是分餐制，一客70元，有汤、小吃、鸡、猪排、咖啡、水果、面包，果酱另算。这顿饭浦江清花了500元。而四五年前他们刚来昆明时，同一家餐馆，一客不过三四元，已吃得大饱。如今一客70元，也仅仅是果腹而已。

1944年初，冯友兰夫妇将去重庆，联大教授游国恩为其饯行，并邀同事作陪。浦江清也到席,事后他大赞游夫人的厨艺:"扣肉及一杂羹,皆美味出人头地。"

抗战前,北平的大饭馆,如同和居、砂锅居、森隆等一桌子饭吃下来需 20 元上下,东兴楼、丰泽园还要贵点,一般收入的家庭基本不敢问津。最高档的是广东人谭篆青家姨太太掌勺的谭家菜,一桌 40 元。据说很少有在谭家菜请客的,都是凑 10 人均摊慕名去尝鲜。谭家菜的主菜是一人一碗厚味的鱼翅,这也是顾客花"重金"来这里的目的所在。

上世纪 30 年代,学者邓云乡在北平志成中学念书,教室隔壁是教员食堂。第三节课课间时,一些孩子常在饭厅门口向里张望。里面是两个圆桌,白色台布,五六大盘菜,如坛子肉、红烧鸡块、雪菜肉丝、佛手肉丝、烧茄子之类,主食是两大盘子花卷。这对一个饿了一上午的半大孩子而言,垂涎的程度不难想见。

画家黄苗子回忆说:"我从小就馋,外公一族的祠堂每年春秋两祭都给杨氏子孙分猪肉,每次的猪肉都分得不少,在外婆的指导下,舅母用香山特有的咸虾酱把烧猪肉再焖一次,这种咸虾酱焖猪肉可以贮存下来吃上一头半月。外婆家冬天还有一种油泡着的腊鸭屁股,这两种油香喷扑的佳肴,是我小时候最喜欢的美馔。"

书画家邓散木好酒,并且好喝大酒。年轻时曾和人打赌,共喝一坛子 50 斤的绍兴酒,不许上厕所。一共十来个人,最终仅邓散木一人如约喝完且没有失态。民国时期,他的书刻所得,大多用在请朋友到家里痛饮上了。那阵子,他家天天有整桌的客人来吃喝。很多人都不会忘记他家天井里成堆的绍兴酒坛子。他晚年因血管堵塞而截肢,因胃癌而开刀,大概都与当年的豪饮不无关系。

谭延闿好吃，而且讲究吃。据说他晚年出席的宴会一桌不能低于300元，这大约相当于一个名牌大学教授的月薪。

当年北京的饭馆以人名当菜名的流行菜品有三种：赵先生肉、张先生豆腐、马先生汤。马先生指的是马叙伦，北大教授，解放后成为第一任教育部部长。他确是"喜治馔品"，拿手的是三白汤，三白即青菜、豆腐和笋，也根据时节添加其他材料，雪里蕻似不可或缺。马叙伦常去中山公园长美轩的川黔馆子吃饭，对伙计说，你们没有好汤，便开列若干材料让店里上灶去烧，于是就有了马先生汤。但饭馆里做的马先生汤，据马叙伦自称："其实绝非余手制之味也。"

北平时期，最低档的饭馆通称切面铺。在切面铺吃饼或面条都以斤两而不是以碗计，品种单调而实惠，来吃饭的多为干力气活的。学者张中行回忆："我有时也愿意到那里去吃，主食要十两（十六两一斤）水面烙饼，菜肴要一碗肉片白菜豆腐，味道颇不坏，价钱比别处便宜，可以吃得饱饱的，可取之处还有吃之外的享受，是欣赏老北京下层人民的朴实、爽快和幽默。"

张中行不光照顾切面铺，对于其他饭馆，他说："住北京时间长了，总要一家挨一家地尝一尝。"上世纪30年代，北平吃烤肉的地方有两处，一为宣武门内的烤肉宛，一为什刹海北岸的烤肉季。两处都只卖烤牛肉，兼卖白酒和小米粥，烧饼由附近的铺子供应。张中行一次与朋友去吃烤肉宛，他回忆说："铺面非常简陋，只是一大间屋子。靠南是烤肉的地方，并排两个烤肉支子，形状很像磨房的磨，一个圆平台，中间一个一尺多高的铁圈，上面扣着中间略为凸起的铁支子……圆平台四面放四条粗糙的板凳，是顾客的'站位'。靠北是一个桌子，上面放着碗、筷子、碎葱、碎香菜、麻酱、酱油等用具和调料。

还有一个切牛肉的案子,上面放着牛肉、刀、碟子等。切肉的是个五十上下的大汉,想来就是铺主宛某了。""我们照北京人的习惯,右脚着地,左脚抬起踏在板凳上,然后用长筷子夹蘸过调料的肉片,放在支子上烤。支子下烧的是某种松木,烟很少,略有香气。支子很热,肉片放在上面,立刻发出哗哗的声音。翻腾几下,可以吃了,于是一口白干一口肉,很有塞外住蒙古包的意味了。吃的后半,酒不能再喝,恰好送来烧饼,于是烧饼夹烤肉,喝一碗粥,完全饱了。"

老北京的"大酒缸",是一种连喝带吃的铺子。大酒缸多为山西人经营的夫妻店,规模不大,常为前店后室(住所)。店中该放桌子的地方并排放三口直径一米左右的酒缸,有的是两排六口。缸的下半截埋在地下,上盖红漆木盖,周围是凳子。其实酒缸多是空的,陈酿的意思到了而已,真正的功能是起到桌子的作用。靠边的柜台上摆着酒具、酒菜等。酒是白干,论"个"卖,一个即一提子,旧秤二两,菜为花生米、辣白菜、五香豆等,主食是饺子和刀削面。简而言之,这是个价廉而实惠的吃喝的去处。

抗战期间,梁实秋与女作家方令孺曾是邻居。一次方邀梁去家里吃饭,梁实秋说:"九姑(方令孺)请我们吃饭,这是难得一遇的事情。"梁一进门就感到香气扑鼻,一个密封的瓦罐在炭火上已经煨了五六个小时,里面传来轻轻的噗噜噗噜声,内有大块大块的五花肉,不加一滴水,只加料酒酱油,火候一到,酥烂可口。梁实秋猜:"这大概就是所谓的东坡肉了吧?"尽兴而别时,方令孺说:"最乐的事莫如朋友相聚,最苦的事是夜阑人去独自收拾杯盘打扫地下。"

张中行是河北香河人,那里是京东肉饼的老家。他曾忆及村里有一怪人,每天中午上村东一里的镇上的饭铺吃饭,每回都自己买一斤肉,进了饭铺交给老板,再叮嘱一句:"多加油!我就不怕好吃。"

张中行从北大毕业后，在保定一个学校混了一年。他晚年还念念不忘直隶总督府对面的马家老鸡铺卖的酱牛肉和酱牛杂碎，说："一生所曾吃，我觉得那是最好的。"几年后，张与妻子并一友人在西单一带闲逛，中午进天福号买了半斤酱肘子，然后到一个叫兴茂号的小饭馆，吃叉子火烧夹酱肘子，还点了一道海米白菜汤。这顿饭他也念叨了几十年，到了上世纪80年代还说："至今回味，仍然垂涎欲滴。"据张判断，当时天福号的酱肉，都用80斤的京东小猪和地道的黄豆酱油，与后来用动辄二三百斤且经过冷藏的猪作原料，酱肉的味道自然是两码事了。

民国初年，上海川菜馆的老大非"醉沤"莫属，味美而价格惊人，宴客者据说非醉沤不足以称阔人。闽菜馆则皆称"有天"，如小有天、别有天、中有天等。中有天味美价廉，名气本来不大，后梅兰芳到上海演出，曾光顾这里一趟，被小报一传，致饭馆名声大振，足见当年梅兰芳的魔力之大。

北京旧时的低档饭馆，除了切面铺，还有二荤铺。"二荤"，指肉和下水。二荤铺一般有一两间门面，一两个厨子，一两个跑堂的，一两个打下手的。所卖无非家常菜。如肉丁酱、炒肉片、熘腰花、炸丸子、酸辣汤等。有时来了熟客，伙计便替客人做主："得了！还给您炒个肚块儿，高汤甩果，一小碗饭俩花卷。马前点，吃完您就走，误不了您的事儿！"

邓云乡回忆说："在30年代中，八大春以庆林春为个中白眉。不算清真馆子西来顺，他家的菜在当时是西长安街上首屈一指的。地址在西长安街西头路北，里面一个大四合院子，隔成大小雅座，院子里有铁罩棚。厨房在外院左首，一般都卖整桌的多，小酌的少。记得他家的葱油海参、虾子蹄筋、核桃酪等菜，真是醇厚无比，后来再也没有吃到这么好的名菜，如今真是广陵散，绝响矣。那时的菜，味真好，不讲花架子，盘子中一弄出花样来，实际就没办法吃了。"

老北京的小康人家，夏天兴在堂屋八仙桌前置一冰桶。冰桶有木制的，有琉璃的，有景泰蓝的。冰桶里镇着绿豆汤、酸梅汤、奶酪、香瓜、西瓜等。酷暑时节，午睡后打开冰桶盖，用小彩花碗盛碗冰糖熬的绿豆汤，该是一种什么滋味呢？

苏曼殊饮食无节制。他每天抽二三十根雪茄烟。曾一次吃进几十斤冰块。有一回吃了三大笼苏州汤包，在床了躺了三天才起来。最后一回是吃了好几碗鲍鱼，致腹泻数日，躺在上海医院的病床上。医生叮嘱他当心饮食，而他扭脸就叫人去买来糖炒栗子大啖，致肠胃病大发，就这么一命呜呼、死在了"吃"上。

陈嘉庚自奉甚俭是出了名的。一次他请客，桌上只备几盘炒粉，几盘炒面，一大碗青菜豆腐汤。

上世纪20年代，徐铸成考入清华，他后来曾忆及清华学生的伙食："早餐是四盆菜两道点心外加白粥，有些老同学故意过了规定时间去，只要多花一毛钱，厨房总另外预备一大碗水饺给他吃。午饭、晚饭则是四大盆、四大碗鸡鸭鱼肉，米饭馒头。纪念日则往往用西餐。"

许地山和夏衍都不吃鸡鸭。许短命而夏则长寿。

香港沦陷后，《大公报》停刊。徐铸成等四人化装成难民逃往广州。在英德县境内，他们看到一片食摊，徐后来回忆说："上船以来，顿顿都是一小碟煮菜和一小块盐鱼。我是不吃鱼的，只以淡而无味的煮菜送饭，正像李逵常说的：'嘴里淡出鸟来了。'忽然看到这满目珍馐，眼里像冒出火来，连忙坐下去，各占了一个坐头，一个火炉，选了几碟，边烫边吃，还各沽了一小瓶双蒸酒，自饮自酌起来。说也奇怪，我在香港这几年，只尝过一次双蒸，认为它既无骨力，又缺香味，从此不再过问。想不到这里品饮的，却异常醇冽，一小锅纯鸡汤，加上鸡片、腰片之类，都极鲜嫩。这一顿野餐，可以毫不夸张地说，是我生平最满意的盛筵之一。我想，这也并非全是饥者易为食之故。"

《大公报》太原分馆经理雷觉民是晋北人，他告诉徐铸成，晋北有一种干醋，看上去黑黝黝的，用水一泡，洁白香冽，而且酸味极足，据说用这种醋蘸饺子吃其味无穷。

张中行和友人韩文佑在北平教书时，常结伴逛琉璃厂，如上午去，午饭就到琉璃厂东门外一尺大街路南的大酒缸去吃，一人一个酒（老秤二两），然后吃饺子。张中行说："有村野的诗意。"

1935年暑假后，张中行到南开中学任教。他到了天津先在亲戚家落脚，表叔把他带到一个小饭铺吃午饭，给他点了一菜一汤以及花卷，菜是七寸盘的清炒虾仁。这顿饭用张中行的话说是"影响远大"，几十年后，和朋友小聚，他都反对点虾仁。因为自那顿饭后，张中行所吃过的虾仁，味道都不及这个天津小饭铺做的。

西北军将领如冯玉祥、杨虎城、张自忠等都习惯于吃火锅。抗战期间，国民参政会视察慰劳团到张自忠的司令部，张便以四菜一火锅的简单饭菜招待慰劳团。这四菜一火锅均以青菜豆腐为主，肉片和丸子是点缀。此外给每人在火锅里加一个鸡蛋。这便是张自忠的集团军司令部里最大的排场了。

胡适在中国公学当校长时,曾请"新月派"的一帮朋友到其极司菲尔路寓所吃饭,由胡太太江冬秀掌勺烹制徽州有名的"一品锅"。一品锅顾名思义,把一口滚沸的大铁锅端上桌,里面是一层鸡,一层鸭,一层肉,点缀着一些蛋皮饺,锅底下是萝卜白菜。胡适说,这是徽州人家待客的上品,酒菜、饭菜、汤都在其中。

诗人卢冀野能吃。抗战期间,卢是参政员,一次随参政会华北慰劳视察团出行,抵西安后,同路的梁实秋请他到厚德园吃饭,点了一只烤鸭、一条酱汁鱼。梁说:"按说四五个人都吃不了,但是他伸臂挽袖,独当重任,如风卷残云,连呼'痛快,痛快'。"

1924年暑假,孙伏园和鲁迅等一行去西安讲学。孙在西安吃拉面时,总是用筷子挑出一根,把一端放入口内,然后一段一段向里吞。

王森然是鲁迅在北大教过的学生。一次课后王与鲁迅同路,出校门后,行至一个饭摊前,鲁迅问王,是回家吃饭,还是在摊上吃一点。王答:"随便怎样!"鲁迅说:"那好!咱们就吃这荞麦条子吧!皇帝老人未必享受过这么美味的佳肴。"这是当年北京街边最低级的饭摊,主要经营玉米粥、窝头、荞麦饸饹之类,无桌椅,只有一个条案,顾客只能拣块砖头当凳子。鲁迅和王森然就地泰然而坐,与拉车卖报者流为伍,津津有味地吃了这顿午饭。

1926年,鲁迅和孙伏园等到厦门大学任教。两人都单身而往,伙食便成了一个问题。孙伏园自告奋勇掌勺。鲁迅和友人章川岛谈起:"伏园有一次烧出一个满盘血红的白菜来,我问他'是什么菜?'伏园说:'似乎红烧白菜之类。'你想'之类'上面还要加个'似乎',也就可想而知了。"

抗战期间，茅盾一家在新疆初尝马奶子，即用新鲜的马奶经过摇荡使其发酵而制成。茅盾说："味略酸而香洌，初饮常觉不习惯，喝多了却有深嗜，一日可进十几杯，而且饭量大增。我们全家后来都成了马奶子的嗜好者。"

上世纪20年代，曹聚仁在上海与几个南社的前辈诗人过从较密。一次他跟着叶楚伧、柳亚子等一干人去豫丰泰酒楼喝酒。他们先要了四斤花雕，用锡壶盛着，用碗喝，一壶半斤，能倒两碗。曹聚仁向不喝酒，只是陪着吃和看。下酒菜是豆腐干、咸肉、海蜇皮和盐水花生。曹聚仁说："叶先生尽是一碗一碗喝着，圆桌上的锡壶，越来越多，到后来，一点数，总共38壶，19斤老酒。"

在西南联大教授的太太里，据说钱端升夫人陈公蕙最会做饭。金岳霖说："她是能够做大件菜的。""公蕙的特别小品是她的煮鸡蛋。煮出来的鸡蛋，就蛋白说，有似豆腐脑，就蛋黄说，它既不是液体，因为它不流，也不完全是固体，因为它不硬，看着是一个小红球；吃起来，其味之美，无与伦比。"金岳霖还回忆说："林徽因本来是不进厨房的人。有一次在几个欧亚航空公司的人跑警报到龙头村时，林徽因炒了一个荸荠和鸡丁，或者是菱角和鸡丁。只有鸡丁是自己家里的，新成分一定是跑警报的人带来的。这盘菜非常之好吃，尽管它是临时凑合起来的。"

金岳霖不愧是哲学家，论起醉酒，也带着哲学味："解放前喝黄酒的时候多，醉也大都是黄酒的醉。黄酒的醉有恰到好处的程度，也有超过好处的程度。前者可能增加文学艺术方面的创作，超过程度就只有坏处。白酒的醉我就不敢恭维了。就醉说，最坏的醉是啤酒的醉，天旋地转，走不能，睡不是，坐也不是，吐也吐不了。"

朱了洲早年在上海务本女校教体育，体力充沛，食量惊人。一次他与一群男女生同桌吃饭，一时兴起，和一个女生赌这顿饭的东道，女生吃一碗他吃两碗。结果是女生吃了九碗还在添饭的时候，他十八碗下肚，实在吃不动了，只好认输付账。

蒋碧微第一次吃西红柿，是在与徐悲鸿去法国前逗留北平期间。那年暑假，徐悲鸿、蒋碧微与顾孟余夫妇、李石曾夫妇以及众多北大师生集体到香山碧云寺避暑，碧云寺有厨子专门给他们做饭，时有西红柿上桌。蒋碧微形容西红柿"红绿相间，鲜艳欲滴"，"不过我们所吃的西红柿多半是塞着肉的"。

抗战后期，物价飞涨。在重庆，谁家吃了顿螃蟹，便可当逸事乃至新闻说。

1927年6月3日下午，郁达夫去访鲁迅。鲁迅知道郁达夫好酒，临别送了他一瓶有七八年陈色的绍兴酒，郁达夫说："当是难得的美酒，想拣个日子，弄几碟好菜来吃。"

当年上海爱多亚路有一家叫红棉酒家的饭馆，经营粤菜，店面不大，也不大起眼，但价格出奇的贵。据说某日有三个客人吃过便饭后结账，竟高达百元，而上海有名的大饭馆，十人一桌也不过十多块钱。以至出现三人当场凑不出钱来付账的尴尬场面。

抗战初期，物价尚稳定。学者宋云彬1939年1月21日晚在桂林的桂南路一家饭馆"独酌"，点了一盘炒腰花、一碗三鲜汤、六两三花酒、两碗米饭、一个柚子，总计法币2元。宋嗜酒如命，三花酒是他在桂林期间日记里最常出现的词语之一。如 1940 年 1 月 26 日："腋下湿症又发,晨八时去省立医院换药。精神疲惫,工作不起劲儿。晚与光暄在豫丰泰小饮,喝了六两三花酒,精神就振作起来了,到开明去,大唱昆曲、小调。"

梁实秋居北平时,隔壁是一个治安机关,动辄就几十口子同在院子里进餐,声音可清晰地传到一墙之隔的梁家。比如先是"呼噜,呼噜,呼——噜"的声响,然后是"咔嚓"一声。这是在吃炸酱面,于猛吞几下子面条后咬一口生蒜瓣。梁实秋还在北平和青岛见过两次他称之为"真正痛快淋漓"的吃。一次是北平的小饭馆,进来一个赶车的,手里托着菜叶裹着的生猪肉一块,提着一根马兰系着的一撮韭黄,把东西往柜台上一拍:"掌柜的,烙一斤饼!再来一碗炖肉!"不一会儿,肉丝炒韭黄、两张家常饼和一碗炖肉都端了上来。只见他把菜分成两份,一份倒在一张饼上,把饼一卷,比拳头粗,张开大口开吃。片刻间两张饼进肚,他也直吃得青筋暴露,满脸大汗,连着打了几个饱嗝。另一次是青岛的一个建筑工地上,午饭送来,笼屉上冒着热气,里面是半尺来长的韭菜馅蒸饺。开饭时工人蜂拥而上,直接上手抓着吃。这时有挑着大葱的小贩来兜售甘蔗粗细的大葱,人手一截,梁实秋将他们吃葱形容为"像是饭后进水果一般"。

上海画家白蕉喜欢用鸭肫佐酒,如有人送他鸭肫,他便以书画为报。

1930 年 4 月,时任成都大学(四川大学前身)文学系教授的李劼人辞去教职,借了 300 元,在指挥街开了一家餐馆,并请大名鼎鼎的吴虞给饭馆取名。吴虞在日记中写道:"李劼人将开小餐馆,予为拟一名曰'小雅轩'。"典出《诗经·小雅·鹿鸣》:"我有旨酒,以燕乐嘉宾之心。"

李劼人后来回忆说:"我同妻亲自做菜,一是表示决心不回成都大学，二是解决辞职后的生活费用。"由于李劼人作家兼教授的身份和名声，加上跑堂的是他的学生钟朗华，"小雅轩"一开张便在成都引起轩然大波，报纸当即以《文豪做酒佣》为题大肆渲染。一时间，旧朋新友纷至沓来。李劼人和成都大学的教授们以及文化界人士约定，每月 30 日在"小雅轩"聚会，照成都的吃法按到会人数"打平伙"（AA 制）。李劼人主厨。

李劼人当初之所以同意以"小雅轩"为菜馆名，并不全在一个文雅的雅，还含有"不登大雅之堂"的意思。这一点从"小雅轩"的菜谱中便可看出。当中没有鱼翅、燕窝等名贵菜品，多为民间可口的家常菜，如粉蒸苕菜、宫保鸡丁、肝炒绿豆芽、凉拌芥末宽皮粉等等。

周作人说："海淀的莲花白酒是颇有名的，我曾经买过一瓶，价贵（或者是欺侮城里人也未可知）而味仍不甚佳，我不喜欢喝它。我总觉得勃兰地最好。"

3. 穿戴

上世纪30年代,蒋介石一年四季常披一件黑色披风,出门不离身。后来社会上越传越神,有说是防弹衣,有说冬暖夏凉。其实这只是一件普通披风。30年代初由他的侍从室委托励志社经手,让南京李顺昌军服店裁制而成。

抗战前张大千来北平,在中山公园开画展。很多观众见到了张大千的真面目:一把浓黑的大胡子,手指头十分粗壮。深灰色老布夹袍子,黑大布马褂,布袜子,布鞋。据说这样的装束,当年只有在边远的山区小镇上才能见到。

1925年,丁玲和胡也频在北京同居。当年冬天胡也频无以御寒,丁玲花七块钱买了两块儿棉布和两斤棉花,亲手给胡做了一件棉袍,但不合身,只好送到当铺换回4块钱。丁玲又买了一块钱的棉花,把胡也频的一件旧袍子拆了塞进棉花,对付了一个冬天。

袁世凯当总统后,派人把名士王闿运接到北京,以示礼贤下士。王去总统府见袁时,身穿清朝的蟒袍官服,袁问:现在已经是民国了,老先生何以仍穿清服呢？王答：你穿西式服装，乃夷服也，我穿满洲服装，亦夷服也，彼此彼此。

战后，"党国大员"们纷纷携眷来逛北平，成为一时的风尚。素有"桃色将军"之名的孙元良也带着爱妾跟风而来。当时京沪一带女装以翻穿灰背大衣为时尚。孙妾是南方人，想趁北游之机，挑一款顶级的灰背大衣穿回去，名号瑞蚨祥自然成为首选之家。一日，孙元良挈妇坐小卧车直驱瑞蚨祥，店中一看来客势头不小，便格外殷勤，优礼有加。孙等登楼环顾，见货品琳琅满目，自恃有钱，任意挑选。店中也将最好的灰背大衣一一陈列。不料这两位顾客并不识货，挑来挑去，也只是凭价码判定货色高低。他们逐一看价，从500万、600万看到800万，无一件过千万者，心犹不甘，便问："还有价值更高的没有？"店员已看出买方并不识货，也识破了他们的心思，不免想冤两人一把，他答："柜上佳品，已尽于此，如要更好的，须到仓库去取，可否请您稍等。"孙点头后，店里即派人出门，但并没去仓库，而是到附近祥谦益取来一件灰背大衣。这件大衣标价600万，在橱窗里摆了大半年也没卖出去。瑞蚨祥拿过来，换上自己的标签，加码至1200万，送到楼上。店员告诉孙元良，这是无上妙品，不遇识家是不轻易拿出的。孙听后甚为满意，仿佛自己真成了"识家"，欣然付账而去。孙元良后来官至兵团司令，败逃台湾后解甲从商，一直活到104岁，2007年才去世。其子秦汉曾是台湾当红一时的电影演员。有意思的是，这位当年在瑞蚨祥被涮了一把的将军，晚年居然成了台湾一家绸布公司的董事长。

1929年华北大旱，《大公报》发起赈灾募捐，溥仪时居天津日租界张园，他拿出一些貂皮，委托《大公报》代为标售，进款捐给灾区。胜芳蔡（河北文安县胜芳镇巨富）后人蔡次泉（时蔡家已移居天津，成为"天津八大家"之一）听说后，即以最高价出手其中的大部。他的真实用意，其实并不在于助赈，而是以能享受或拥有皇家衣裳自炫。此举所流露的，是一种典型的暴发户心态。

蔡次泉的弟弟蔡荫泉穿着上不让其兄。他是天津元隆绸缎庄的大主顾，凡元隆号新进的各种绸缎皮货，必先由蔡荫泉选购后，再送门市出售。元隆绸缎庄视其为财神爷，百般逢迎，自不在话下。

1934年夏，蔡家到天津后的掌门人物蔡慕韩（蔡次泉之侄）娶媳，新娘是曹锟的孙女。新娘婚礼上所戴凤冠，是用珠宝镶嵌的；衣服则用黄金丝刺绣，这身只穿一天的"行头"的价值，据说能顶1000袋面粉。

林森当了国民政府主席后，还时常自己上街购物。有一次他到南京花牌楼一家鞋帽店买礼帽，被店员认出，老板说什么也不收钱，还以上等礼帽相赠，林森却让再三后，只有欣然接受。这消息随后不胫而走，这家鞋帽店从此生意火爆。

吴鼎昌一向注重仪表。抗战期间，他任贵州省主席。在公众场合总是穿一身笔挺的西服，上衣口袋插一块花手绢，微露一角。吴每天刮脸，丝毫不见胡子茬。

民国时期，高级将领里最讲究服饰的据说有两个人，一个是商震，另一个是邹作华（曾任中央炮兵学校教育长）。1928年后，高级军官为标榜俭约，一般都穿灰布军服，一套灰斜纹布的军服料子不过三四元，商震的军装则一定要拿到东交民巷的外国裁缝铺去做，光手工费就得三四十元。商所穿衣服，无论军装还是便装，一概烫得笔挺，家里雇着专门烫衣服的工人。

虞洽卿虽为上海滩的大佬级人物，却一向不修边幅，尤其不喜欢穿长衫。他坐汽车外出活动，常常是短打扮上车，把长衫放在车上，下车时再由司机取出，披在身上做做样子。

上世纪 30 年代初，张恨水在关门"暴写"了一年小说之后，去了趟西北。他到西安拜访时任陕西省主席的邵力子，邵很热情，听说张要去兰州，就安排他搭乘西兰公路刘工程师的公务车。张一路阅尽西北的荒凉，感到这里的一个县尚不如江南的一个村镇。刘工程师告诉他："你还没到县里头去看看呢，老百姓的衣不周体，十几岁的闺女往往只以沙草围着身子过冬，没有裤子穿，许多县都是如此。"

方丈是庙里的权贵阶层，衣食住行都远高于一般僧众。当年拈花寺的全朗和尚，有成箱的绫罗绸缎，单夹棉纱无所不备，时更日换，越穿越多。

汤恩伯不修边幅。身上穿的军服，灰的黄的连同军帽和皮带的颜色，能凑成几截。他夏天坐在汽车里，总是一只裤脚包着鞋跟，另一只裤脚卷到膝盖以上。除了接待外宾，很少能看见他穿戴整洁的时候。

宋美龄选购衣料，总是跑好几家店铺，问明价格，拣合意的地方买。

天津买办冯庸仙每天早、中、晚换三次衣服，每件衣服的款式和花样都不同。中式上衣的花朵，与时辰相应，依含苞、初放、盛开三式定织。如此则他本来已成堆的衣服就要再加上两倍。还有成堆的人为他设计、购置、收藏、整理衣服。

邵乾一是东北首屈一指的资本家，身家不下千万，过日子却像个穷人。他平时穿的衣服都是老伴缝的，鞋也是老伴做的，从不穿皮鞋。鞋穿破了就叫人去掌，有人开玩笑说："老东家，你穿什么样鞋没有？不要再穿掌的鞋了。"邵笑笑说："省一个是一个。"某日，他去哈尔滨马迭尔饭店赴宴，穿一件黑布大针脚的棉袍，戴个毡帽，显得不成体统。陪他去的跟班说："总经理，你穿我这件水獭领大衣，水獭帽子，我再借一套。"邵说："不用！是请人吃饭，也不是请衣服吃饭，还管穿什么吗？走！"结果马迭尔的门房放跟班进去，把邵当成伙夫拦住了，跟班怎么解释也不管用，邵一气之下，在门厅大喊："谁不知道我邵乾一！"

1939年，张伯驹辗转来到大后方贵阳，往访贵州省主席吴鼎昌。他战前见到的吴鼎昌，都是长袍马褂，脚登双梁鞋，此次见吴身着笔挺的上将军服，不免心生滑稽之感。

刘延陵与朱自清、俞平伯、叶圣陶等同为文学研究会早期的八个诗人之一。刘是苏北人，口音很重。一天早晨，郑振铎去看刘，刘正在被窝里鼓捣，郑振铎不明就里，问他在干什么。刘答："换裤子。"因是苏北腔，听起来有点像"红裤子"，这就有点类于女人的行事了。

作家许杰早年在宁波浙江省立第四中学教书时，花17元做了一身咖啡色的厚呢西装，包括上衣、裤子和坎肩。他还给西装配了衬衫、硬领、领扣、袖口和领带等。这是许杰的第一身西装，在宁波就没怎么穿过。后来到了上海，他费了老大劲才打上领带、把西装穿好，出门后仍不知所措。看见有人穿的西装上衣没扣扣子，他便把扣子解开，袒胸走路；一会儿又见有人西装上衣的扣子扣着，忙把解开的扣子再扣上……如此一趟街逛下来，竟然无所适从，浑身不自在。

和许杰有些类似的是周有光。1923年，周有光自常州中学毕业后，准备报考上海的圣约翰大学。有同学提醒他，报名需要照片，最好是西装照。周有光自己没有西装，也没穿过西装，只好借用照相馆的西装道具。但照相馆的摄影师也不懂打领带的规矩，把领带和领结一齐招呼上，给周有光拍了一张别出心裁的标准照。照片寄到上海的同学手中，当了一阵笑料后，随即被退回常州。周有光在同学的指导下，重拍一张了事。

帝宫档案显示，1934年，婉容共制作各种旗袍27件，平均每月两件还多，这说明她那时还知道装扮自己。后婉容被打入冷宫，靠大烟度日，已是另一个样子了。1942年入宫的李玉琴，是在战后随溥仪逃难的路上才第一次见到婉容，她眼前的婉容，已是一副"人不人，鬼不鬼的样子"。李玉琴后来回忆："她目光呆滞，脸色清白，二寸来长的头发竖立着。她身高一米六三左右，穿一件又脏又皱的旧睡衣，由于长时间不洗，也看不出什么颜色了。真有点像疯子。我赶忙走过去向她请了个安，说了句'皇后主子吉祥！'她看看我，冲我笑笑，露出抽大烟熏黄了的牙齿，憨声憨气地说：'挺好，挺好！'"

上世纪二三十年代，唐瑛是上海滩有名的交际花，与陆小曼并称为"南唐北陆"。一说她有十个描金箱子，里面全是衣服，光皮衣就挂了满满一整面墙。她家雇有裁缝，专门给她一个人做衣服。她逛街从不买衣服，而是将新款服装的样式记下来，回家和裁缝商量，经改良后再做出来。因而她身上的衣服，多半是引领潮流的"独一份"。

艾青在常州女师教书时，对学生说："你们烫头发，狮子头一样，多难看啊！"一次他去理发，刮脸时迷瞪着了，理发师就擅自做主，给他烫了个头。艾青一觉醒来，木已成舟。第二天去上课，学生哄堂大笑："艾先生也烫发了，狮子头一样，多好看啊！"

1939年春节过后，骆宾基去浙江义乌乡间访冯雪峰。冯一身中式打扮，布底棉鞋。衣服不太合体，冯雪峰告诉骆宾基，这是瞿秋白在上海时平时穿的一套衣服，去苏区前，瞿秋白托鲁迅保管。冯经过长征回到上海时,瞿秋白已就义,鲁迅便把这身衣服作为烈士遗物转赠冯雪峰,作为他在上海从事地下活动时的必备衣物。

辛亥革命后,王国维仍留着辫子。一次其夫人给他洗头时说:"都到这个时候了,还留着这个东西干什么?"王说:"正是因为已到这个时候了,还剪它做什么?"

夏丏尊抗战期间曾在南屏女中兼课,一年到头穿一件破旧的粗布长衫。一天,几个学生找他借这件长衫,说是演戏用。几天后,学生来还衣服时,用包裹包了两件长衫,一新一旧。她们对夏丏尊说:我们敬佩先生,无由表达,见先生长衫已破旧,我们全班同学建议为先生添置新衣一件,但缝制需有尺寸,我们又恐明说了为先生所拒绝,所以便假说为了演戏需要。借得长衫后,我们买了布,依照先生旧衣的尺寸制成新衣一件。这件新衣是我们全班学生所缝制,每人都缝了几针,细行密线,交织着我们全体对先生的敬爱仰慕,聊表心意!请先生一定要笑纳,并原谅我们事先对您的隐瞒!夏丏尊一时激动,竟忘了致谢,立刻穿上新衣,挨个到所有教员休息室展示一番。

作家陈学昭在上海爱国女学念书时,自称是穿得最穷的一个。她冬天只有一件棉袄的罩衣,星期六晚上脱下来洗干净,次日早上如果还没干,也只能穿到身上。

丰子恺是浙江人,家乡离海边四五十里。他曾撰文说,那里中产以上的家庭,每人有六套衣服:夏衣、单衣、夹衣、絮袄(木棉的)、小棉袄(薄丝绵)、大棉袄(厚丝绵)。六套衣服逐渐替换,不知不觉之间寒来暑往,循环成岁。

李宗仁当选副总统后,派随员通过侍从室向蒋介石请示就职典礼时穿什么衣服，蒋回说应穿西装大礼服。李听后有些怀疑，但蒋既然如此答复，也只有照办，便连夜找上海有名的西服店赶制一套高冠硬领的燕尾服。就职前夕，侍从室又传出蒋的手谕说，用军常服。李自然也只有再照办。及至就职当天，典礼官请正副总统就位时，李宗仁才发现蒋介石并没穿军常服，而是长袍马褂，旁若无人地站在台上。李则一身军便装立于蒋的身后，俨若蒋的卫士。

苏州的丝织品一向很出名。毛哔叽、直贡呢等西式衣料面世后，风行一时，一些时髦少男的夹袍夹褂，常用哔叽、直贡呢作面，绸缎为里。另一些老先生则叹其为美恶倒置："优美之国货，只做夹里，黯然无光之外国货，却做面子。无怪乎中国人的面子，都被外国人占去也。"

1921年，北方人王铁珊出任江苏省长。到任那天，省内高官们纷纷过江，云集浦口津浦车站迎接新省长。车到站后，却不见王的身影。事后才知道王坐的是四等车，已挤在嘈杂的人群中出了站。王进城后，直奔警察厅找厅长报案，称自己的一条腰带被小偷窃走。南京城里一时盛传省长失带事。几天后，这条腰带被找到，其实还算不上腰带——就是一条破布。

卢作孚身为民生公司老板，却不讲究衣着，一年到头穿一身中山装。他为了节省梳头时间，一直剃光头。张群和他开玩笑说："你的跟班都比你穿得漂亮。"

弘一法师平时穿一件百衲衣，上有224个补丁，都是他亲手缝补的。

民国初年，一时流行剪辫子。除了一些本来已剪去辫发的留学生，多数人都感到不适应。在江浙一带，年轻人盼着以前剃去的头发赶快长起来，好早点改头换面；老成一点的人多不愿意彻底剪掉辫子，往往留一截，变成了鸭屁股式；农民则多留恋那条长辫子，听说城里的警察手持剪刀，在街上替行人剪发，他们便不敢进城了。也有不愿剪发者把辫子盘起来塞在帽子里。总之，一个旧的时代，是不会一夜间便告结束的。

汤寿潜是民初要人，辛亥革命后的第一任浙江都督。他平时一身土布短褂，头戴箬帽，脚穿蒲鞋，手持一把纸伞，与当地老农无二。后来任交通总长、铁路局督办，他都是这身打扮。据说一次汤从松江乘船到上海龙华巡视工程，官舱里一商人以为这土老杆儿手脚不干净，疑心偷了自己的银插子，一路冷语讥刺，喋喋不休。汤未予理会。及轮船到岸，成千上万的人夹道欢迎汤督办，商人一见这场面，顿时吓傻了，跪地不起。汤则一笑了之。

1918年夏天，张元济一家游北京，住北京饭店38、39号，父子、母女各一间。当时张的子女还是十来岁的孩子，感到北京的一切都与上海不同，很新鲜。一日，张家在北京饭店西餐厅用餐时，进来两男两女，女的都穿旗袍，一粉红，一淡绿，头上梳个发髻。张元济夫人说，这是旗人上层妇女的装扮，一定是满洲贵族。那时汉族女子都穿裙，旗袍是20年代以后才开始时兴的。张家姐弟盯住两个女子看了半天，心想，这在上海哪能见到。

1927年秋，张元济遭绑票，被关六天六夜。其间绑匪发现张所穿绒线衣上有破洞，大为诧异，没想到他们心目中的"财神爷"竟也穿破衣服。

北平时代，知识分子大多穿蓝大褂，西裤，半新不旧的皮鞋；反之则中式服装，满裆折裤腰的裤子。很容易分别。学者邓云乡说："全城找不出一个穿西式裤子卖西瓜的。"不仅是北平，盛孰真在《回忆我和殷夫的交往》一文中说："他（殷夫）脸色有些黝黑，身材不高，西发（分头），穿一件浅蓝色爱国布长衫，西装裤，脚上是一双旧皮鞋，一副潇洒的文人风度。"

北平沦陷后，市民生活一泻千里。学者赵荫堂穷得冬天只有一件破羊皮袍子穿，给学生上课时，破羊皮跟面条似的，不时从袖口落下来，他便不时塞回去，沥沥拉拉，弄个不停。

1944年8月15日，张爱玲的第一部小说集《传奇》由上海《杂志》社出版，四天后便销售一空。8月26日下午，《杂志》社在上海康乐酒家举办《传奇》茶话会，邀请沪上部分文化界人士和读者座谈。当时张爱玲与胡兰成刚刚成婚，胡兰成回忆："张爱玲女士穿着橙黄色绸底上套，像《传奇》封面那样蓝颜色的裙子，头发在鬟上卷了一圈，其他便长长地披下来，戴着淡黄色玳瑁边的眼镜，搽着口红，风度是沉静而庄重。"

抗战前，在北平的公共场所若遇见一个戴金丝眼镜，穿蓝布大褂、礼服呢千层底鞋的人，问一声："请问您在什么地方恭喜？"对方一般会这样回答："兄弟去年刚从美国回来，在清华园有几个钟头的课……"同样的情况如果发生在上海，对方一定穿笔挺的西装，夹着个大皮包，口含雪茄。被问及职业，他会打开皮包，取出名片递给你，同时报告说："康奈尔大学工程博士、沪江大学教授，兼光华大学讲师……"

清华教授马约翰一年四季都是一种打扮：短袖衬衫，打领结，猎式西式短裤，羊毛长统袜子。

胡适是有美国背景的新派人物，穿着上却另当别论。任北大校长时，他都是穿蓝布大褂，冬天罩在皮袍子或棉袍子外面，春秋罩在夹袍子外面，夏天除酷暑时穿夏布杭纺大褂外，一般也是一件单蓝布大褂。

胡适任北大校长时，一年冬天中文系开会，胡也到场。散会后胡适与杨振声、唐兰三人一起出来。杨振声穿獭皮领礼服呢的中式大衣，戴獭皮土耳其式的高帽子，嘴含烟斗，走在最前面。胡适穿棉袍子、蓝布罩衫，走在杨振声身后，还替杨夹着皮包。乍一看，杨倒像个校长，胡更像一个校长秘书。

抗战胜利后，俞平伯在北大讲授古典文学。邓云乡其时是中文系学生，在下面听讲。一次俞讲杜诗，引经据典举了很多例子。适值冬天，教室朝南，阳光充足，邓抵不住暖洋洋的诱惑，浑浑欲睡。便索性放弃听课，观察起老师的装扮来，邓后来回忆说："（俞平伯）头戴黑羔皮土耳其式高筒小皮帽，外罩阴丹士林蓝布大褂，里面藏青绸料棉袍，而大褂短于棉袍约二寸许。显见大褂新时同棉袍一样长，洗后缩水，便越来越短了。内穿黑色棉裤，而裤腿又长于棉袍二寸许，盖棉裤原系绑腿裤，后不绑腿，散着又比棉袍长了。如此三截式的装束，给我留下了极为深刻的印象。"

顾随在教授中，算是仪表、风度、功架、做派都出众的一个。他冬天上课时，内穿春绸衬绒袍子，外套丝绵或灰鼠袍子，最外面再套大毛狐肷袍子，狐肷袍子外面围条五六尺长的黑绒线围巾。据说这种穿法在当年北平的老先生中，是绝无仅有的。他进教室后，先摘去围巾，上讲台后随着讲课一件件脱掉袍子。等到快下课时，再一件件穿上。

画家叶浅予的第一任妻子罗彩云是个目不识丁的村姑，从小没穿过皮鞋。结婚时，嫁妆里有一双皮鞋，到上海就穿上了。上海的弄堂房子楼梯窄且陡，罗一次穿着皮鞋一不留神从楼梯的半截处摔了下来，致卧床数日不能动弹。

陈寅恪游学欧美十余年，回国后仍是一副土打扮——夏天一件大褂，布裤子布鞋；冬天戴一顶"三块瓦"皮帽，长围巾、棉袍外套黑面羊皮马褂、棉裤扎腿带，脚穿厚棉鞋。

熊十力着装在僧俗之间，常穿白布高筒袜子。

抗战时，朱自清任昆明西南联大教授，平时常穿一件在马帮中流行的类似斗篷的毛毡，据说在昆明大街上，如此装束者无第二人。

林语堂在上海生活时，很少穿西装。平时长袍马褂布鞋，一副京派老爷的打扮。他认为，中式衣服穿着舒坦，四肢百骸自由自在，穿西装像被捆绑了似的，动弹不得，尤其是领带一打，扣住喉咙，气都透不过来。林将领带称为"狗领"，以示对西装的嫌恶。

北平时期，许多大学教授，包括许多留洋回来的乃至有世界名望的教授，平时都穿袍子，抄着手说外国话，讲尼采、达尔文、康德、莎士比亚……从辜鸿铭到梅贻琦、潘光旦、胡适等等，一概如此。

上世纪二三十年代，北京的当铺不收旗袍。因为旗袍的样式变化太快，如果不赎，死号后卖不出去，也不能改做他用，只能烂在铺子里。

卢冀野是个胖子，不修边幅。梁实秋说："他的衣服从来是不整齐的，平日是一袭皱褶的长袍，项下纽扣忘记扣起乃是常事。破鞋破袜子上面蒙着一层灰土。看他那样子，活像是江湖上卖卜看相一流的人士。"

鲁迅晚年，女作家萧红是他家的常客。鲁迅和萧红之间有过不少闲聊式的谈话，比如说及衣着，鲁迅说："谁穿什么衣裳我看不见的……"一次，萧红穿着一件火红的上衣去鲁迅家，问道："周先生，我的衣裳漂亮不漂亮？"鲁迅从上到下看了一眼，说："不大漂亮。""你的裙子配得颜色不对，并不是红上衣不好看，各种颜色都是好看的，红上衣要配红裙子，不然就是黑裙子，咖啡色的就不行了，这两种颜色放在一起很混浊……你没看到外国人在街上走的吗？绝没有下边穿一件绿裙子，上边穿一件紫上衣，也没有穿一件红裙子而后穿一件白上衣的……"而关于鲁迅本人的着装，萧红说："鲁迅先生不戴手套，不围围巾，冬天穿着黑石蓝的棉布袍子，头上戴着灰色毡帽，脚穿黑帆布胶皮底鞋。"

唐弢在回忆第一次和鲁迅相见时说："那天他穿的是蓝灰色华达呢皮袍子，黑色橡皮底跑鞋，上半截是老人，下半截是青年——他是永远年轻的老人。"

鲁迅向来不在意穿着。某日，他去华懋大厦访史沫特莱。门丁把他浑身上下打量一番，说："走后门去！"这类饭店的后门通常是供"下等人"走的。鲁迅绕到后门电梯前，开电梯的也把他浑身上下打量一番，说："走楼梯上去！"鲁迅只好又一层一层爬楼梯。见过史沫特莱，告辞出来时，据说史平时送客只到房门口为止，从不越雷池一步，这次却破例把鲁迅送到饭店大门口，并恭敬而亲切地与鲁迅握手言别，目送鲁迅的背影远去后才转身回去。刚才粗口阻拦鲁迅的门丁和电梯工，皆瞠目而不知所以然。

1921年前后，商务印书馆想把胡适从北京大学挖过去当编译所所长。当年夏天，胡适去上海实地考察一番，挨个找编译所员工谈话，茅盾也是谈话对象之一。茅盾后来述及对胡适的印象："我只觉得这位大教授的服装有点奇特。他穿的是绸长衫、西式裤、黑丝袜、黄皮鞋。当时我确实没有见过这样中西合璧的打扮。我想：这倒象征了胡适之为人。七八年以后，十里洋场的阔少爷也很多这样打扮的，是不是从胡适学来，那可不得而知。"

陈寅恪学问大但体质弱，极其怕冷，在清华任教时，他告诉金岳霖，他有件貂皮背心，冬天从来不脱。

金岳霖怕光，长年戴一顶网球帽。西南联大学生任继愈回忆说："金先生冬天戴遮阳帽与朱自清先生冬天穿西装外披一件昆明赶马的驮夫披的白色斗篷，成为西南联大教授中引人注目的景观。"另一位西南联大学生汪曾祺回忆说："（金岳霖）身材相当高大，经常穿一件烟草黄色的熊皮夹克，天冷了就在里面围一条很长的驼色的羊绒围巾。"

林微音是上世纪30年代上海滩的青年诗人，与才女林徽因名字相近，容易引起误会。施蛰存说："此人举止怪气，夏天常穿一身黑纺绸的短衫裤，在马路上走，有时左胸袋里露出一角白手帕，像穿西装一样。有时纽扣洞里挂一朵白兰花。有一天晚上，他在一条僻静的马路上被一个印度巡捕拉住，以为他是一个'相公'（男妓）。"

上海人重衣着，换句话说就是重外表，家徒四壁也得出入体面。据说有一类人早晨到洗澡堂，把西服、衬衫、领带、西裤、内衣内裤、袜子、皮鞋等全身行头交给澡堂代为洗熨、擦油，自己沐浴休息。中午叫饭到洗澡堂吃。下午便里外一新地步出洗澡堂。俗话称"不怕天火烧"，因为他所有的家当都穿在身上了。

西南联大时期，某日，一女生从南院（女生宿舍）到新校舍去，天已擦黑，路上没人，她听到身后传来梯里突鲁的脚步声，以为是坏人追了上来，很紧张。回头一看，是化学系教授曾昭抡。曾穿了一双空前（露着脚趾）绝后（后跟烂了，提不起来，只能半趿着）鞋，故有此梯里突鲁的声响。

曹聚仁在暨南大学执教时，一个姓钱的朋友从浙江接母亲和姐姐去南京，路过上海，曹出于情谊，"非好好招待一下不可"。他穿一件袖口破碎了的蓝布长衫去见友人一家，孰料朋友的母亲以衣帽取人，对曹非常冷淡，以为曹是来借钱的。曹坐着不走，钱母显得十分心烦。后曹请他们吃午饭，点了一桌子菜，钱母又以为曹是来蹭吃蹭喝的。曹去结账，钱母又担心曹一时充阔，过后后悔。饭后钱某有事他往，曹聚仁陪着她们玩了一整天。直到晚上，钱某把两人的友谊及曹聚仁的生活状况说清楚了，其母才恍然大悟。

曹聚仁在衣着上的另一回遭遇是抗战结束的第二年。他当时在南京，应邀往一家银行赴宴，席上高朋满座，客人中只有两人穿卡其布中山装，其一即曹聚仁。同样式的中山装也是银行工友的工作服。席间竟然有一贵客伸过手来，把碗交给曹聚仁，让他给盛饭。

北大才女张充和从小没进过学校，在家延师学诗词曲。后来她考北大，数学是零分，国文是100分，终被录取。张充和常戴一顶小红帽，在北大很活跃，人送外号"小红帽"。

漫画家马星驰算是国内漫画的鼻祖之一，虽驰名一时，却难以脱贫。某个夏天，他去赴朋友的饭局，当日天气炎热，众人皆背心短裤，唯有马一身长衫。主人请他宽衣，他一再婉拒。主人再三询问其故，才知道他穿着一条七穿八洞的破裤子，借长衫来遮羞。

李准曾为宣统年间的广东水师提督，乃前清的从一品大员。民国后寓居天津，有人见他如此穿着：长袍外加黄半臂。这是因为原来的黄马褂已无用处，去其袖改制而成。他当时在天津买下一条街，自己住一处，其余出租，房客见他这身打扮，仍呼其为"军门"。

刘文典不修边幅，平时穿特别长的长衫，扫地而行，类似于辛亥革命前妇女所穿的裙子，看不到脚，走路只得轻步慢移。他偶尔也穿皮鞋，既破且脏，从不擦油。

4. 居所

潘复晚年常住天津，其小营门住宅建有东西两座大楼。东楼楼下为客厅和书房，书房名华鉴斋，内藏价值连城的宋版《通鉴》一部和《华山碑》拓本。潘的原配住东楼，大姨太太张静娟居西楼。潘虽曾贵为一国总理，在家却做不了主，家政由大姨太太张静娟一手把持，潘要花钱也得向她要。张静娟居西楼后，便想与潘的正室争名分，把姨字取消，以高抬身份。潘不得已令家中上下人等称原配为东楼太太，大姨太太改称西楼太太，俨然成了帝王时代的"东西两宫"。

徐世昌在河南辉县距城西南二里来地的地方置了一片稻田，并于田中起房，命其名为"水竹邨"，他也就势得了一个雅号——水竹邨人。水竹邨环房四周都挖成渠道，水面种荷养鱼，周遭栽植绿竹，俨然一派北国江南、闲情逸致的色调。徐世昌却非闲人，在水竹邨里，他经常秘会各地到访的政客，大做政治交易，饮宴之类的活动自然是少不了的。徐世昌在辉县购有大量地产，水竹邨仅其中之一。他在城西还购置一山一庄，在县城有一座堪比京城王府的公馆。在北京东四五条和天津英租界，徐世昌也都拥有富丽堂皇的豪宅。

林森任国民政府主席时，住南京石板桥2号，这其实是总理陵园管理处的办公地点，一楼办公，二楼权充元首官邸。官邸外有一个班的宪兵警卫，林颇感不自在，对人说："主席变成犯人了。"林在上海法租界金神父路330弄3号也有一处住宅，是一个单开间的小洋楼。他来此居住时，法国巡捕房也在四周布满暗探，林对这一套同样很反感。林在南京石板路的"元首官邸"没有卫生设备，房间狭小，以致负责警卫他的宪兵只能借住邻家的空屋里。如此寒酸的"元首官邸"，在全世界恐怕也难得一见。

上世纪20年代，闻一多任北平大学艺术学院教授时，住在西京畿道。这是一个有两棵枣树的小院子，这一点和鲁迅在西三条的院子相仿。房间还算宽敞。闻家的特别之处，是客室的墙壁和天棚全部用黑色亮光纸裱糊，桌子上和窗台上衬以一些小古董，虽不免给人以"阴森"的感觉，但极富艺术气息。半个多世纪后，当年到过闻家的作家蹇先艾仍对那间客室的布置印象清晰。

段祺瑞一生没有不动产。他在北京时，一直租房子住。原配去世后，段娶袁世凯的养女为妻，袁世凯以送义女的名义，给了段家一栋房子。这栋房子其实也无产权，原房主是与袁世凯打牌输了40万大洋，把房子抵押给了袁世凯，但没给房契。等袁一死，房主的儿子拿着房契来找段祺瑞，要收回房子。段祺瑞见对方手中有房契，二话没说，带着一家人搬了家，他在这房子里只住了两年。

北洋政府时期当过江西省长的胡思义，卸任后在上海新闸路辛家花园和清凉禅寺之间置下洋房一栋，兼做棉纱、公债生意，应酬无虚日。本来他这寓公的日子过得相当惬意，然而世事难料。有一夜，江西奉新一盐商在南京路新新酒楼设宴，胡赴宴归来，行至距其寓所约

200米的地方，几个身着黑衣短褂的彪形大汉突然从清凉禅寺门旁蹿出，健步拦住胡所乘包车，将其架入路边一辆汽车中，以黑布蒙住双眼。胡遭绑票后，家人与劫匪讨价还价，最终说定5万元赎票，并商定日子票款互换。忽因另案破获，胡未破财即被救释归。胡出来后已成惊弓之鸟，不敢再回寓所逗留，只在沧州饭店住了几个晚上，料理了未了事务后，便回南昌了。

崇实学校是北平一所教会学校，作家萧乾在那里读了近十年书。每周日一早，学校整队到礼拜堂做礼拜，回来时要穿过洋牧师们居住的一个大院，能看见这样一幕场景：院子里是一幢幢两层洋房，周围是绿茵茵的草坪，路边松木成行。家家门前都有专用的秋千和沙土地，时有金发碧眼的孩子在一起玩。走过门前总能闻到令人垂涎的肉味和牛奶味，阳台上摆满了花盆。厨师、花匠干活时都身着洁白的制服。穿过这个天堂般的院子之后，萧乾还得回到大杂院的小屋里，用杂和面糊糊充饥。

新凤霞当年在天津卖艺时，全家八口人——父母、三个妹妹、两个弟弟——住在一间很小的南房里，一间屋大半间炕，就这也睡不开。她父亲想出个窍门，在炕沿装一块木板，安上合叶，白天放下来，晚上睡觉时用凳子支上。即使这样，也只能是一个挤着一个地睡，谁也不能起夜，甚至不能翻身。一起夜就没地方睡了，一翻身全家准醒。

四川军阀范绍增有三四十个姨太太。为了安置她们，上世纪30年代，范花费一二十万银洋，在重庆建起一个约占半条街的公馆——范庄。范庄为花园式建筑，内有三座三层洋楼。从高到低，横向排列。每栋楼内设男女客厅、舞厅、饭厅，二三层各有住房十套，整体设计新颖，装修华丽；另辟有健身房、台球馆、游泳池、风雨网球场；大门侧面养着狮、虎、熊等动物。范庄落成后，范每日公务之余，便在新公馆里拥妻搂妾，男欢女爱。

梁巨川曾是阎锡山第三集团军总司令部行营主任。1929年，他接前清太监赵德山密告，称西四牌楼羊肉胡同7号是清朝某王府，宅内地下藏有大量银子。梁据情报告阎锡山，阎即决意收购此宅，并由山西省银行北平分行拨款3万元。购下后，梁派一个排的卫兵住在宅内看守。当年8月，动工开挖，共雇用20多名工人，施工期间许进不许出。如此一个多月，把7号住宅地下挖了个遍，也没见半两银子，而地下渗出的水却越来越多，只好用抽水机排泄，致满街污泥浊水。负责办理此事的山西银行经理王子寿将情状上报阎锡山，阎复电要王将6号和8号也设法买下，继续施工。总共挖了近半年时间，王子寿后来叹道："这也太开玩笑了，不但银子没有挖到，反而花了十来万！"

北洋政府时期，中法实业银行法方总经理名裴诺德。他的住宅在安定门内后圆恩寺，后来的圆恩寺电影院只是他家的一部分。这个院子原归晚清重臣荣禄，后被中法实业银行购入并加以改造成为总经理的宅第。

院内由一座很讲究的楼房、数十间平房及宽敞的庭院组成。宅内有游泳池、网球场、台球房、健身室、图书室、大客厅、大餐厅、舞厅、盥洗室、小书房、浴室、卧室、汽车房、洗衣房、男女佣人房等等。各室的陈设除少量中国古董外，大部分是从法国购买或定制的。家具也是除少量中国硬木条案桌椅外，全从法国定制。其他如餐具、桌布、餐巾、手巾、床上用品、毛织品等，也都是从法国定制的。所有定制品上，都带有法文"中国实业银行"缩写"BLC"字样的图案。宅内许多房间的顶棚和墙壁，是用铅锡做里加木板包镶起来，外面用各色大缎装裱。各种规格的钢丝弹簧床，都附有鸭绒枕被。各屋地板上铺满定制的栽绒地毯。银行倒闭后，巴黎派来的调查人员，看到这里的情形，曾喻之为"王宫"。

九一八事变前，张学良在沈阳帅府旁边盖了两所住宅。其中一栋为赵四小姐居住，张请西门子洋行为这栋楼房装饰最新式的花灯，共花费两万余元。施工时，西门子洋行出于安全考虑，特地为赵宅设计了一种"无影反光灯"信号，即只要有人进门，室内即能察觉，以便及时防范。但工程未了，九一八事变突然发生，遂作罢。

袁世凯在老家河南项城有地300余顷，在彰德洹上村有地300顷和大宅院一处，连花园共两百来间。他在北京锡拉胡同和炒豆胡同有两所大宅子。天津地纬路一带房产都为袁家所有，英租界小白楼数百间楼房也归其所有。袁在香港也曾置有房产。

五四运动后，曹汝霖因家被火烧，一度住在北海团城。当时团城属京绥铁路局看管，曹在此闭门谢客，以写字消磨时光。后来全家暂时搬到天津德租界，直到赵家楼的房子修好后，才搬回来。但曹仍来回于京津两地。1922年春，曹又在灯市口同福夹道5号盖起一所新住宅，规模堪称宏伟，东院还有个戏楼。抗战爆发前后，曹汝霖卖掉同福夹道5号的房子，迁入东公安街2号属于盐务署公产的一栋洋房。王克敏当上伪华北政务委员会委员长后，看中了这幢房子，叫曹汝霖腾出来给他住。曹说："你在外交大楼住着不是挺好吗？何必要这个地方？"王说："那是办公的地方，不能久住。"坚持要曹搬出，曹虽极为不满，也只能私下发发牢骚，最终还是在贡院大街4号典下一所房子搬了过去。

黎元洪时代，曹锟篡位心切，不择手段地对黎施压，竟然一度切断了黎元洪在东厂胡同住宅的水电线路，对黎身心和生活构成严重威胁。那些日子，农商总长李根源天天去黎宅，名为保护总统，实则李系一介文官，又无卫士，只带着程砚秋去黎家"保驾"。当年在北洋政府总长之间，风行接纳唱青衣或花旦的京剧演员，如交通总长吴毓麟捧尚小云，司法总长程克捧朱琴心，李根源则捧程砚秋。

1917年冬，段派在北京西城安福胡同购置了一个大宅子，作为其派系议员聚会的场所，名为梁宅。起初参加聚会的有十来人，既无组织，也无召集人，参与者大多是晚上闲着无事，来这里坐坐。后来加入者渐多，又添置了棋类、麻将牌等娱乐用品。到临时参议院即将结束，两院选举即将到来时，梁宅才越来越染上政治色彩，段派要角王揖唐等也时常来参加。这时，大家认为应该有一个正式的政治组织，用梁宅的名义又似有不妥。有人提议："这个梁宅不是在安福胡同吗，安国福民，名词很好，就叫安福俱乐部吧。"与会者一致同意。于是，操纵中央政权达两年并名噪一时的安福系，就这样形成了。

何应钦原住南京斗鸡闸4号，抗战爆发后遭日机轰炸焚毁。战后，周佛海在南京西流湾8号的公馆被戴笠占据，后转送何应钦。1946年何应钦出国后，南京敌伪产业管理处的人曾到何家清点家具，他们发现楼下书房到二楼卧室有一条暗道可以直通，再折上三楼，是一间大房子，类似于储藏室。内有衣物鞋帽、书籍、一套漂亮别致的鸦片烟具以及冈村宁次、土肥原、汪精卫、蒋介石等人的签名照。

何应钦回国后，窦禄敏被联勤总部指定负责何家的一切供应，经常出入何公馆。一天晚上，窦开车到何家，见客厅灯光雪亮却无一人，知道医生在卧室给何换药，就去了趟厕所，不想推门进去时，厕所里竟然迎面站着卫立煌和桂永清两个总司令，二人呆若木鸡。原来他们都是瞒着蒋介石偷偷来看何应钦的，一听见汽车声，扭头就往厕所跑，生怕撞见突然驾到的蒋介石。

抗战胜利后，周佛海将上海福开森路一幢楼房送给了顾祝同。这房子当时估值1000根条子（每条10两黄金）。周后来得免一死，据说这幢房子帮了大忙。

顾祝同任三战区司令长官时，长官部曾数次转移。每新到一地，顾必先将他的眷属住宅盖好，而且一定要建成西式带廊平房，铺上地板，装上电灯。

汪精卫叛逃后，经河内到上海。日军把愚园路1136弄原交通部长王伯群的住宅拨给汪精卫当公馆。这是一栋花园洋楼，1136弄是一条很长的里弄。为安全计，特工总部的头子丁默邨、李士群下令将里弄住户全部迁走。后周佛海、陈春圃、罗君强、梅思平等都搬到这条里弄，可谓"巨奸云集"。

黄绍竑抗战胜利后在南京的住处是树德里4号，这是他当国府委员时由当局拨给的"官邸"。黄多住在上海，此处平时门可罗雀。李宗仁竞选副总统时，黄因和李的关系，一时举足轻重，许多要员纷纷来访。一日，他在家里的卧室兼客厅接待了陈立夫、吴铁城、余井塘、洪兰友等人，因胡同狭窄，汽车开不到门口，送他们出来时要步行一段路，黄说："真对不起，我这房子门口不能停放汽车。"他们说："国府总务处怎么能给你这样的房子呢！真对不起。"黄说："没什么，走几步就到国府门口了。"

1947年，白崇禧是南京政府的国防部长，住在雍园。一次，他要手下查查住处周边的情况，这一查，吓了他一跳，他的四邻住着：军统头子毛人凤，励志社头子黄仁霖，和他对窗而隔的是参谋本部一个情报人员，此外还有一家日本人，是蒋介石雇用的特务。白说："这帮人惹不起,到上海住一段时间吧。"

宋美龄在上海有一幢陪嫁的房子,位于贾尔业爱路。这房子原为一外国人所有,后被宋家买下,在上海不算是顶级洋房。正房约四开间宽,纵深很大。楼下是一个大客厅,容40人不挤,可以放电影。励志社头目黄仁霖曾在这里主持放过一部美国电影,观众除蒋介石夫妇外,还有孔家的子女和少数侍从人员。

室外的花园面积约是建筑面积的三倍,有一条三米宽的小溪穿过草坪。灌木丛中有假山坐落,取自然园林式布局,散步其间令人不觉身处闹市。室内除沙发、茶几、桌椅等家具外,墙上挂的四幅八大山人的花鸟条幅尤其引人注目。

蒋介石总共来这里住过六七次,最长一次也不过两个月。宋美龄则时不时地来住上一段,整理整理私宅,和两个姐姐叙叙天伦之乐。

1931年,宋美龄在南京中山门外小红山看中一块坡地,计划盖一所大屋顶的西式住宅,有地下室,有平台,建成后定居于此。南京市公务局长赵子游主持建造,多位设计师拿出几套方案,宋美龄一再提出修改意见。施工期间,室内装饰、浴室颜色、阳台设计等多次改动,不断拆建。南京市长魏道明请来杭州西湖艺专校长林风眠亲绘室内墙壁的装饰画。卧室、餐厅、办公室等大小房间的设计和布置方案,无一不是由宋美龄亲自审查鉴定。有些已经实施,又一再改变。如浴室瓷砖,先是改成黄绿相间的颜色,后又改为一律蓝色,再将花样装饰一概废去,改成单色平面。这房子改来改去,直至抗战爆发都没能竣工。胜利后虽终于完工,却事过境迁,宋美龄索性把它改建成教堂,每周日和蒋介石同去做礼拜。

钱大钧曾是蒋介石的亲信,当了多年侍从室主任。抗战胜利后,钱出任上海市长。他在上海的官邸极其豪华宽敞，据说汽车进了院子要开15分钟方到住所。有人将此密报蒋介石，蒋听后很反感，钱随即失宠，不久去职。

女作家石评梅离开北大后，住在一个破庙的南屋，人称"荒斋"。经她一布置，这间陋室便显得趣味盎然：花色素雅的窗帘，盆栽的菊花和小梅桩，嵌在镜框里的李清照画像，荣宝斋的诗笺，古玩店的小摆设以及两把藤椅和一套茶具。一切就绪后，石评梅满意地站在屋子中央环顾四周，命其屋名为"梅窠"。后来，高君宇在写给石评梅的信中说："我们的历史一半写于'荒斋'。"

郁达夫一度过的是居无定所的生活，因而向往"一间洁净的小小的住宅"。他和王映霞结婚后，住所正对着一片空地。王映霞说："我每天早晨梳头时，老是望着这块地皮发呆。"她想盖一排小巧玲珑的五开间平房，再给郁达夫盖三间书房。恰巧有人替他们代付1700元买下这块地，最后欠债4000元盖起这个"风雨茅庐"。郁达夫在1935年11月的一则日记中写道："这一年中，为买地买砖、买石买木而费去的心血，真正可观。"

雅舍是梁实秋抗战期间在重庆北碚的寓所。重庆是山城，雅舍依坡建在半山腰，访客到这里，先要上七八十级土台阶。这还不算什么，更"离谱"的是，客人进屋后，还得上坡。"因为屋内地板乃依山势而铺，一面高，一面低，坡度甚大，"梁实秋说，"客来无不惊叹，我则久而安之，每日由书房走到饭厅是上坡，饭后鼓腹而出是下坡，亦不觉有大不便处。"

雅舍虽说是梁实秋命名的，但他并非雅舍的主人，只是房客之一。雅舍共有六间房，梁实秋居其二。他形容这里"篱墙不固，门窗不严","雅舍之陈设,只当得简朴二字,但洒扫拂拭,不使有纤尘。我非显要,故名公巨卿之照片不得入我室;我非牙医,故无博士文凭张挂壁间;我不业理发,故丝织西湖十景以及电影明星之照片亦均不能张我四壁。我有一几一椅一榻,酣睡写读,均已有着,我亦不复他求。但是陈设虽简,我却喜欢翻新布置"。"雅舍所有,毫无新奇,但一物一事之安排布置俱不从俗,人入我室,即知是我室。"这最后一句话,至今依然是耐人寻味的。

除了雅舍,梁实秋还品评过一些学者的书房。

如宋春舫的书房——榻木庐,梁实秋认为是他见过的最考究的书房。这书房建在青岛的一个小山头上,与主人寓所并不相连,是单独的一栋楼,"环境清幽,只有鸟语花香,没有尘嚣市扰"。梁实秋描述说:"在这里,所有的图书都是放在玻璃柜里,柜比人高,但不及栋。我记得藏书是以法文戏剧为主。所有的书都是精装,不全是胶硬粗布,有些是真的小牛皮装订,镀金的字在书脊上排着队闪闪发亮。也许这已经超过了书房的标准,接近于藏书楼的性质,因为他还有一册精印的书目,普通的读书人谁也不会把他书房里的图书编目。"

又如周作人在北平八道弯的书房——苦雨斋(后更名苦茶庵),梁实秋写道:"书房占据了里院上房三间,两明一暗。里面一间是知堂老人读书写作之处,偶然也延客品茗,几净窗明,一尘不染。书桌上文房四宝井然有致。外面两间像是书库,约有十个八个书架立在中间,图书中西兼备,日文书数量很大。"说完周家的书房,梁实秋接着发了一句意味深长的感叹:"真不明白苦茶庵的老和尚怎么会掉进了泥淖一辈子洗不清!"

再如闻一多的书房,梁实秋评价为"充实、有趣而乱"。"他的书全是中文书,而且几乎全是线装书。""主人要作考证,东一部西一部的图书便要从书架上取下来参加獭祭的行列了,其结果是短榻上、地板上、唯一的一把木根雕制的太师椅上,全都是书。那把太师椅玲珑帮硬,可以入画,不宜坐人,其实亦不宜堆书,却是他书斋中最惹眼的一个点缀。"

1933年,丰子恺自己设计的缘缘堂建成。五年后,缘缘堂毁于战火,丰子恺对这个乡间住宅有这样一番细致的追述:"正南向三开间,中央铺方大砖,供养弘一法师所书《大智度论·十喻赞》,西室铺地板为书房,陈列书籍数千卷。东室为伙食间,内通平屋三间为厨房、贮藏室及工友的居室。前楼正寝为我与两儿女的卧室,亦有书数千卷。西间为佛堂,四壁皆经书。东间及后楼皆家人卧室。五年以来,我已同这房屋十分稔熟。现在只要一闭眼,便又历历地看见各个房间中的陈设,连某书架中第几层第几本是什么书都看得见,连某抽斗(儿女们曾统计过,我家共有一百二十五只抽斗)中藏着什么东西都记得很清楚。"丰子恺建缘缘堂花了6000元,他说:"倘秦始皇要拿阿房宫来同我交换,石季伦愿把金谷园来和我对掉,我绝不同意。"

据郑振铎统计,上世纪30年代,上海大约有30%的店伙计或堂倌一类从业者居无定所,甚至连固定床位也没有。他们白天把铺盖卷起来,置于角落。晚上关门后,再取出铺盖铺在地上或柜台上睡觉。还有约40%的人虽有固定床位,却不是正经的屋子。一楼一底的房子竟然可以住六家人。郑振铎眼见的一处是这样一种"布局":"最阔的两家,一家占了楼上的客堂,一家占了楼下的客堂。其次是亭子间的一家,其次是楼梯下的余地是一家,楼上梯边余地又是一家,厨间是一家。"

1934年,荆有麟对南京的街面有这样一番观察:"每一座洋房的旁边或附近,好像是规定似的,总有一些茅草屋。洋房里的主人翁,出入是汽车,不用说,很阔气了;而他的芳邻,却不是拉车的,就是种菜或者做小生意的。以我想:大概十个茅草屋人家的一月劳动,不能够一座洋房内的主人的一日开销,因为很有些洋房内弄'中'、'发'、'白',

往往几小时的输赢,就在几百元以至几千元以上呢。"

抗战胜利后,黄裳作为记者去南京采风。在一家旧书店闲逛时,听老板说起大汉奸陈群的"泽存书库",便去造访。那里已成为中央图书馆的一个阅览处,黄裳被引入一间小巧玲珑的客厅,"里边布置楚楚,沙发古画,不染纤尘。窗外小池假山,居然颇有幽趣"。

1935年,丁玲被捕出狱后,曾借宿于林学家傅焕光在南京中山门外首蓿园的房子,这房子位于傅的私人农场的庭园中。庭园内有果树、紫藤及一些名贵花木,实际上是一个苗圃。傅家的房屋大小十幢,其中茅草盖顶的几间日本式房屋,墙壁呈粉红色,冬暖夏凉。窗外林木成荫,前面有一块大空地,四面是竹子围篱。园内的房舍,除傅家自住外,尚有一些余房被特务头目徐恩曾(傅在南洋公学时的同学)借走。后国民党的不少高官,包括蒋介石、于右任等常在假日到此休憩,因而一到周末,这里便车水马龙,但平时十分幽静。丁玲住在这里,实际处于"幽禁"状态。中统特务为了监视丁玲,还同时安排已变节的姚蓬子一家,与丁玲一家同住在几间西式平房里。其中就有姚蓬子四岁的儿子姚文元,丁玲当时曾给他吃过糖果。

冯玉祥曾在一篇回忆文字中提到蒋介石在南京汤山的浴室:"蒋介石请我到南京的汤山去洗澡,我看那里布置得好极了,门口外边有两个宪兵,院子里边有各种的花草,有一个厨房,来的时候,可以吃点心,也可以吃饭。里面是几个洗澡的池子,这就是蒋介石洗澡的地方,不但民众进不来,就是小官也进不来,大官若与蒋没关系的也进不来。我们洗完了澡,蒋介石说:'常说的话:平、粤、沪、汉这四个地方拿在手里头,全中国就都在他的手中了。'"

郁达夫和林语堂都对杭州的城隍山颇有好感,两人曾商量集资买地，在山上盖一个俱乐部。他们盘算用一千元买地，四千元造房。但当两人实地考察时，发现山上几处最好的位置，都被有钱有势、不懂山水的人侵占去了。再选址只能是南山之下，与山居的原意已属不合，遂遗憾地作罢。

抗战胜利后，一次田汉与洪深同游西湖，从岳坟入白堤，经过一个大宅子，洪深对田汉说："这房子造得像不像一把手枪？宅主是常春恒。造好这房子不久，他被暗杀了。"

杭州刘庄系广东人刘向刍所建。刘靠豪赌起家，后又以豪赌败家。刘有妾12人，他在院内置一座大坟，本人的墓居中，四周为12妾墓环绕。刘败家后，除第12妾，众妻妾纷纷散去。

民国时期，杭州西湖边上有许多类似刘庄那样的私人别墅，有人悉心考察记录过。如徐庄，"临湖数亩，屋少而精"。如中行别业，原是王克敏第九妹的私产，后因负债而归中国银行，"占地不多，精致殊甚"。如青莲精舍，"依山面水，极见匠心"。如葛荫山庄，"门临大道，双环常掩，往来均由湖道。盖荷花深处，刺艇相迎，其中另有佳趣"。如孤云草舍，是一座红砖造的五层洋房，抗战爆发时，朱家骅任浙江省主席，借住这里，许多重要会议常在此召开。

浦江清初到清华时，系单身教工。分配到的宿舍朝北，不见阳光，冬天甚冷，房间也不大，故"人无有取之者"。浦江清搬入后，书架、床、桌、字画等一布置，顿显出几分优雅。他在日记中写道："而搴帏外视，适临广庭，丝柳数株，天然韶秀。"

民国初年，商务印书馆的营业状况蒸蒸日上，张元济年分红在万元以上。他花5000元在极司菲尔路买了两亩半的一块地皮，请英国建筑事务所设计一幢三开间两层楼洋房，三层为尖顶阁楼。当时的洋房一般是红砖青砖相间，张家则是一色的青砖，门窗用墨绿色油漆，显得颇有特色。张元济在这里一直住到 1939 年。他乔迁时恐怕料想不到，此后竟然与臭名昭著的"76 号"魔窟为邻。

上世纪 30 年代，张元济七上庐山。他在贺陈三立 80 寿诗时，注有一句"先后三次亟思追随，终老于此"，足见他对庐山的留恋。后张元济花 4000 元买下牯岭路 118 号一所别墅。对面 117 号是江西省主席熊式辉的别墅。蒋介石夏天去庐山避暑时，有时也在熊家开会。如 1934 年蒋在熊府召开国防会议，恰值张也在山上，蒋曾去张家探望。

民国时期，北平一般人家，独门独院的，门口都钉着铜牌，刻有"赵寓"、"王寓"等。一些有点名气的文化人，则钉块木牌子，刻上自己写的名字。

陈璧为晚清邮传部尚书，民国以后一直在北京当寓公。他家光客厅就好几个，有"内外大小"之分。大客厅是把四大间房子掏空的中西结合式房屋，三面共计 20 扇大玻璃窗门，南北两面都有宽大的走廊，面积在 100 平方米以上，中间用一个落地罩把长方形客厅分成正方形的两个区域。一个中式布置，靠墙是大紫檀螺钿官榻，三面雕花栏杆，炕桌，脚踏，秋香色万寿贡缎坐褥。官榻左右两面各放一座八尺高的大紫檀螺钿穿衣镜。当间为大紫檀镂花圆桌，六个墩子。周边是三对紫檀太师椅并茶几。墙上挂着林则徐和成亲王的大对子。另一个区域是西式布置，五彩地毯，当中放着一大六小七张大皮沙发，前有茶几，后有多宝格、装殿版《二十四史》的檀木箱子。四面窗前都是红木琴案，上放花盆。陈去世后，子孙分家，同居这个宅子，客厅共用。后人陈绵成了导演，便将客厅用来排戏。不少名演员如石挥、张瑞芳、白杨、唐若青等都到过这里。

燕东园在燕园的东门外，是燕京大学教授宿舍。有近三十幢灰砖两层楼洋房，周边是围墙。小楼中打蜡地板、壁炉、地毯、水汀（暖气）、卫生间、冷热水、阳台、庭院等一应俱全。可谓北京当年首屈一指的宿舍区。

张恨水说，他择居的一个必需的条件，是有树木的大院子。

抗战时期，名报人张友鸾住在重庆大田湾，房子破陋不堪。张恨水曾为这房子题名"惨庐"。张慧剑赠名"未完堂"，意为此屋看上去一溜歪斜，似未完工；另一层意思是张妻连生"六个毛"后，又挺上了大肚子。

上世纪二三十年代，叶圣陶在上海一直住弄堂房子。1935年，他撰写一文，详述弄堂结构的房子："前墙通连，隔墙公用；若干所房子成为一排；前后两排间的通路就叫做'弄堂'；若干条弄堂合起来总称什么里什么坊，表示那是某一个房主的房产。每一所房子开门进去是个小天井……天井跨进去就是正间。正间背后横生着扶梯，通到楼上的正间以及后面的亭子间。因为房子并不宽，横生的扶梯够不到楼上的正间，碰到墙，拐弯向前去，又是四五级，那才是楼板。到亭子间可不用跨这四五级，所以亭子间比楼正间低。亭子间的下层是灶间；上层是晒台，从楼正间另一旁的扶梯走上去……弄堂房子的结构确乎值得佩服；俗语说，'麻雀虽小，五脏俱全'，弄堂房子就合着这样的经济条件。"

梁实秋也曾专文谈及这种"一楼一底"的弄堂房子，较之叶圣陶，似乎有所发挥，等于为叶文作注："一楼一底的房没有孤零零的一所矗立着的,差不多都像鸽子窝似的一大排,一所一所的构造的式样大小,完全一律,就好像从一个模型里铸出来的一般。""王公馆的右面一垛山墙,同时就是李公馆的左面的山墙,并且王公馆若是爱好美术,在右面山墙上钉一个铁钉子,挂一张美女月份牌,那么李公馆在挂月份牌的时候,就不必再钉钉子了,因为这边钉一个钉子,那边就自然而然地会钻出一个钉尖儿!""门环敲得啪啪地响的时候,声浪在周围一二十丈以内的范围,都可以很清晰地播送得到。一家敲门,至少有三家应声'啥人?'至少有两家拔闩启锁,至少有五家有人从楼窗中探出头来。""厨房里杀鸡,我无论躲在哪一个墙角,都可以听得见鸡叫,厨房里烹鱼,我可以嗅到鱼腥,厨房里生火,我可以看见一朵一朵乌云似的柴烟在我眼前飞过。自家的庖厨既没法可以远,而隔着半垛墙的人家的庖厨,离我还是差不多是近。人家今天炒什么菜,我先嗅着油味,人家今天淘米,我先听见水声。""厨房之上,楼房之后,有所谓亭子间者。住在里面,真可说是冬暖夏热,厨房烧柴的时候,一缕一缕的青烟从地板缝中冉冉上升。亭子间上面又有所谓晒台者,名义上是作为晾晒衣服之用,但是实际上是人们乘凉的地方,打牌的地方,开演留声机的地方,还有另搭一间做堆杂物的地方。"

林语堂到上海后,没住弄堂房子,生活较之一般文人要优裕一些。他住在善钟路一套西式公寓里,书房、客厅、卧室、卫生间、厨房等一应俱全,但没有车库和佣人房间。他家雇有一男一女两个佣人。男的住在外面,每天来上工;女的因为要照顾林的三个女儿,住家里,在厨房地板上打地铺。后来,林搬到愚园路一所相当宽敞的花园洋房中,庭院很大,林荫花草环绕,又是今非昔比了。

在重庆时,吴稚晖住在一个小商店的后房,睡一张双层的木架床。屋子又黑又小,床前那张小桌子,仅一尺来宽,二尺来长。蒋介石曾来此访吴。

上世纪 30 年代，学者杨振声在北平时，每年夏天都在颐和园内赁屋而居，用大约 300 元可以租一个夏天。杨振声对梁实秋说：我过的是帝王生活。

萧红在《回忆鲁迅先生》一文中，对鲁迅一生的最后一处寓所有极其细致的叙述：

> 鲁迅先生住的是大陆新村九号。
>
> 一进弄堂口，满地铺着大方块的水门汀，院子里不怎样嘈杂，从这院子出入的有时候是外国人，也能够看到外国小孩在院子里零星的玩着。
>
> 鲁迅先生的客厅摆着长桌，长桌是黑色的，油漆不十分新鲜，但也并不破旧，桌上没有铺什么桌布，只在长桌的当心摆着一个绿豆青色的花瓶，花瓶里长着几株大叶子的万年青，围着长桌有七八张木椅子。尤其是在夜里，全弄堂一点什么声音也听不到。
>
> 鲁迅先生的卧室，一张铁架大床，床顶上遮着许先生亲手做的白布刺花的围子，顺着床的一边折着两床被子，都是很厚的，是花洋布的被面。挨着门口的床头的方面站着抽屉柜。一进门的左手摆着八仙桌，桌子的两旁藤椅各一，立柜站在和方桌一排的墙角，立柜本是挂衣裳的，衣裳却很少，都让糖盒子，饼干筒子，瓜子罐给塞满了，有一次某某老板的太太来拿版权的图章花，鲁迅先生就是从立柜下边大抽屉里取出的。沿着墙角往窗子那边走，有一张装饰台，台子上有一个方形的满浮着绿草的玻璃养鱼池，里面游着的不是金鱼而是灰色的扁肚子的小鱼，除了鱼池之外另有一只圆的表，其余那上边满装着书。铁架床靠窗子的那头的书柜里书柜外都是书。最后是鲁迅先生的写字台，那上边也都是书。

鲁迅先生家里，从楼上到楼下，没有一个沙发，鲁迅先生工作时坐的椅子是硬的，休息时的藤椅是硬的，到楼下陪客人时坐的椅子又是硬的。

厨房是家里最热闹的一部分。整个三层楼都是静静的，娘姨的声音没有，在楼梯上跑来跑去的声音没有。鲁迅先生家里五六间房子只住着五个人，三位是先生全家，余下的二位是年老的女用人。

抗战初期，西南联大在昆明郊区物色了一批临时宿舍。茅盾从香港到新疆路过昆明时，曾来这里造访顾颉刚，他描述说："他的住宅是临街的一排平房，附近没有商店，也没有市井的喧嚣和尘埃。屋前用竹篱围出一长条花圃，栽有花草。房间宽敞明亮，室内陈设典雅，家具虽多藤竹制品，但做工精细，给人以幽静舒适的感觉。"茅盾笑道："原来你筑了这样一个'安乐窝'，怪不得不肯出门了。"

上世纪20年代末，胡适在上海期间，住极司菲尔路49号，与冯自由是邻居，对面是张元济家。曾借住于此的胡适的弟子罗尔纲描述说："胡家这座小洋楼共三层。楼下是客厅、饭厅和厨房，二楼前面是凉台。凉台后是一间大房，是胡适寝室，胡师母看书、织毛衣整天在此。第二间是胡适书房。第三间是个北房，作为我的工作室和卧室。三楼是胡适两个小儿子胡祖望、胡思杜和侄儿胡思猷、外甥程法正的寝室。"

胡适辞去中国公学校长回到北平后，任北京大学文学院院长，住在米粮库4号，罗尔纲仍住胡家，对胡宅仍有细致的描述：

米粮库4号是一座宽绰的大洋楼。洋楼前是一个很大的庭院，有树木，有花圃，有散步的广场。庭院的左边是汽车间。从大门到洋楼前是一条长长的路。从洋楼向右转入后院，是厨房和锅炉间，还有一带空地，空地后面是土丘，土丘外是围墙。走上土丘可以瞭望。洋楼共三层,一楼入门处作客人挂衣帽间,进入屋内,左边是客厅,右边是餐厅,客厅背后很大,作为进入大厅的过道,亚东图书馆来编胡适著作的人住和工作都在这里,汪原放来也住这里。从那里向东就进入大厅。这个大厅高广宽阔,原来大约是一个大跳舞厅,胡适用来作藏书室。大厅的南面,是一间长方形的房,是胡适的书房。书房东头开一小门过一小过道,又开一小门出庭院,以便胡适散步。大厅北面有一间房,作为我的工作室和寝室……二楼向南最大的一间房是胡适胡师母的寝室,另有几间房是胡祖望、胡思杜的寝室……楼上有两间浴室、卫生间,胡适胡师母用一间,我和胡祖望、胡思杜用一间。三楼我没有上过,女佣杨妈住在上面。

抗战前,陶孟和在北平住北新桥,金岳霖和陶是老朋友,他回忆说:"这所房子很特别,南北两头是房子,中间是一个大花园,主要花可能是海棠、丁香。北屋是中国式的;南屋是北平特有的早期西式的房子,它本身似乎没有什么可取的地方。但是整个房子的布局很特别,我觉得应该保存,也可以用此来纪念陶先生。"

徐悲鸿的友人谢寿康当年供职南京市民银行,认识不少地产商。1931年,谢听说傅厚岗一带有十几亩地出售,便约吴稚晖、徐悲鸿夫妇等去看。吴出3000元,替徐家买下其中的两亩,余下的分由段锡朋、杨公达等五六人买下,大家购地盖房,成了邻居。吴稚晖还为徐家募集到一笔可观的盖房费用。当年年底,徐宅建成,蒋碧微描述说:

新居一进门就是一座很大的前院,铺着如茵的草皮。房屋是西式的两层楼,有三十尺深,右边是徐先生的画室,深三丈,阔二丈五,室高一丈六,这间画室,完全照着他绘画时的需要而设计。

左边是二楼二底两层房屋,迎门一座楼梯,楼上两间卧室和浴室,楼下前客厅后餐厅,佣人的下房有两处,一是门右边的门房,一是后院兴工时期所建造的临时公寮。

两株大白杨树,正好就在画室的右边,遮掩着西晒的太阳。后来据吴老先生的调查,说这样的大树,全南京一共只有三棵,我们家便占有其二,另外一株是在城南。由于树身高大,目标显著,从京沪路乘火车绕过玄武湖,将抵下关车站的时候,坐在火车上远远地便可以看到它们。

1936年,范长江和杜文思都是供职上海《大公报》的青年记者。范长江看上了霞飞路康绥公寓的一处房子——清洁幽静,设备齐全,24小时热水供浴。房租自然不菲,每月40余元。范找到杜,提出两人合租,并动员杜节衣缩食,换取一个好的阅读环境。杜虽感这20多元房租是个重担,但经不住"清洁、安静、卫生"的环境的诱惑,最终答应了范长江。他们住在后楼,杜文思后来回忆说:"前楼二房东是位安娴幽静的于小姐。某次,在公寓我到门口即将外出,忽然门铃响,我开门,来客是纱业巨子缪云台,见到我愕然不悦。适二房东于小姐从前楼赶到门口,她向缪介绍我是后楼房客杜先生,我释然和蔼地说:缪先生好!数日后,于对我说:杜先生,原来你早和缪先生相识,他还记得你是《大公报》记者,是搞工业的。"

1920年,罗振玉在天津法租界秋山街盖起嘉乐里新宅,合家迁入。罗是藏书家,罗公馆西首房舍便辟为"贻安堂经籍铺",由其长子经营销售他在日本编印的古籍。1928年,罗举家迁往旅顺,将这所房子以六万元出手。这在当年,是卖了一个很合算的价钱。

钱昌照任南京政府教育部次长时,只住三间房子。张伯苓去其家后叹道:次长生活极为简朴!后钱向人借了一笔钱,在南京的上海路盖了一所房子。这笔债直到抗战后才还清。

当年,清华教授的宿舍条件优裕。闻一多、周培源、吴有训、雷海宗等50余户住清华西院。闻一多住49号，有14间房子。1935年后，闻一多、俞平伯、周培源、陈岱孙、吴有训等又迁入清华南院，这里有30栋新盖的西式住宅，每户一栋，内有书房、卧室、餐厅、会客室、浴室、储藏室等，电灯、电话、热水等一应俱全。

西南联大后期，西仓坡教工宿舍建成，但狼多肉少，教授要抽签确定谁能搬进去。闻一多恰好抽中，在1945年1月迁入新居——西仓坡3号。这是一个不大不小的院子，有20多间土坯墙的平房，大门内中间是一块斜坡的空地。闻家住东边一排，门朝西，有两间20平方米的房间，后面是天井，旁边是厨房，门前有块空地，闻家就开荒种菜，自给自足，收获颇丰。

西南联大成立后，虽建成新校舍，但条件相当艰苦。男生宿舍都是土墙草顶，墙上开几个方洞，方洞上竖着几根不去皮的树棍，便是窗户。每间房子的两边各摆十张上下铺的双人床，即一间房住四十个学生，环境可以想见。

抗战爆发后，上海市民纷纷涌向租界，致房屋大为紧张。画家钱化佛在淡水路租了一间小屋子，五个儿子集于一堂，简直没有回旋余地，他戏言："这真是所谓五子登科（窠）了！"

学者邓云乡曾记述当年的清华学生宿舍："清华的学生宿舍，也是以'斋'为名，男生宿舍如'明斋'、'诚斋'及后来建的'新斋'等，女生宿舍叫'静斋'。这些'斋'都是红砖砌的三层楼，两个人一个房间，房中有壁橱，床都是小的可拆卸的钢丝床，冬天全部水汀，有一位名'任浩'的在旧时《宇宙风》上写文章介绍清华宿舍说：'整个冬天，从11月到翌年3月，在清华室内都像是夏天，睡起来盖一条薄被就行了。'"

小说家毕倚虹住在上海西门路庆祥里。他与人通信，信封落款常写"西门庆寄"。

齐白石家的门上贴一纸条："晚过九时不开门。"

1936年初，胡宗南时任军长。《大公报》记者范长江在长篇通讯《中国的西北角》中称："胡宗南氏，正驻在甘谷西面的二十里铺。"他住在城外"半山上的一座小庙"，"门窗不全，正当着西北风，屋子里没有火炉，他又不睡热炕，身上还穿的单衣单裤，非到晚上不穿大衣。我看他的手脸额耳，都已冻成无数的创伤，而谈话却津津有味。"

吴宓于1925年入住清华工字厅西客厅，取名"藤影荷声之馆"，当年梁启超也曾在此"赁馆著书"。后来叶公超搬来与吴为邻，"一浪漫，一古典，而颇为相得"。吴宓在工字厅的住所从某种意义上说，具有文化沙龙的功能。1926年7月8日，陈寅恪来清华就职的当天，即是吴宓从城里把陈接到学校，"住西客厅"。"王静安先生来，久坐"、"陈寅恪、赵元任等携蒯寿枢来室中小坐"、"金岳霖来"、"曹校长陪导钱方轼来宓室中晤会"、"杨振声来，宓与谈'翻译'一课内容"、"招叶企孙来此小坐"、"冯友兰君如约来"这样的记载曾三天两头出现在吴宓的日记里，陈寅恪也曾借吴宓住所设宴请客。抗战胜利后，季羡林回清华教书，他曾回忆说："我住的工字厅是清华的中心。我的老师吴先生的'藤影荷声之馆'就在这里。他已离校，我只能透过玻璃窗子看室中的陈设，不由忆起当年在这里高谈阔论时的情景，心中黯然。"1930年9月，吴宓去欧洲游学一年，行前，校内一些单位看中了他的住所。8月14日，理学院代理院长熊庆来找到吴宓，想拿"藤影荷声之馆"当数学系的第二预备室，被吴宓"严词拒之"，他在当天的日记里说："且谓如校中必欲取回此室，则宓第一步今年不出洋；

第二步退回聘书，舍清华而改任他校教授。若私人欲得此室，则当认为仇敌，悉力抵抗周旋。毋谓宓平日谦和，便可欺也云云……"行前三四天，他又在日记中记道："今兹将行，对清华园风景之幽美，及西客厅生活之安逸，乃深恋恋也。"9月12日，他离开校园时，还"回望久居安适之西客厅，不觉凄然"。

1939年春，日军飞机轰炸成都，作家李劼人从城内疏散到郊外沙河堡乡间，便借势在一菱角堰边盖了一所黄泥筑墙、麦草为顶的住所，他在门楣上题了"菱窠"两字，颇有竹篱野舍的逸趣。曾到此作客的宋云彬在日记里写道："李劼人是一个很懂生活的人。他家的房子是泥墙草顶，但里面的陈设很讲究，布置得很雅致。他说他的屋子因为泥墙打得厚，好比人家窑洞，所以冬暖夏凉、非常舒服云。"

黄裳少年时代住在天津，其父为留学德国的采矿工程师。黄家租住的墙子河畔的小楼是小德张的产业，从黄家楼上后面的窗户可以看到小德张家的院子。在黄裳的印象中，小德张家的院子很大，阴森森的，好像整天也没人走动。"我曾几次爬到窗口去看，不过始终没有看到这个有名的大太监。墙子河就在前面，河畔栽了一排柳树。夏天我有时走下去坐在柳下看书。有一次从《小说月报》上读到郑振铎写的《北宋词人》和《南宋词人》，引起极大兴趣，整整看了一个下午。这是我第一次接触宋词。"

1948年初秋，林洙中学毕业后，从上海到北平求学，父亲把她介绍给同乡林徽因教授。她后来回忆说："我来到清华的教师住宅区新林院8号梁家的门口，轻轻地叩了几下门。开门的刘妈把我引到一间古色古香的起居室，这是一个长方形的房间，北半部作为餐厅，南半部为起居室。靠窗放一个大沙发，在屋中间放一组小沙发。靠西墙有一个矮书柜，上面摆着几件大小不同的金石佛像，还有一个白色的小陶猪及马头，家具都是旧的，但窗帘和沙发面料却很特别，是用织地毯的本色坯布做的，看起来很厚，质感很强。在窗帘的一角缀有咖啡色的图案，沙发的扶手及靠背上都铺着绣有黑线桃花的白土布，但也是旧的，我一眼就看出这些刺绣出自云南苗族姑娘的手。在昆明、上海我都曾到过某些达官贵人的宅第，见过豪华精美的陈设。但是像这个客厅这样朴素而高雅的布置，我却从来没有见过。"

5. 出行

清端郡王载漪发配西北二十年后，在孙子毓运陪同下，于民国十年（1921）辗转回到北京。大总统徐世昌派汽车到前门火车站迎接，载瀛也携惇王府的亲戚们去接站。载漪祖孙被接到一辆汽车上，毓运觉得这车子貌似西北的骡拉轿车，只是外身是铁皮的，车窗是玻璃的，座位是软的。不一会儿，汽车突然走了起来。毓运大惊，高声冲爷爷载漪说："这个车怎么没有骡子拉就跑了？"载漪故作冷静，暗地里推了孙子一把，但这话还是被司机听见并窃笑不止。此前，爷孙俩都没见过汽车。载漪望着车窗外面的街景，叹道："北京变了，什么东西都洋起来了。"

1912年5月，鲁迅随教育部自南京北迁。5月5日的日记记："上午11时舟抵天津。下午三时半车发，途中弥望黄土，间有草木，无可观览。"寥寥数语，勾出当年北方的"春色"。

黎元洪任大总统时，住北京东厂胡同。有时晚上骑马到东华门大街真光影院看电影，散场后去东安市场的国强咖啡馆喝咖啡。国强的茶房老温在东安市场的从业经历贯穿民国的始终，曾多次接待黎元洪。

民国时期的一些名流如吴稚晖、梁漱溟等，为倡导人道主义，出行时坚持不坐人力车。陶行知更甚，一次因急事坐了回人力车，半道上非要和车夫对换，让车夫满含热泪地坐了半程车。学者刘文典常在课堂上怒斥人力车的不平等，课后则赫然登上人力车而去。

溥仪成了废帝后，常和婉容坐着小汽车出宫转悠。去的最多的地方是颐和园和玉泉山。每次出门，都排成一列由几十辆小汽车组成的车队。他不时让司机加速，在上世纪20年代的北京，竟然开出时速六七十公里以上的疯狂速度。直至把随同出行的"内务府大臣"绍英吓得紧闭双目，双手合十，大呼"南无阿弥陀佛"。

1925年，俞平伯在一篇文章中说："我在江南的时候最喜欢乘七点多钟由上海北站开行的夜快车向杭州去。车到杭州城站，总值夜分了。我为什么爱搭那趟车呢？佩弦（朱自清）代我说了：'堂堂的白日，界画分明的白日，分割了爱的白日，岂能如她的系着孩子的心呢？夜之国，梦之国，正是孩子的国呀；正是那时的平伯君的国呀！'我虽不能终身沉溺于夜之国里，而它的边境上总容得我的几番彳亍。"

上世纪二三十年代，浦江清在清华任教。按当时的概念，学校属于郊外，进城须乘长途汽车。浦坐过几次后，感到汽车太颠且汽油味刺鼻难闻，常晕车。后入城时索性雇人力车，浦称之为"虽慢而舒适也"。

北平时期，出行以人力车（洋车）为主，乘坐方式有如今天的出租车。在北平生活了十年的学者谭其骧晚年回忆："出门都坐洋车，随便你住在哪里，大门口外或胡同口，准有几辆洋车停在那里，坐上再说到哪里去，拉起就跑，到目的地按时价路程给钱，很少有要求添几文的，绝不会发生争吵……我住在景山西门北平图书馆宿舍时，在宿舍门口上车，到东安市场门口下车，给七大枚就行了。下大雨刮风下雪时酌加。全城不论哪里，西直门外远至香山，只要不是跑不动的老头，没有拒载的。"

陈岱孙毕业于清华大学和哈佛大学，从美国回国后，在母校任经济系主任。陈一直独身，有美国友人送了他一辆黑色雪佛兰轿车，他便开着这辆车进城或出游，这在当年的大学教授中恐怕是独一份，一时引人注目。

1931年春假期间，燕京大学教授顾颉刚与若干同事出游河北、河南、山东等地，访问古迹，购买古董、书籍，还特地到大名拜访崔东壁后人。而顾颉刚在《辛未访古日记》前言中却写到另一种对"时情"的印象："黄河流域为我国文化之摇篮地……何意时移世易，其贫若斯，其愚若斯，鸦片、白面、梅毒，肆虐凶焰……兵灾、匪祸连结不解，人民不识正常生活为何事……我自作此旅行，常居明灯华屋而生悲，以为国人十之七八，犹过其原始生活，我不当超轶过甚……"

刘半农有两个女儿生在伦敦，故一个叫刘伦，一个叫刘敦。回国后都在孔德学校读书。每天早晨，两个女孩同乘一辆包车上学。起初两个孩子是并坐，后改成一个朝后跪着，一个朝前坐着，再后来改为两人叠坐着。很多北大学生每天都和姊妹俩相遇，都能看到她俩天真的笑容。

上世纪30年代有段时间，张中行经常和二三同好骑车到玉泉山郊游。他对这种例行的休闲活动有如下记述："出西直门，沿平坦的土路西北行，十余里到海淀镇。进东南口，到西端北拐是西大街商店集中地。先买烧饼、酱牛肉、花生米，最后买酒。卖莲花白酒的是仁和号，在近北口路东，两间门面，靠南一间开门，柜台上有酒坛，卖酒。我们酒量都不大，只买半斤。到玉泉山，总是在西部山下树林的草地上野餐。莲花白酒是好白酒加若干种有香味的中草药蒸馏而成,味纯厚而幽香,当时觉得,在自己喝过的多种酒中,它应该排在第一位。"

张中行小时候生活在河北香河农村,他叔叔家养着一头"识途"的黄牛。张的姑姑住一二十里之外的另一村,有时几个孩子去看姑姑,就让这头牛拉车出征。孩子坐上去后,大人牵着牛送到村外岔路上就撒手不管了。牛自己掌握方向和速度,走得很慢,孩子可以在车上东张西望、打打闹闹,或下车掐一把花草再上来,十步八步就能赶上,牛一直把车拉到姑姑家门口才站住。午饭后回来,孩子累了,往往睡一路,有时牛把车拉到本村家门口停下来,他们还不醒。

上世纪20年代,学者陈西滢说:"(上海)南京路上的汽车比十年前多了不知多少倍了。你如果像我一样在那里立一会,数一数来往的汽车,你就会发现每十辆汽车至少有七八辆里坐的是黄头发、蓝眼睛的人。"

上世纪20年代初,周有光在常州念中学,家在苏州,因而经常往返于沪宁线上的常州与苏州之间。他后来回忆:"常州到苏州很方便,那个时候来回火车票是一本一本买的,一本10张,撕一张给检票员就可以上火车了。"

北平时期,从城里出西直门到香山、玉泉山等地郊游,有两条路可走。邓云乡在《增补燕京乡土记》里有如此记述:"一条出西直门笔直往西,经过万牲园(后改动物园)路口再往西转入去海淀的大路;一条出西直门走关厢不远就拐弯往北,进入关厢北街,再往前走不多远,就到了高梁桥了。一到高梁桥,风景便豁然开朗,南北的大石桥,桥北是开阔的北方田野,桥下是清澈见底的流水,这水都是由玉泉山、昆明湖流来,流向德胜门水关的,西北一望,西山、玉泉山、万寿山色调深浅、层次分明，可以说是北京城郊最美的一条路。"

上世纪二三十年代，北京市民出行的交通工具以人力车为主。当时北京人口近200万，人力车达10万辆，平均每20人一辆。北京各高校的教授、讲师，几乎都有包车。这10万辆车，车况和车夫是参差不齐的。最高档的进口人力车，售价可达100块银元。车夫则各取所需。康有为的女婿罗昌当年七十多岁，他的车夫也已五六十岁。老车夫每天拉着他慢悠悠上路，出和平门去北师大上课。据说这种念旧也是一种"京味"。

溥仪没出宫时，为学自行车，把宫里许多门槛都锯了。有一次他骑车乱转，被一个在宫里装电灯的看见了，连忙下跪向他讨封，溥仪笑道："封你一个镇桥侯（猴）吧。"这是北京当年桥头行乞者的诨名。有人据此认为：溥仪小时候够坏的，属于"阴坏"一类。

李四光从美国回来后，任北大教授，兼北京图书馆副馆长，每月收入500元。他平时骑自行车上下班，曾被鲁迅撰文讥讽。

1928年首都南迁后，阔人们各奔东西，北平的汽车市场也跟着疲软。二手车高不过1000元一辆，低者仅百八十块。北大教授刘半农说："我们朋友中，从前同是两轮阶级，现在升做四轮阶级的也不少，有时间上什么地方去，承他们的邀请我同坐，我也就乐得大揩而特揩其油！"

吴稚晖出行，从不坐人力车。他住上海时，去南京见蒋介石，只坐四等车，满目穷人，吴则甚觉其乐。到了南京，蒋介石的官邸吴可以不经通报，直进直出。一次，吴从浦口坐轮渡到下关，忘了带船钱，被售票员当成乡下佬，抽了一个嘴巴。

徐志摩曾问梁实秋："你坐过飞机没有？"梁答以没坐过，一来没有机会，二来没有必要，三来也太贵。徐说："你一定要试试看，哎呀，太有趣，御风而行，平稳之至。在飞机里可以写稿子。自平至沪，比朝发夕至还要快，北平吃早点，到上海吃午饭。太好。"当时徐志摩有个朋友在航空公司，见他在京沪两地穿梭奔波，便送了他一张长期免费的机票。没想到比票价更昂贵的是，徐志摩因此搭上了性命。

1946年3月17日上午10点，戴笠自青岛乘航委会222号运输机飞南京。一说戴笠此行是为了接影星胡蝶一同赴沪，实则胡蝶并未与戴笠同行。下午1点左右，飞机到达南京上空，因遇雷阵雨，无法正常着陆。南京明故宫机场打开导航台，引导飞机穿云下降。如不行，则改飞上海或济南。但上海、济南上空天气也不好，222号飞机只好在南京再作穿云下降。飞机在云雾中失去方向，与地面联系困难，雷雨中三次下降都越过机场，无法着陆，最后一次下降时偏飞至江宁县。下午1时6分，222号飞机与地面电讯联络突然中断，地面多次呼叫也听不见机上的讯号。最终高度只有200米的板桥镇戴山，成为戴笠此行的葬身之地。

1924年暑假，西北大学与陕西省教育厅联合举办一次暑期讲演会，从北京请去十位著名学者，鲁迅、蒋廷黻等都在内。他们先乘火车到陕州，然后取道黄河往西安。负责接待的张辛南先到陕州，雇了两只民船。不料行船不久，就赶上狂风暴雨，昼夜不息。次日早晨风雨停息后，船主带着几分后怕说："昨天晚上险呀！如此大风，船不能下锚，倒行十余里，如果倒行到鬼门（陕州附近黄河中有砥柱山，兀峙中流，分河为人、神、鬼三门，惟人门可通舟楫，其险过于长江之三峡），那就没救了。幸托庇龙王爷保佑，得安然无事，诸位先生真是大命的。"

茅盾入商务印书馆一年后，其弟沈泽民考入南京的河海工程专门学校。1917年夏天，茅盾回乡与母亲一起送弟弟去南京上学，也顺道游览了南京的名胜。回上海时，母亲提出乘船走长江，茅盾便在航行于汉口到上海的三四千吨的豪华客轮上订了一个官舱。轮船起锚后，他扶着母亲在甲板上散步。沈母遥望江天，颇有感触地说："你父亲一生只到过杭州，我今天见的世面比他多了。"

孙中山和章太炎都住上海时，章太炎常雇人力车去孙家，但归途却不识路，每次都由孙派人另雇一车送章回家。某次孙派人送章出门，门口只有一辆人力车，章坐上车即令车夫快跑，本欲送章回家的人等到另一辆车来时，章早没了踪影。车夫半路上问章去哪里，章说："家里。"车夫问家在哪里，章答在马路上弄堂里，弄堂门口有一家纸烟店。结果是章一直坐着人力车在街上打转。

金城银行老板周作民奉行有饭大家吃的管理之道。上海总行内，私人汽车有二十多辆。都由银行负责汽车的开销。有人评论说：换一个人当总经理，看到这许多坐汽车的开支，一天都受不了。而周作民就是凭着这种做派，号召两千多人糊里糊涂地替他出尽力气。

茅盾写《子夜》时，曾把部分初稿给瞿秋白看。原稿写吴荪甫出行坐的轿车是福特牌，因为当年上海有钱阶层流行福特轿车。瞿秋白则提出，像吴荪甫这样的大资本家应当坐更高级的轿车，他建议改成雪铁龙牌，茅盾定稿时采纳了瞿秋白的意见。

民国时期，长沙的黄包车别具特点：车夫身穿长袍，拉车不跑，漫天要价。因而除了老年人及带行李的旅客，一般市民都不坐。

1937年秋天，为避战乱，茅盾把两个孩子从上海送到内地。回程从武汉买了张到杭州的车票，10月24日发车，抵杭州已是11月5日，走了将近两个星期。

胡适辞去中国公学校长后,全家于1930年11月28日离开上海去北平。当日胡适门生罗尔纲随胡适一家四口乘出租车到火车站,他说:"满以为胡适广交游,徽州亲戚也不少,今天月台一定站满亲朋来送行的。谁知半个影子也没有。"火车抵北平前,罗尔纲又以为胡适是中华教育文化基金会董事会的负责人和北京大学文学院院长,至少这两个单位应该有人来接,"谁料车进了站,同样连影子都没有。"只有胡适的表弟雇了一辆汽车,把他们领出车站来到汽车前,随即也离开了。

1918年5月13日,即徐悲鸿与蒋碧微"私奔"的前一天,徐秘密通知蒋碧微,要她当晚悄悄离家,雇黄包车到爱所亚路长发客栈找他,并叮嘱说:雇车要找留辫子的车夫,因为那种人比较老实可靠。

民国初年,陈三立住南京中正街,家门口有一条很短的铁路。一日陈独自出游,回来时乘人力车,车夫问地名,陈茫然不知,便挥手让车夫前行。穿街入巷,走了一阵子后,车夫又问地名,陈仍答不出来,忽急中生智,想起了火车声,便告车夫家在火车站附近。而车夫所行,正与其家的方向背道而驰。好不容易回到了家,家人有的四处寻觅,有的立在门口张望。若是门前没人,陈也未必认得出这是自己的家。

民国时期,苏州天平山的轿夫一度都是清一色的女性。她们兜揽生意时常说的一句话是:"太太,你现在不坐,到时候你要是从山上坐轿子下来,我是要把你骂出山门的。"

1936年春天,徐悲鸿南下广西。6月,蒋碧微决意去南宁把徐劝回南京。她从上海乘船,经香港到广州,再从三水坐轮船经梧州到南宁。从梧州到南宁的船是一艘只有一间舱房的小火轮,舱内两边有六张上下床，蒋碧微上船后发现，12个旅客中，除她之外，都是男的。蒋碧微后来回忆："这一段航程，足足要走三天。当时正是南国酷热难耐的天气，三天里我既不能沐浴，又无法更衣，狼狈困窘可想。住在我上铺的那位先生，有一双黑茸茸的毛腿，清早醒来，一眼望见两条毛腿高高悬在上铺床沿，总使我觉得厌恶万分，浑身都不自在。"

1933年6月18日上午8点，中央研究院总干事杨杏佛和儿子杨小佛登车出门，轿车刚开出中央研究院大门，四个早已埋伏多时的特务便一起冲出，拔枪围着汽车乱射。司机负伤后破门而出，杨杏佛爱子心切，并没逃离，而是用身体挡住儿子，饮弹身亡。

《申报》老板史量才的遭遇与杨杏佛相近。1934年10月。史量才去杭州休养，11月13日午后，乘汽车沿沪杭公路回上海，同车还有史的妻子、儿子、侄女等，加司机一共六人。当天下午3点左右，汽车行至海宁附近的翁家埠时，突然被一辆汽车挡住去路，车上跳下数名匪徒，持枪先将司机打死，史量才等见状纷纷下车逃命，被匪徒追击。史原本已逃入一个茅屋，从后门再逃时，因不认路，避于一个干涸的小池塘里，被追来的匪徒发现，一弹穿其两耳，史当场毙命。其子则得以逃脱。

上世纪30年代，顾颉刚一度受聘于北京大学和燕京大学两个单位，并任燕京大学历史系主任。两校一个在城里，一个在郊外，相距30里，顾则住在西皇城根5号。顾颉刚为此买了一辆汽车，奔波于两校及各种应酬活动之间，他每月因此支付的费用为司机20元，汽油100元。由此可见顾颉刚收入之不菲。

梁漱溟的一个学生有一次和梁漱溟夫妇同坐一趟火车，见梁夫妇间一路无话，就对梁漱溟说，旅途中应该聊聊天，怎么你坐在那里一言不发？梁漱溟说，你不要以为我是在闲着，你看我闲的时候可能是我最忙的时候。

上世纪20年代，周作人是北大教授，同时在燕京大学兼课。因而常从城里去西郊，1926年10月20日，他在一封信里说："燕大开学已有月余，我每星期须出城两天，海淀这一条路已经有点走熟了。假定上午八时出门，行程如下，即十五分高粱桥，五分慈献寺，十分白祥庵南村，十分叶赫那拉氏坟，五分黄庄，十五分海淀北篓斗桥到。今年北京的秋天特别好，在郊外秋色更是好看，我在寒风中坐洋车上远望鼻烟色的西山，近看树林后的古庙以及河途一带微黄的草木，不觉过了二三十分的时光。最可喜的是大柳树南村与白祥庵南村之间的一段S形的马路，望去真与图画相似，总是看不厌。不过这只是说那空旷没有人的地方，若是市街，例如西直门或海淀镇，那真是很不愉快的，其中以海淀为尤甚，道路破坏污秽，每旁沟内满是垃圾及居民所倾倒出来的煤球灰，全是一副没人管理的地方的景象。街上三三五五遇见灰色的人们，学校或商店的门口常贴着一条红纸，写着什么团营连等字样，这种情形以我初出城时为最甚，现在似乎稍好一点了，但还是未全去。"

1924年春，泰戈尔来华，访问北京后，由徐志摩和英国人恩厚之等陪同去山西。行前在车厢里，徐志摩还在给林徽因写信，墨迹未干，车已开动。恩厚之发觉徐志摩手持信笺，表情伤感，趁着热闹混乱，把信取过替诗人收藏起来。这封没有发出的信后来成了藏品，上世纪80年代被发表出来。

1927年寒假，在清华任教的吴宓乘火车回陕西探亲。1月11日车过山西，吴宓在当天的日记中写下如此观感："山西境内，田畴整治，城垣壮丽，野无盗贼，途少乞丐，不得不归功于阎锡山也。"

6. 家境

上世纪二三十年代,衡量北平小康之家的"标准"一说为:天棚、鱼缸、石榴树,先生、肥狗、胖丫头。

赛金花晚景凄凉,从名妓几乎沦为乞丐,靠人接济度日。上世纪30年代中期,瑞蚨祥西栈每夜设局,酒肉征逐,一副豪赌滥嫖狂抽的场景。29军的实力派人物,从宋哲元到张自忠、冯治安、刘汝明、肖振瀛以及石友三等人,都是这里的常客。赛金花也常来"坐台",客人们怜其落魄,一场豪赌之后,抽头二三百元,悉数送与这位有名的"赛二爷"。赛则如获恩赐,感激涕零。

学徒出身的瑞蚨祥老板孟觐侯后来富可敌国,他究竟有多少家当,已无可统计。孟家在天津英租界湖北路12号对过小巷内有一处住宅,院内特制一个洋灰地窖,作藏金之用。解放前夕,孟家迁出前启窖掘金,内有黄金8000条,达8万两。这也仅仅是孟家无数财产的一部分。与此相比,电视剧《潜伏》所表现的天津另一处租界住宅——余则成家——的鸡窝所藏的那二十几根金条,就显得相形见绌了。

重庆"财神爷"赵健臣说:"我一生的钱,大约值

80万两银子。"

上世纪20年代，段祺瑞欠黎元洪7万元，后因无力偿还被黎告上法庭。

上海沦陷后，物资短缺，日军和汪伪政权对一些生活用品实行配给供应，大户人家有钱也花不出去，日子日渐难过。后来的香港航运业巨头曹文锦当时不过十六七岁，他父亲曹隐云与汪伪政权的一些"要员"如陈公博、钱大魁、唐生明等以前私交甚密，此时便派上了用场。唐生明是蒋介石派到汪伪政权"曲线救国"的，他常到曹家串门，其大太太甚至还在曹家住了几个月，可见两家的交情非同一般。日本人每月配给唐生明的生活用品相当充裕，除自家享受外，他也分一些给曹家。曹文锦后来回忆："我记得最难受的是冬天没有煤取暖，没有煤烧水洗澡。唐生明来上海后，我们一家人常常去法租界金神父路的唐公馆洗热水澡。"曹所谓感到"最难受"的，在当时江南一带的穷人看来，无异于"吃饱了撑的"。

1924年溥仪被逐出宫后，在天津生活了多年。他在《我的前半生》中，有这样一段记述："天津时期的购买用品的开支比在北京时大得多，而且月月增加，像钢琴、钟表、收音机、西装、皮鞋、眼镜，买了又买，不厌其多。婉容本是一位天津大小姐，花钱买废物的门道比我多。她买了什么东西，文绣也一定要。我给文绣买了，婉容一定又要买，而且花的钱更多，好像不如此不足以显示皇后的身份。文绣看她买了，自然又叽咕着要。这种竞赛式的购买，弄得我后来不得不规定她们的月费定额，自然，给婉容定的数目要比文绣的大一些，记得起初是婉容一千，文绣八百，后来有了困难，减到三百与二百。"

胡蝶成名时，还不兴片酬一说，她在明星影片公司的月薪是2000

元。其中实发 1000 元，另外 1000 元先赊着。此外公司还给她配了一辆专用小汽车。就这 1000 块也并非小数，当时大米的价格仅为一石 10 元。

明星影片公司发迹之后，高层管理人员如总经理、经理、协理等也都随之"阔"了起来：出入汽车，家里厨子、听差、奶妈、花匠等一应俱全。老板张石川的妻子何秀云就自称同时用过七个仆人。

曹锟贿选时，熊秉琦任山东省省长。曹贿选的资本，据说以熊的"报效"为最多，前后达百万元以上。1924 年，熊秉琦下台，卸任前在济南、青岛一带大量收购黄金，致金价暴涨，舆论沸腾。他因大肆搜刮民脂民膏，唯恐事发惹祸，回北京后整天疑神疑鬼。某晚，有只猫在房上走动，熊便疑为刺客，命人包了几百元钞票搁在房顶，目的是"贿赂"刺客买命。几天后，钱包还在原处。熊仍不死心，又差人将 500 元置于一偏僻处，故意让人拾走，借以"解冤"。但由于地方太偏僻，也没人去"拾遗"。最后只好将钱放在显眼的路边，他的这个"心愿"才算了却。

张恨水 24 岁时到芜湖《皖江报》当编辑，月薪 8 元。报社管吃管住，伙食不错，自己一间房。他晚上写两篇短评后，常和同事上街逛逛，吃碗面，再来几个铜板的熟牛肉。

作家萧乾，蒙古族，北京人，遗腹子，苦孩子。他自小寄住在三叔家。他还很小的时候，三叔就突然去世了。他还记得那天三叔刚剃过头，是坐在椅子上死的。三婶来回摆弄着三叔光秃秃的脑袋，厉声责问："怎么，你就这么把我们娘儿几个撇下不管啦！"接着便号啕大哭起来。

演员陈强 1918 年出生在太原一个底层市民家庭。他不满 5 岁的时候,便每天要干三种活:一是晚上和姥姥提个煤油灯上街拣煤核。他拣的煤核不仅能供自家一天烧用,还能卖掉一桶。有一次他没忍住对门煎饼铺的诱惑,卖了煤核买油条,嘴上解了馋,却挨了父亲一顿痛揍;二是跟着父亲去卖菜。一些买菜的妇女见状,不免怜惜地叹道:这孩子准没娘。无形中多少起到些促销作用——他家的菜确实比别人家的卖得快;三是领粥。施粥在当年是一种很普遍的"慈善工程"。陈强在家里专司此职。粥领回来,一家人喝。陈强说:"我从小是喝粥长大的。"

有人说李叔同是从朱门入空门的典范。他出家时,除少量日常用品和一身布衣外,把所有家当散尽。夏丏尊说:"我所得到的是他历年所写的字,他所有折扇及金表等。"

1946年到1947年,山西省银行驻天津主任阎孝先为阎锡山收购了大量美金,存在天津大陆银行的保险库里。后来阎锡山指示汇一笔钱到美国,为数约200万美元,说是作为他儿子阎志敏去美国留学的费用。

民国初年,朱启钤曾任陆征祥内阁交通总长。当时,北京尚未风气大开,朱家吃的用的,已完全欧化。家宴一律是西餐,仆役都穿白大褂,紫色背心。家里所有装潢摆设也一概西式。大概仅朱妻还保持着一样"中式"爱好——搓麻。

第一次世界大战爆发后,由于美国是中立国,汉口的花旗银行成了富人争相光顾的去处。从新老军阀、权贵显要、巨贾富商到妓院的老鸨、庙里的和尚尼姑,如潮水般涌来,几乎将银行挤爆。后来花旗银行不得不设置一个1000元的开户门槛,银行收进也仅以袁头现洋和库平现银为准,其他银钱一概拒收。存期最少半年,周利息一厘。就这样，现金眨眼间就一箱接一箱地堆满了库房。银行的洋人经过时，故意用脚踹踹，以傲慢的语气得便宜卖乖地骂道："这么重的东西，真他妈给我们添麻烦！"

北洋时期，中法实业银行的华人职员等于今天的外企员工。他们的薪水视资历和能力而定，从几十元到一百几十元不等。请假在三个月以内的不扣工资。年终多发一个月的工资作为奖金。在工资之外，有时另加10%的生活津贴。

上世纪二三十年代，孙秉衡在西门子洋行奉天分行任销售员。在他的记忆中，分行的洋人大班月薪为六七百元，最低级的书记也在300元以上，当中美金和法币各占一半；华人员工则只发法币，最高的不过150元上下，低者仅20元。孙的月薪是95元。

荷兰人司比门本是个混混加无赖，后来混了个法国籍，当上上海万国储蓄会董事长，娶一上海歌女为妻。歌女出身的司比门夫人后来成了上海头号的阔绰太太。她头上装饰用的假发，天天花样翻新；鞋能堆满两间屋子，每双鞋鞋尖都可以镶嵌钻石，每次换鞋，必嵌上两颗价值连城的巨大钻石；其家有两间房子储藏衣服，上千件衣裳都依照巴黎最时髦的款式花色缝制，每件只要在宴会等场合穿过一次，即废弃不穿；她的珠翠宝石更是多得堆积如山，不计其数。司比门太太每天用掺着香水的牛奶洗澡，每顿饭动辄数十上百元（上世纪20年代），所食白塔面包只在南京路沙利文食品店出高价定做，面包上刻着司比门的缩写字样。司比门夫妻每举行一次宴会，仅餐室里用于装饰的鲜花的价值，据说就可抵普通人家一两年的伙食费。

民国初年，晚清的王爷尚能吃地租，恭王府所收地租每年达12万现洋之多，可谓"瘦死的骆驼比马大"。恭亲王溥伟1914年移居青岛，每月有两三个随事的换班，所有吃喝用等物品都从北京采购，鸡鸭鱼肉和咸菜得要老字号的，如天福酱肉、天源咸菜、致美斋点心等等。每月开支大约三五千元，不够用时打电报再由北京汇款。

袁世凯称帝前，冯国璋闻风入京见袁，说："外间传说，大总统欲改帝制，请预为秘示，以便在地方着手布置。"袁世凯说："我绝对无皇帝思想。袁家没有过六十岁的人，我今年五十八，就做皇帝能有几年？况且皇帝传子，我的大儿子克定残废，二儿子克文假名士，三儿子克良土匪，哪一个能继承大业？"

袁世凯病危时，除袁克定外，单给每个儿子15万元。当时袁的五妾杨氏、六妾叶氏和八妾九妾刘氏都已怀孕，因不知生男生女，便预留60万元由克定保管，如生男就依例付给，生女则留作公费。后来，四妾中有两人给袁生了遗腹子，两人生女。

袁世凯的长子袁克定晚年妻离子散，租住在京郊海淀的一间小屋里，最终潦倒而死。袁的另一个儿子克端亦为败家子，夫妇大吸鸦片，终日享乐，挥霍无度。后来一天只能得到一块钱的生活费，虽破败至此，但梅兰芳来天津演戏时，袁克端夫妇还是当了一件皮袍定下包间，同去听戏。

李纯是天津乡下人，幼年家境一般，后入李鸿章创办的天津武备学堂读书，毕业后混迹军中。民国以后，曾任江苏督军，任上发了横财，家当无算。

李纯自1914年起广置房产。先以4万元购得北京铁狮子胡同一处住宅，又以2万元在天津黄纬路购地建住宅一处。此后，他陆续在天津南市购下南起东兴市场、北至荣吉街以北的大片房产，占地皮约140亩。经扩建，共有楼房、平房、市场、戏园、澡堂等约4500间。

李还在河北三马路东兴里、五马路、北马路一带，购买、修建房屋1404间；在河东东兴里一带拆建和扩建房屋500间；在英租界20号路购洋楼八所；他在英租界11号路等路段还有四处住宅。如此来看，说天津版图的几分之几是李家的，似也不为过。李纯后来又在北京珠市口等地段置下房产700余间，在天津周边则置地无算。

除上列不动产外，李纯还有一本秘密的财产账，系江苏督署机要室秘书主任芮谷贻书写。李死后递存于其妻王氏、其弟李馨手中。这个账单所记家当大体如下：

黄金2400两，存王氏手中，都系20两一块的金块；黄金1940两，存孙氏（李的次妻）手中，都系20两一块的金块；现款300余万元；懋业银行股票50万元；大陆银行股票20万元；北洋保商银行股票15万元；山东省工商银行股票4万元；哈尔滨耀滨电灯公司股票4万元；北京电车公司股票10万元；天津裕大纱厂股票8万元；龙烟煤矿股票2万元；中华书局股票5000元；天津一大皮革公司股票12万元。

李纯死后，在天津出殡和南京开吊共花出10余万，这在天津，不是绝无仅有，亦属极其少见。

李纯的侄子李震欧因继承大笔家产，怕被绑票，自小不出家门，也不读书，曾放话："李家是千顷地一棵苗。"意在独吞李纯遗产。1935年，他不过十六七岁，便带着厨师和随从，南下沪杭，遍历泰山青岛，北游大同，登太行山，足迹所到，挥金如土。回来后，将住所楼下的汽车房厕所打开，辟为热带鱼室，雇一个名叫张胖子的人专管，对稀奇鱼类，有价即买，耗资两万以上。玩腻了之后，又将鱼室扩建为小动物园，猴子、海豹、鳄鱼等俱全，还买了条大蟒，天热时缠在身上，故意站在门口，以致路人侧目，绕道而行。

盛宣怀的儿子盛老三日伪时期附逆，本来就家底丰厚，此时运销鸦片，逆产已无法计算。他在上海有十几处住宅。所用痰盂，都是以纯金制成的，其他如烟具、烟灰缸、高脚盆乃至挂在走廊上的鸟笼子，也都是金的。有人认为，盛老三享用之奢侈，是那些汪伪巨奸所望尘莫及的。抗战胜利后，盛家被抄，逆产清册达128页。其中有一只白金镶成的九角形大钻别针，当中镶着28克拉大钻一粒，周围镶有重约15克拉的小钻160粒。

何应钦夫妇无子女。他在南京、上海、无锡、贵阳、重庆等地都有豪宅。他的存款数外人自然无从知道，但抗战胜利后，南京某报纸曾发表一个"国府要人财产比较表"，将何列为仅次于宋子文的第二位，此消息虽难说是实情，但至少不离大谱。

刘峙多年搜刮所得，虽无具体数目，但他在汉口买下两个大里弄，在南京也买了一条胡同。合计近千间房子，其家当大体可估。

胡宗南曾说："要钱干什么？我平生不爱钱，身上从不带钱，箱子里也从不放钱。"

汤恩伯家里不置产业，在各大都市不买洋房，国内外各大商埠也没有他的企业。他在当了两任师长、一任军长后，银行存款有80万元。当时法币还处在稳定时期，有属下建议他取出来活动，汤表示有钱应存在国家银行流通，不准提取。他常说："孙中山死了，并没有要他家里拿钱去埋他。"

康有为晚年，过着"钟鸣鼎食"的日子。康公馆光是大米平均每四天就要吃掉一石（176斤）。康家仆役每天采购日用品、副食品多用汽车运输，每月单伙食费就要花费400银元以上。康有为不断与外界联系，时常"通电"对国事表态，据说电报费每年可达上千银元。再加上婚丧喜庆应酬费等等，总开支平均每月2000银元左右。康有为

55 岁以后在上海和江南生活的 14 年间，每年花费不下两万银元。

民国初年，蒋介石混迹上海滩，娶姚怡诚为侧室，成天在外花天酒地。蒋家雇了一个厨子，一个当差，一个女佣，但工资常发不出来，他们的日常生活往往靠来客赏赐维持。许崇智每次去蒋宅，必赏茶包 50 元。此外又找一些朋友去打牌，由姚怡诚抽头，平均分给三人用。蒋当时的朋友中，以张静江最富有，是湖州南浔四大豪门之一。蒋在上海活动的经费及生活费，都仰仗张静江供给。据说由蒋经手向张陆续支用的钱达十余万之多。

郑伯昭是上海滩的大买办，但生性吝啬，就喜欢用算盘算账，属于一毛不拔的典型。但他也有另一面。郑有六男四女，他把其中的两个儿子送到剑桥大学读书，归国时，从欧洲运回各式各样的汽车，郑家搁汽车的地方一度被人说成是汽车展厅。郑本人也坐着当时最名贵的 Rolls Royce（劳斯莱斯）牌轿车。郑家有私人游泳池。英美烟草公司举行盛大宴会时，郑的妻子有时也出席，帽饰上嵌着两粒蚕豆大的钻石，不少洋人的女眷都看了发愣。郑的儿子们还养着几十条狼狗，雇专人做狗馒头，每天要吃进去几十斤牛肉，解放前夕，这批狗被主人包了一架飞机运往香港。

1948 年夏秋之间，蒋经国在上海督导经济。9 月 11 日，蒋曾传讯周作民，要其交代所藏外汇数目。周答："我个人没有外汇，我从事金城银行工作几十年，除在上海、北平有三处房地产及一些银行股票外，个人向来不做外汇买卖，也不积存外汇，仅有美金三五千元。"

张伯驹的父亲去世后，遗有 50 万元的盐业银行股票。张将其中 30 万元给天津家用，另 20 万元留北平家用，他用这笔钱买了宋元字画，以后又向盐业银行陆续透支 40 万元收藏字画。战后，通货膨胀，货币贬值,张伯驹便很轻快地还上了这笔欠账。

1934年1月11日,闻一多在一封写给友人饶子离的信中述及自己的生活:"四个孩子的家庭已经够我受的了,再加上每月给家里寄四十元,给岳家寄三十元,而岳家的境况更是一言难尽,我若不寄钱去,一家人就得饿饭——真正饿饭……总之我自己虽困难,守着这三百四十元的事挨下去,总算是一条生路。"

陈学昭1922年入上海爱国女学读书,同学中不乏有钱人家的女儿,如一个京剧名角的两个妹妹,大资本家虞洽卿的女儿等,她们上学放学,都是小汽车接送。

抗战胜利后,作家黄谷柳到香港谋生,一家六口在九龙联合道租了一间不及4平方米的小屋,只摆了张床,没有桌椅。刚出生不久的小女儿不时哭啼,黄根本无法写作。屋外走道的一端是房东安放的一个"神位",刚好可以放下一个小板凳,黄谷柳的妻子便用一捆木柴和邻居换了一个肥皂箱,黄就是在肥皂箱上写成了名篇《虾球传》。

抗战爆发后,战火蔓延至丰子恺的家乡,他被迫逃离刚落成不久的"缘缘堂"。后有信传来缘缘堂已焚毁于战火。丰子恺一家十余口在逃难中互诉损失的家当。有人可惜衣橱里的许多衣服,有人可惜满堂新置的家具。他的一个女儿说:大风琴和打字机最舍不得;另一个男孩说:秋千架和新买的脚踏车最肉痛。丰的妻子则挂念她房间里的一箱垫锡器和一箱垫瓷器。

抗战胜利后,李宗仁出任北平行辕主任。一日,齐白石前来造访,称无米下锅,无煤取火,请求救济。李宗仁也无良策,只能从行营人员的配额中酌量拨出一部分给了齐白石。齐因此对李甚为感佩,认为李宗仁能礼贤下士。他特地画了一幅寿桃，送给李宗仁夫妇。后来李定居美国，这幅画一直挂在他的客厅。

民国初年，上海滩靠卖文能买得起汽车的，唯毕倚虹一人。到了二三十年代，文坛富翁当数邵洵美和徐志摩。邵是豪门之后，继承了大笔遗产；徐则是大学教授中唯一有私人汽车的人。

北平时期，一个大学教授的月薪大体为360元，所谓庚款教授多达450元。陈垣教授除日常收入外，还四处兼职，每月能挣上千块。

民国初年，张元济家的浴室里已装有煤气热水炉，点燃后20分钟即热。此外室内还装了一个类似水汀（暖气）的煤气炉，便于冬天洗浴。张元济规定，每星期全家洗一次澡。

1934年，张元济的女儿出嫁。她向家里所提嫁妆仅家具就要四套，包括卧室、客厅、餐室和书房。此外还提出要冰箱和汽车两大件。这在当年，是一笔相当大的开销。而张元济当时已退休，商务印书馆两年前因战火遭巨创，张家家境远不如前。父母为满足女儿的心愿，只能东拼西凑。张母连操心带忙累，事后一病不起，不久即离世。

袁世凯的某个儿子在燕京大学念书时，不住宿舍，公馆安在海淀。他每天包车去上学，佣人跟着，等在教室外，课间休息时，佣人要递擦脸手巾、香片茶、三炮台烟。

《罗曼罗兰传》的译者鲍文蔚从法国留学回来后，在北平中法大学当教授，另在孔德学校兼课，月入300元上下。鲍家住两个小院，共八间北房，两间东房，两间西房。家里有客厅、书房、盥洗室、浴缸、厨子、女佣以及自己的包月车。书房里四壁书架陈列着他从法国带回来的上千种精美书籍。

老舍小时候家里穷,小学毕业时,每人要交两张照片,他家掏不出照相的钱,后来卖了一个破箱子,老舍这才算毕了业。

上世纪30年代,熊十力是北大名教授,住沙滩附近,独居。屋里一目了然,一张木板床,被褥等不仅旧,而且脏和破。没有书柜,书都堆在一个破旧的架子上。屋里有两个箱子,一个是柳条的,几近朽烂,另一个是铁皮的,底和盖竟然不是一回事。

杨丙辰在北大西语系任教时,每月领到薪水,都要端坐在教员休息室的书桌前,一边在一张纸上写数字,一边把钱分成几份。有人问他为什么这样做,他答:怕报假账露了马脚,必须先算清楚。又问他为什么要报假账,他再答:每月要给穷朋友一点钱,怕家里太太知道了不高兴,要找理由瞒哄过去。

《京报》老板邵飘萍生活奢侈。他是中国新闻记者乘私人汽车外出采访的第一人,当时北洋政府的许多总长还只备马车。他抽的烟是请烟草公司特制的,烟盒上印着"振青制用"的字样。

抗战期间,西南联大教授之家的生活与清华北大时期已有天渊之别。教授夫人除了当家庭主妇,还得充当一些为糊口而为之的角色。联大主要负责人梅贻琦的夫人韩咏华自蒸"定胜糕"卖,她后来回忆:"有人建议我们把炉子支在'冠生园'门口现做现卖,我碍于月涵(梅贻琦字月涵)的面子,没肯这样做。卖糕时我穿着蓝布褂子,自称姓韩而不说姓梅,尽管如此,还是谁都知道了梅校长的夫人挎篮卖'定胜糕'的事。"

吴晗曾回忆西南联大时期的闻一多:"他住在乡下史家营的时候,一家八口（连老女佣）光包饭就得要全部月薪的两倍，时常有一顿没一顿，时常是一大锅清水白菜加白饭。敌机绝迹以后，搬进城，兼了昆华中学的国文教员。每月有一担米，一点钱，加上刻图章，勉强可以维持。"

1942年底，茅盾路过贵阳，去文通书局访总编辑谢六逸，谢不在。茅盾从其同事处得悉，谢六逸在外兼职达五六个之多，每天要在马路上奔波两三个小时。以谢六逸的个性，是不喜欢多兜揽事情的，因而茅盾判断其子女多，经济状况一定不佳，不得已才四处兼职，以养活一大家子。第二天谢到招待所回访茅盾，叹道："在贵阳一住五年，实在寂寞得很。"

上世纪30年代，罗尔纲随胡适来到北平，供职于北大文科研究所，月薪60元。他把妻儿从广西接来后，租了一间小房，因接送儿女上学，不得不包下一部黄包车，这样一来，一家四口最低生活费也要90元上下。罗便卖文以补家用。他说："当时我的工作分成了三方面：考古室办公时间做整理艺凤堂金石拓本的工作；星期日及假期到图书馆去继续搜集太平天国史料；晚上回家却在荧荧煤油灯下赶写太平天国史文章，常常写到午夜不得休。"

1917年，徐悲鸿夫妇在北平等着出国的一段日子过得很苦，蒋碧微后来回忆："自从到了北平，我们一直很穷，徐先生通常都在北大吃饭，或者是参加应酬，碰到家里青黄不接，他也多半不大在意。有一回我身上只剩下了两个铜元，折算起来还不到一分钱，正在发愁，程妈来说先生不在家吃饭，我们马马虎虎买半斤面条下了吃吧。我问她半斤面条要多少钱呀？她说四个铜子。我一时拿不出来，只好叫她先垫付一下。第二天逼得没法，想拿母亲给我的一只金镯子去当掉，但是徐先生不肯上当铺，他的理由是一个男人拿着女人的首饰去当，人家会怎么想呢？我只好硬着头皮自己去。一出门就是后门大街，大街上有当铺，门口挂着厚厚的棉布帘,我在门口梭巡许久,一方面缺乏勇气,一方面又怕熟人碰见,最后我想起不进去不行。这才在四望无人的时候,一头钻进了棉布门帘,抬眼一望,当铺柜台比我的人还高,我举起手将金镯递给朝奉,他接过掂量一下,说是可以当四块钱,我一声不响,拿了四块钱和当票就回家。"后来这金镯子还是被徐悲鸿赎了回来。

蒋碧微说:"我和徐先生结缡二十年,生活过得一直很苦,日本、北平和巴黎的困窘不谈,回国以后徐先生的名气虽然越来越大,但是他从来没有卖过一幅画,倒是他收购金石书画的支出,反在渐渐的增加。他每个月将薪水交给我,我却要匀出一大部分去支付他收买艺术品或是裱画的费用,因此回国那么些年,我们不但没有储蓄,甚至经常捉襟见肘。"

丁文江生前声名显赫,曾为拟议中的驻苏大使和铁道部长。丁暴病去世后,留下来的钱,仅为2000英镑的保险费。这笔钱由竹垚生负责管理,以供应其遗孀的生活。

彭素民是国民党元老,曾任国民党总务部长、农民部长等要职。彭虽居高位,却"未尝为家谋",1924年病故后,"家贫母老,子女六人俱幼弱,教养无资"。后经廖仲恺等努力,国民党中央委员会议决,给其遗属一次性抚恤金1000元并每月100元的定期补助,至其子女成人能负担家庭生计为止。

顾维钧的续弦夫人姓黄,是南洋糖业大王的女儿,顾继承了岳父的巨大遗产。他在北京任代理国务总理时,公馆每月开支多达4万元,都由自己支付,从不动用公款,更无贪污之举。

林白水成败皆因办报。他最风光的时候,家里有十个佣人,五个家庭教师，住着四五个院子，三四十间房子。平时出手之阔绰，常令人叹止。

毛泽东在北大图书馆报刊阅览室当管理员时，月薪是 8 元。当时，北大校长蔡元培月薪 600 元，文科学长陈独秀大概能挣 400 元，胡适、李大钊、周作人、钱玄同、刘半农等北大教授的工资都在二三百元之间。

上世纪 20 年代末，柔石闯荡上海滩，靠卖文为生，是一个典型的自由撰稿人。他在一封家信中说："现金每月收入约 40 元。一家报馆每月定做文章一万字，给我廿元。又一家杂志，约廿元至卅元。不过近来食住两项，每月要用去廿五元，书籍每月总要十元。因此这两笔所赚，没有多少钱。"

丁玲和胡也频同居后生活拮据。一次两人还剩一块钱时，有客人来，只好用这一块钱办了一顿丰盛的晚餐。当时他们住在北平郊区的碧云寺，第二天一早起来，两人两手空空，徒步几十里地进城找熟人借钱。

邓云乡在《文化古城旧事》中说："30 年代中叶北平的中学名教员，收入一般在一百五十到二百元之谱，大都有辆包车，夏天晚饭或饭局后，最普遍的是公园、北海茶座上坐到半夜十一二点钟回家睡觉。要有竹城之好的呢？小四合院树下支开桌子，吊上电灯，八圈、十二圈八元十元底，轮流做东，更是家常便饭。牌桌上一夜下来，擦把脸、吃点东西来校上课、改卷子，是常事。"

"左联"作家的生活与名气是不成正比的。即如左联领导人周扬，也经常靠举债度日。胡风回忆说，有一天早晨，他们夫妇刚起床，周扬就来敲门,声调很急切地说:"家里没有菜钱了,借个三五元吧!你手上没有,就用鲁迅的补助款也行嘛。"周扬的妻子苏灵扬回忆说:"周扬除工作外,相当一部分时间要用来去'找钱'。我们'借'过许多同志的钱,如章汉夫、夏衍、羊枣、谭林通、梅雨、林林等,像沙汀、周立波'借'得更经常。"1936年元旦,苏灵扬临产,但家里没钱送产妇进医院。周扬出门跑了一天,总算从郑振铎处借到20元,解了燃眉之急。这种局面直到周扬翻译的《安娜·卡列尼娜》出版后,周扬得了大约800元稿费,生活才有所好转。

鲁迅定居上海后,一直是一个无固定职业的自由撰稿人。有人给鲁迅算了一笔账,他在上海的最后九年,共计收入为国币7万多元。平均月入700多元,这大体是当时一个名牌大学教授收入,相当于上个世纪末的人民币两万多元。鲁迅在上海住过三个地方,自然是越搬条件越好,去世前,他想再一次迁居环境更幽静的地段,曾致信友人:"颇拟搬往法租界,择僻静处养病,而屋尚未觅定。"他在《病后杂谈》中也算了一笔账:"然而要租一所院子里有些竹篱,可以种菊的房子,租钱就每月总得一百两,水电在外,巡捕捐按房租百分之十四,每月十四两。单是这两项,每月就是一百一十四两,每两作一块四角(银元)算,等于一百五十九块六。"

画家黄宾虹寓居上海时,生活颇为艰辛。他租了间陋室,屋里无任何设备,房租却一再看涨,以至终于负担不起。"常因觅屋不得,为之栖栖惶惶。"有时因为买不起菜,只能连吃若干天白饭;车自然也坐不起,多远的路都走着。

李大钊遇害后,家中每况愈下,后来不得不以出售李大钊的藏书来维系生活。1932年8月26日,周作人致信胡适:"守常长女李星华(现在孔德学院肄业)来说,守常遗书出卖,此事曾与兄及孟邻(蒋梦麟）校长说过，唯近来寄存书籍的亲戚家就要搬走，而李家家况亦甚窘苦，想早日卖掉。孟邻曾提议由大家集款买下，寄赠于图书馆以作纪念，或比较由学校收买更易办亦未可知，希望兄为帮忙，为向孟邻一说，早点想一办法以了此事。"

邵洵美生在豪门，又娶豪门之女（盛宣怀的孙女、也是邵的表妹）为妻。据说盛去世时，家里光现款就有三千万两银子。邵家五口人，仆人有三十多个。他年轻时，一品香是上海最大的西餐馆，他每年的生日都在一品香过。邵属虎，每过生日，必事先在一品香定做一只与真老虎一样大的奶油老虎，作为生日蛋糕。

7. 家事

盛宣怀病故后,家人花40万巨金买通工部局洋人,获准把灵柩抬到大马路(南京路)转了转,致丧事盛况空前,轰动了上海滩。张謇恰好因事到沪,就去盛家吊唁,谁知盛家出来应酬的都是亲戚和门客,一问方知,家属全都去看梅兰芳的戏了。张遂苦笑而出。

鲁迅去世前一个多月,即1936年9月5日,写了一篇题为《死》的杂文,当中一段话,被普遍认为是鲁迅的遗嘱:"我只想到过写遗嘱,以为我倘曾贵为公保,富有千万,儿子和女婿及其他一定早已逼我写好遗嘱了,现在却谁也不提起。但是,我也留下一张罢。当时好像很想定了一些,都是写给亲属的,其中有的是:一、不得因为丧事,收受任何人的一文钱。——但老朋友的,不在此例。二、赶快收殓,埋掉拉倒。三、不要做任何关于纪念的事情。四、忘记我,管自己生活。——倘不,那就真是胡涂虫。五、孩子长大,倘无才能,可寻点小事情过活,万不可去做空头文学家或美术家。六、别人应许给你的事物,不可当真。七、损着别人的牙眼,却反对报复,主张宽容的人,万勿和他接近。"

胡宗南任第一军军长时,驻徐州。一日,胡的父亲从浙江孝丰老家来看他。卫兵去报告，胡说："此人我不认识，叫他回去。"卫兵出来回报胡父，胡父甚诧异，对卫兵说："他是我儿子，我是他老子，他怎么会不认识我？你再去对他讲，叫琴斋（胡宗南号）自己出来见我。"卫兵只好再进去报告，胡宗南立马翻脸说："哪来的混账老头，如此无赖，快把他撵走！"随后又派一心腹副官跟踪其父，认准所住旅馆。当晚，胡宗南才换上便装去旅馆看父亲，给了老人300块钱，说："以后你不要随便到司令部来找我，快回家吧。"胡父大骂儿子势利，竟不认亲生父亲。一怒之下，钱也没要，向老乡借点盘缠回了老家。

段祺瑞讨过几房姨太太，这与当时的军阀政客们看似无二，所不同者，是段已经有了尊重女性的意识，他娶姨太太，从不采取欺男霸女、巧取豪夺的手段。他的第四位姨太太入门时愁眉不展，段一打探，原来她已经有了意中人，段便吩咐妻子要像嫁女儿一样，成全她和意中人的婚事。段祺瑞让姨太太出嫁，一时传为佳话，也多少能体现出段在私生活上较为检点的一面。

军阀范绍增家是名副其实的大家庭，光姨太太就三四十个。范绍增专设了总管事、管事数人，其下配汽车司机、弁兵、花匠、跑街的、打杂的、中厨、西厨和饲养员等各色人等，林林总总，不下百十人。抗战爆发后，国民党政府内迁重庆，一时权贵云集。范绍增为了让太太们跟上时代的步伐，专门从上海聘来一帮教师，培养妻妾们学习西方文化。太太们开始西化，当中较有文化的两个姨太太赵蕴华、何蜀熙，随即成了重庆上流社会的花使，对范后来的飞黄腾达，起了不小的作用。范尤其宠爱十七姨太，两人常在球场、游泳池等场合追逐嬉戏。关于十七姨太的风流韵事颇多传闻，有好事者写成《十七姨太外传》出版，一时重庆"洛阳纸贵"。

1933年春天，范绍增的小妾紫菊（原为小老婆张绍芬房里的丫头),在重庆开明学校读书时,与尚未成婚的校长王世均产生私情。后事情败露,王世均被范抓到范庄关起来,眼看两人大祸临头。这时,被张绍芬请来的两位亲家王瓒绪、陈兰亭求范饶他俩一命,王母也在一旁叩头求情。范绍增虽说是个粗人,但重人情,讲义气,粗中有细。寻思再三,他决定把人情做到底。当众宣布:一、收紫菊作干女儿,王世均作干儿子;二、备办几桌酒席,为二人道喜;三、送紫菊大洋5000,作嫁妆费。全场皆大欢喜。王瓒绪连声赞叹:"范哈公,你搞得漂亮!"

抗战期间,宋氏家族的姊妹兄弟一度都在重庆。蒋介石对宋美龄说:"我想让子文、子良、子安他们邀请阿姊和大阿姊一起到黄山聚餐。"宋美龄打电话给宋庆龄,宋庆龄没答应,宋美龄劝道:"这是我姊弟自家聚会,其他人没有呀……"宋庆龄听后犹豫了一下,说:"不来啰,这两天我正犯病,身体很不适意。"宋美龄一听即说:"我马上派医生来给你看看。"宋庆龄说:"不用了,我正在服药。"这次由蒋介石提议的家宴,宋庆龄最终也没去。

林森虽贵为一国元首,但生活上简朴之至,得过且过。林的夫人郑氏早亡,林便终身不再续娶,家里因此也无直系亲属,长年独身一人。这与北洋政府的大总统、国务总理们动辄妻妾成群形成鲜明对照。林平生不嗜烟酒,不近女色,经常独自上街购物。抗战期间在重庆,林坐车经过上清寺,路旁有一卖木桶的小贩,即下车买了个洗脚盆拎回车里。

康有为晚年,家中成员庞杂,除元配夫人张云珠于1922年去世外,他还有五个妻妾和六个未婚子女,日常侍候这些老爷太太、公子小姐的有10个女仆、30多个男仆以及厨师等雇员。他家还有两个印度人看门,以卷起来的白布包头,满脸络腮胡子。此外就是川流不息的前来寄居的门生故旧和食客，少则十余人，多则三十余人，康一概款待如宾，模仿战国时期孟尝君的古风，叫做"养士"。

1942年，蒋经国夫人生孩子，蒋托侍从医生吴麟孙物色保姆。吴不敢随便找人，就把他在助产学校毕业的女儿叫去当差。事后蒋经国向蒋介石报告此事，蒋介石说："吴医生怎么会有这么大的女儿？"

蒋介石和宋美龄结婚后，感情甚笃，很少口角。宋美龄偶发脾气，蒋都一笑而过。两人居家都不乏涵养。宋为数寥寥的一次"撒泼"，恰被张治中撞见。当时宋美龄气急中脱下高跟鞋"遥掷"蒋介石，正中蒋的肩头，鞋落在沙发前。张治中正好登楼入室，见蒋被鞋击中后仍以微笑相待，便快步过去拾起鞋，送到宋美龄面前，算是给蒋解了围。

1949年4月中旬，离宁波解放（5月24日）只一个多月，蒋介石亲自带了张群、俞济时及蒋经国从溪口出发，到宁波邀游示别，一切被褥用具均由侍从人员随身带来。宁波南郊柳亭庵旁有蒋姓祖坟，蒋曾往扫祭，并给柳亭庵当家五万元，嘱其看管坟墓。蒋介石还去北门外华美医院检查身体一次，并两次到天一阁浏览该处藏书。

买办梁炎卿有一妻三妾，15个子女。梁家管教甚严，不允许孩子沾染任何恶习。梁家子女从小受到良好教育，能说一口流利的英语，言谈举止都养成了英国绅士的做派。梁家子女的娱乐也是洋式的，都喜欢打网球、骑马。

林语堂夫妇有三个女儿。二女儿玉如随父亲，自幼喜欢写作。她曾让父亲给取个笔名，林语堂给她取了个"无双"的笔名，意思是聪明才智举世无双。可玉如寻思"无双"不吉利，总是单打一，还能嫁得出去？林语堂经女儿一提醒，觉得有道理。某日翻《吕氏春秋》，忽觉"太乙"两字用作笔名很不错，就对女儿说："叫'太乙'如何？"玉如虽不明所以，但觉得这个名字很新奇。林语堂解释说："你看，《吕氏春秋·大乐》里有'太乙'这个词，它是指形成天地万物的元气。"玉如就接受了这个笔名。

林语堂女儿三五岁的时候，林便常带着她们出席各类社会活动。那时，文人聚会兴"叫条子"。林语堂就让女儿们在花名册上画钩，点三陪女。等到被点的姑娘进来时，太乙就说："你们是我们叫来的。"于是满座哄堂大笑。

俞鸿钧曾任上海市代市长，财政部长，中央银行总裁等职。抗战期间，有人去他家，看到其妻正在洗衣服。虽说当时重庆的生活相当艰苦，但一个部长太太亲自洗衣服，实属罕见。

艾青的母亲对他说："你写大堰河，她只是你的保姆，你不写你的亲母亲。"其实母亲并不喜欢艾青，待他也不好，说是克她的。

《红旗谱》的作者梁斌生长在一个大家庭，他有五个哥哥，四个姐姐，六个嫂子；大哥只有两个女儿，没儿子，又娶了个姨太太，还是没生儿子，又生了个闺女。姐姐们都已出嫁，两个大侄子也结婚了。侄子侄女，外甥外甥女……聚齐时能有四五十口子。梁父制订了这样几条铁打不动的家规：不许赌钱，不认干亲，晚饭以后，大门落锁。

诗人朱湘一生最富有的日子是在安徽大学教书时，月薪300元。那时他已结婚，甚至有闲钱收藏一些古董，如陶马、郑板桥的墨迹等，曾吟出"黄土的人马在四周环拱"的诗句。他与妻子霓君经常争吵，动辄把家里的东西乱摔一气，第二天和好了，再去买一套新的。

1927年10月17日晚，一辆汽车开到上海极司菲尔路张元济家门口，车上跳下五条汉子，敲门后，佣人刚开门，这伙人便蜂拥而入，持枪冲上楼梯。当时张元济正和家人在二楼吃饭，见一群人上来，刚想问话，一绑匪已用枪顶住身旁的侄子张树源。另一个头目模样的人指着张元济说："不是那个，是这个。"于是绑匪不容分说架起张元济就走。上车后，绑匪用黑布将张的脸蒙上，汽车开到郊区，张被关进一间破房子里，有三人看管。张元济在这里待了六天，绑匪起初开价20万赎人，经反复谈判，绑匪也逐渐明白此君并没多少油水可榨，最终以一万元赎票。张元济在拘禁中写了十首七绝诗，始终神情自若，并坚持私了，终平安归来。

叶浅予与罗彩云结婚后并无共同语言。他们之间最常见的交流是罗对叶说："钱用完了，拿钱来！"叶则回答："辛苦钱来得不容易，省着点吧！"

学者谢六逸娶商务印书馆创始人之一鲍咸昌的女儿为妻。鲍小姐是神州女学的音乐老师，英文很好。两人婚后生活简单却充满乐趣。谢很喜欢孩子，有很多孩子，他给他们准备了小桌椅，每逢周末必与妻子儿女去看一次卡通电影，痛享天伦之乐。

一次，上海巨富周扶九去女儿家，发狠坐了一次黄包车，事先讲明车钱四角。到了地方他只付二角。车夫自然与周吵了起来。亲家听到门口有人吵架，断定是周来了，便让账房拿一块钱给车夫，车夫欢欣而去。而周看女儿，所带东西也不过一包花生米，离一块钱相去甚远。周家每顿饭必在一起吃，周居首，儿孙在一边奉陪。老人一放下筷子，大家便回到自己的房间吃各自的小厨房。周在卧室中构筑一夹壁，每晚从上孔投入金条，其儿孙便从下脚把金条挖走。及至周一去世，家财也就散落殆尽了。

傅斯年夫人俞大綵回忆说："如果比学问，我真不敢在他（指傅斯年）面前抬头，所以我愿意牺牲自己一切的嗜好和享受，追随他，陪伴他，帮助他。结婚之后他没有阻止我任何社交活动，但我完全自动放弃了，十几年来我们的经济状况一直非常困苦，但我们仍然过得很美很快乐。"

冯友兰的妹夫张岱年说，在家里谁也比不上冯先生，冯友兰一辈子从来没有买过菜。

学者梅光迪一次在家里举办盛大宴会，招待吴宓等同事。席间梅让妻子以水果待客。其妻当时尚不知道把水果去皮去核，切成薄片，插上牙签再端上来。而是将水果洗了洗码在盘子里就端了上来。梅觉得很没面子，随后就将妻子送回了老家。

抗战时期，李长之在重庆经人介绍认识一女生，他听说此女至孝，甚满意，不久即成婚。孰料婚后家庭战争连绵，从重庆打到北平。李与季羡林关系不错，一日两人同访梁实秋，请梁调解李的家庭纠纷。起因自然是些鸡毛蒜皮的事情：当天早上李妻出门买菜，李伏案写作。李妻回来把菜篮子往桌上一扔，里面的豆芽白菜等正好扔到李长之的稿纸上，连湿带脏，一片糊涂。李长之大怒，遂起争端。梁实秋劝道：太太冒着暑热出去买菜，乃辛苦事，你若陪她上菜市场，归来一同洗弄，便是人生难得的快乐事，做学问要专心致志，夫妻间也需要一分体贴。

郁达夫回忆说："在我与鲁迅相见不久之后，周氏兄弟反目的消息,从禄米仓的张徐(指张凤举、徐耀辰)二位那里听到了,原因很复杂,而旁人终于也不明白是究竟为了什么。但终鲁迅一生,他与周作人氏,竟没有和解的机会。"

上世纪 20 年代,厦门大学总务长周辨明家过着相当欧化的生活。例如吃饭,每次都由主妇先在饭桌旁用一个小铃铛摇几下,然后家人或客人再来落座。

鲁迅曾对许寿裳说起原配夫人朱氏:"这是一件母亲送给我的礼物,我只好好好地供养她。"

胡风一次到鲁迅家,见鲁迅正捆着一包准备邮寄的书。鲁迅告诉胡风,这是《啼笑因缘》,寄给母亲的。又补充一句:"她的程度刚好能读这种书。"接着笑了笑说:"我的版税就是这样用掉的……"

鲁迅晚年,每个周六的晚上是他与三弟周建人团聚的时候。当时周建人夫妇有三个女儿,每次带一个来鲁迅家。周建人夫人王蕴如回忆说:"我总是带着孩子先到鲁迅家,建人下班后从商务印书馆直接来。有时候建人来晚了,鲁迅总要焦急地楼上楼下跑好几趟,嘴里说着'怎么老三还勿来?'直到建人来了才放心。建人来了以后,兄弟俩就要上楼去谈天,我们则在楼下帮许广平做饭。晚饭,由许广平烧几样广东菜,炖只鸡,有螃蟹的时节总要吃螃蟹。兄弟俩总要吃一盅酒有说有笑。晚饭后上楼吃点心,吃水果。一边喝茶,一边谈天。谈谈天下大事,风土人情,也谈小时候绍兴的事。谈到有趣的地方就哈哈大笑。总要谈到 11 点多钟,电车已经没有了。鲁迅就去叫汽车,预先付了车钱,把我们送回家。"

胡适从上海回到北平后,家里用门房一人,厨子一人,打扫杂役两人，女佣一人，司机一人。胡适夫人江冬秀每天上午在家打理家务，下午两点后去亲朋家打麻将，晚十时汽车接她回来，再去接胡适。胡适弟子罗尔纲说："胡适住在米粮库这个家，比抗战胜利后他住在那座曾作为大总统黎元洪府邸的东厂胡同一号舒服多了。"

徐志摩任北京大学教授后，1931年初到北平，借宿在胡适家。当时汪原放也常住胡适家，傅斯年还是单身，晚上闲得无聊，几乎每晚都来胡家打麻将，罗尔纲也经常参加，但徐志摩从不加入。徐志摩除了教书就是工作，罗尔纲说："想不到这个蜚声文坛的大诗人竟与书呆子相类。"

徐悲鸿离家十年后，与妻儿回乡探亲，第二天即辞别母亲回上海。蒋碧微回忆说："老太太把我们送到船上，眼看船只带着她的儿子、媳妇和孙子，缓缓离去，没有挥别，甚至于连徐先生和寿安（徐悲鸿之弟），也始终不曾说过一句什么时候再回来的话。知子莫如母，以她对徐先生的了解，我知道她心里不会有多大的指望；我从船窗探出头去，回望徐家破旧简陋的门庭，以及木然站在河边的那个矮胖身影，我仿佛见到她又恢复了持续几十年的忧愁面容，一喜一惊，她一生的快乐高潮，仅仅只有迎接我们抵达和开宴欢饮的那三四个钟头。"

徐悲鸿长子伯阳小时候深得父亲的钟爱。某日伯阳睡觉，徐悲鸿抽出纸笔给儿子画了一张素描，蒋碧微说："神来之笔，使睡态可掬的伯阳，活脱纸上。"

上世纪30年代初，徐悲鸿一家迁入新居。蒋碧微说："恢弘的新屋，美丽的庭院，得力的佣人和舒适的环境。徐先生从事他所感兴趣的艺术教育，在绘画方面也获得了崇高的声誉，正所谓日正中天，前程似锦。我给他安排了一个温暖和乐的家庭,不使他有内顾之忧,膝下,又有一对活泼可爱的儿女在承欢色笑,以一个中国画家来说,在当时,他的境遇应该算是最好的了。"但不久两人便出现感情危机,徐悲鸿对蒋碧微说:"我知道,能够娶到你这么一位太太,我应该满足,但是你未免遇事过于挑剔,使我无法应付。"

1934年12月,鲁迅在回答萧红和萧军的一些提问时说:"我的孩子叫海婴,但他大起来,自己要改的,他的爸爸,就连姓都改了。"

1935年6月7日,鲁迅致信萧军:"寓中都好。孩子也好了,但他大了起来,越加捣乱,出去,就惹祸,我已经接受了三家邻居的警告,——但自然,这邻居也是擅长警告的邻居。但在家里,却又闹得我静不下,我希望他快过二十岁,同爱人一起跑掉。"

钱昌照曾是蒋介石多年的心腹,他头一次见蒋,正赶上蒋的离婚再婚,钱晚年回忆说:"北伐军到上海,黄郛当上上海市长,就职时,蒋介石以国民革命军总司令的身份出席讲话。有一晚在黄郛家吃饭,除黄郛夫妇外,在座的有黄前妻生的女儿和女婿,我和性元(钱昌照之妻),蒋介石和陈洁如。这是我第一次见到蒋介石,觉得此人城府很深,说话不多。那时蒋已决定和宋美龄结婚,经商定,由蒋出钱送陈洁如出国。陈一向不问政治,大家都叫她蒋夫人。就是在黄家吃饭的那天晚上,蒋介石把陈洁如送到一个住处,从此不再与陈见面。过了几天,我去照相馆取与性元订婚的相片,碰见陈洁如,她跟张静江的女儿在那里拍照。她对我说,正在准备出国,先赴加拿大。陈洁如出国后,蒋就和宋美龄在大华饭店结婚了。"

作家丽尼婚后不久,妻子怀孕,因为穷,养不起孩子,两人决定自行堕胎。妻子服用奎宁后,腹痛难忍,丽尼则慌了神,不知所措。此时妻子说:"快拿笔来,我写遗嘱,不是你毒死我的!"好在有人及时到来,把病人送往医院抢救。

林语堂的女儿们常说:"世上找不到两个比爹妈更不相像的人。"林语堂说:"翠凤外向,我内向!我是气球,她是压载物,我们就如此互相恭维。她有条理,生性严肃,随时穿得整整齐齐,喜欢做该做的事情。"而林语堂则恰好相反,他举例说:"餐桌上,她总是挑方方正正的腿肉和胸肉,不吃肫肝之类的玩意儿。我一向喜欢翅膀、肝肠、脖子……我魂不守舍,乐观,对人生抱着顽皮的看法。我讨厌一切拘谨的象征,讨厌领带、裤腰带和鞋带。"

傅雷性格暴躁,但他有幸娶了一个"上得厅堂,下得厨房"的贤妻——朱梅馥。傅雷夫妇的朋友杨绛说:"梅馥不仅是温柔的妻子、慈爱的母亲、沙龙里的漂亮夫人,不仅仅是非常能干的主妇,一身承担大大小小、里里外外之杂物,让傅雷专心工作,她还是傅雷的秘书,为他做卡片,抄稿子,接待不速之客。傅雷如果没有这样的好后勤,好助手,他的工作至少也得打三四个折扣的吧?"

潘光旦是优生学和家庭问题专家,他本人的家又是一个什么样子?《潘光旦传略》有这样一段话:"家庭极为和睦。夫妇特别亲敬,彼此公开以'三姐'、'光旦'相称。女儿年幼时在家没有受到过父母打骂。父亲有时还不免挨打,一手接住女儿小拳头,呵呵直笑。全家人在亲友和各自同事中,总是被亲近和尊重的。真是个难得的从来没有家庭问题的家庭,真像是一位研究和讲授'家庭问题'的人的家庭。"

1935年,《清华暑期周刊》的学生记者去潘光旦家采访,写成一篇《教授印象记》,当中说:"潘先生现在有三位女公子,资质都非常的聪颖。大的今年才五岁,剪一手的好图案。潘先生特地在上海给她买花花绿绿的颜色纸,潘太太专备给她一把剪刀,梅校长夫人,看她剪得好手艺，送她两本贴簿。假如你到潘先生的家里，好运气碰着她在的时候，她会拿出她的成绩来给你看。你一页一页地翻下去，总是贴着十分美丽，手工精细的，长方形的，四方形的，圆形的，八角形的，六角形的，人形的，动物形的，五花八门的可爱图案。"

1927年3月，康有为在其上海豪宅"游存庐"过七十大寿，各路贺客云集。门生梁启超所赠寿联为："述先圣之玄意，整百家之不齐，入此岁来年七十矣！奉觞豆于国叟，至欢忻于春酒，亲受业者盖三千焉！"全联集《史记》、《汉书》和《郑康成集》中的句子而成，将康有为比做孔圣人。清逊帝溥仪则派人送来亲题的"岳峙渊清"匾额和一柄玉如意，作为寿诞贺礼。这让康受宠若惊，居然重整前清官服，遥拜天恩，并挥笔写下一份"谢恩折"，由书记用小楷誊清，印了1000份分赠前来祝寿的宾客。

清华校长梅贻琦夫人称潘光旦的三个女儿"好比宋家的三姊妹一样"。后来又添一女，成为四姐妹。其中之一的潘乃穆回忆说："父母对我们一视同仁，没有偏向。乃谷回忆：最有趣的是母亲如有糖果分配给我们吃的时候，采取长幼有序的原则，平均四份，大姐先挑。乃谷至今认为公平合理。比如分花红（沙果），大姐挑红的，不怕小；小四挑大的，不怕酸。要是某次大姐发话说，这回小四先挑，她更高兴。小四先吃完，再去找大姐要，大姐总是给她一些。所以，每次分吃的，都是皆大欢喜。"

抗战期间，宋美龄和蒋介石闹别扭，一度借口在香港养病，拒绝回重庆。1940年10月31日，蒋介石在日记中写道："令纬儿来见，以今日为余阳历生辰，陪余晚餐，妻本约今日回来，尚未见到，亦无函电，不知其所以也。"11月9日日记记："经、纬两儿在港得皆见其母，回渝父子团聚，此最足欣慰之一事。如西安事变殉国，则两儿皆未得今日重见矣，实感谢上帝恩惠不尽。惟爱妻抱病在港，不能如期同回，是乃美中不足耳。"当月30日，日记又有类似的一段话："两儿亲爱，兄弟既翕，此为本月最大之乐事，亦为十五年来最苦之一事。今能完满团团，此非天父赐予之恩，决不能至此，能不感谢上苍乎？爱妻不能如期回渝，是乃美中不足耳！"蒋是基督徒，当年平安夜，他在日记中说："三年来圣诞前夜，以今日最为烦闷，家事不能团圆，是乃人生唯一之苦痛。幸纬儿得以回来为伴，足慰孤寂……"然而转过年来，蒋介石日记的口气有变，1941年2月4日，蒋介石写道："接妻不返渝之函，乃以夫妻各尽其道复之。淡泊宁静，毫无所动也。"

据传蒋纬国并非蒋介石所亲生，而是戴季陶与日本女护士重松金子所生。1916年10月6日蒋纬国出生后，按照两人事先说好的，由日本人田纯三郎带到上海，交给蒋介石当时的妻子姚怡诚抚养；另一说是蒋介石和戴季陶都与重松金子有染，蒋纬国也有可能是蒋介石和重松金子所生。蒋纬国耳闻自己的不明身世后，曾去找戴季陶面询究竟。戴季陶拿出一张蒋介石的照片、一面镜子，自己对着蒋纬国坐下。他要蒋纬国照着镜子对比自己和蒋介石："你是像这边的，还是像那边的？"蒋纬国看来看去，答说还是像蒋介石"多了些"。戴季陶笑道："那不就结了吗！"

许广平说："他（鲁迅）不高兴时，会半夜里喝许多酒，在我看不到的时候。更会像野兽的奶汁所喂养大的莱谟斯一样，跑到空地去躺下。至少或者正如他自己所说，像受了伤的羊，跑到草地去舔干自己的伤口，走到没人的空地方蹲着或睡倒。这些情形，我见过不止一次……有一次夜饭之后，睡到黑黑的凉台地上，给三四岁的海婴寻到了，也一声不响的并排睡下，我不禁转悲为笑，而他这时候倒爬起身来。他决不是故意和我过不去，他时常说：'我们的感情算好的。'"

美国女记者项美丽在中国生活了十年（1935—1944），其中五年住在上海，大部分时间是和邵洵美同居。他们在霞飞路置了一处"并不富丽而是普通"的寓所,属于临街的平房,有竹篱笆和外面隔开。邵洵美早有家室,他们同居是公开的,邵妻盛佩玉也不反对,项不时去邵家拜访,盛都以礼相待。

广东人梁炎卿后来在天津发迹,成了大买办。他虽有妻妾四人,但没染上洋场恶习。梁一生不赌博,不奢侈,摒绝烟酒,不备车马,终生过着清简的日子。

作家汪曾祺十几岁时,就和父亲对坐喝酒抽烟。他17岁时给初恋情人写信,父亲在一边帮着出主意。父亲说:"我们是多年父子成兄弟。"汪曾祺说:"他的这种脾气也传给了我。不但影响了我和家人子女、朋友的关系,而且影响了我对我所写的人物的态度以及对读者的态度。"

谢冰心和吴文藻留学归国,先后到燕京大学教书。两人即将成婚时,学校分配给他们一栋燕南园的小楼。谢冰心回忆说:"1929年春,我们都回到燕京大学,我在课余还忙于婚后家庭的一切准备。他呢,除了请木匠师傅在楼下他的书房的北墙,用木板做一个顶天立地的大书架外,只忙于买几张半新的书橱、卡片柜和书桌等等,把我们新居的布置装饰和庭院栽花种树,全都让我来管。"

陈独秀的两个儿子——陈延年和陈乔年——小时候生活在安徽老家,后被陈独秀接到上海,但并不在一起生活。陈独秀安排两个孩子白天在外做工,晚上寄宿在《新青年》杂志发行所的地板上。两个孩子的后妈(也是姨妈)高君曼看不下去,向陈独秀提出让孩子回家居住。陈说:"你真是妇人之仁,那样虽是善意,反而容易生出恶果。少年的人生,就应该让他们自创前程。"

梁漱溟教育子女有独到之处,其子梁培宽回忆:"从小学到中学,父亲从不过问我的考试成绩，从没有向我要过成绩单。考大学这样的大事他也不管不问。我上初一的时候，考试成绩一般都是中等，父亲也没提出更高的要求。""有一年寒假，学校突然通知我补考地理，那时是 60 分及格，我考了 59 分。通知单寄来时，父亲刚好在旁边，我就给他看，他看了以后，一个字都没有说就还给我了，没有不满的表示或任何批评。我理解他的意思，不及格是怎么造成的，你自己清楚，不需要我说，我也说不出来；不及格之后应该怎么办，你自己也应该知道，也不需要我多说。"

画家白蕉一次与妻子吵架，愤而击碎一烟灰缸。事后不免懊悔，说："天下无不是的老婆。"

曹聚仁这样描述他的忘年交吴稚晖："他个人生活的简朴，出乎一般人的意料之外。看起来，一件旧的布大褂，领口叉开，一副土老儿样子。他住的是三等小旅馆，坐的四等火车，喝的是小茶馆，吃的小饭馆，夹着一把纸雨伞，一日步行百里，70 岁了，还会爬上峨眉山顶去。他绝对不坐人力车；有人送他一辆新车，他就用锯锯掉了把手，放在房间里当作椅子坐。"

金城银行总经理周作民有惧内之名。周有一次在北京家中大宴宾客，来者皆为冠盖。席间有人知其底细，故意捉弄他，发起叫八大胡同妓女条子伴客，周不便阻止。酒酣时，肉竹并奏，甚嚣尘上。周太太闻后大怒，吩咐佣人把电灯总闸拉了，顿时漆黑一片，客人和妓女只好摸黑散去。次日，周作民挨个向客人登门道歉。

谢之光当年是上海画月份牌的三大名家之一。谢行为放浪，但惧内。某次外遇被老婆侦知，赶去捉奸，谢一见老婆拔腿就跑，其妻眼看着追不上，急中生智，连呼抓强盗，把警察引来。谢被捉拿后，其妻过来笑嘻嘻地对警察说:"他不是真的强盗,我们夫妻吵闹,故意诬说他的。不过劳烦了你们,真对不起!"

抗战期间,史学家侯外庐在重庆曾寄居郊外的白鹤林"冯家洋房",一度与著名学者晏阳初为邻,住上下楼。晏阳初虽然致力于中国的"乡村建设运动",过的却是全盘西化的日子。侯外庐后来回忆说:"在白鹤林,晏阳初维持着相当高的生活水准。他的家庭雇有两个满口京腔的女佣,一个西餐厨师。据其家人说,他在家里很少说中国话,基本上不吃中国饭。相反,他的中英混血的太太却肯于说中国话,也肯于吃中国饭。晏阳初刚搬来时,我的孩子们兴奋异常,因为晏家也有几个孩子,他们以为从此有伙伴了。但不久,他们就失望了,因为晏不允许两家的孩子来往。尽管如此,孩子们之间还是偷偷地建立起友谊,直到晏家搬走,他们还秘密来往了好几年。是晏阳初不识童子之心吗?恐怕不是的。晏阳初拒人千里的态度或非偶然,因为他的生活标准、格调是远离百姓的。"

马一浮11岁丧母,19岁丧父,20岁丧妻,未续弦,无子女。唯一的亲人是他的大姐,大姐一家一直和他一起生活,大姐生病用药时,他必亲尝。大姐去世后,马恸哭不已。熊十力称其"太过,未能免俗"。马一浮听后说:"人的悲伤,是本性的自然流露,谈不上什么过与不过,俗与不俗。"马后来搬离原住地,以免睹物思人。

曹聚仁说:"我和男女工人(指佣人)都是兄弟叔侄相称。除了戏台上,我们没听过'老爷、少爷、少奶、太太'的称呼。因此,我在上海、杭州、赣州……住了那么久,绝不让女工们叫我'少爷、老爷',同桌吃饭,有如一家人。"

8．癖好

钱化佛"玩纸"成癖，无所不收，如书札、烟盒、火花、贺年片、请柬、讣告等等。所藏烟盒达万件之多，火花有十余万枚。抗战期间，日军侵入上海租界后，到处张贴告示。钱化佛白天见到告示，夜里便瞒着家人冒险去揭。揭前先得用湿抹布濡润，然后轻轻揭下，确保完整无损。下雨天则是揭取告示的最好时机。如此积年累月，钱终于攒成一整套敌伪告示，后来这成了研究抗战史的重要文献。

北洋政客潘复每天抽一听（50支）三炮台烟。这烟并非启听即吸，而是要经过一番繁琐的再加工。他的姨太太们先把茉莉花熏干研末，再开听取烟，用耳扒将烟丝掏出，拌以熏干的茉莉花末，然后装回原来的烟卷。这套程序完全是手工操作，费神费事，非心细手轻是干不了的。一听烟弄下来，需潘的两三个姨太太折腾一天，故潘从不向别人让烟。

明星影片公司的两巨头张石川和郑正秋都有大烟瘾，两人常常一榻横陈，凑一块边抽边讨论剧本。在烟榻上工作，并且富有成效，这算是当年的一景。

民国第一任国务总理唐绍仪晚年寓居上海法租界，以把玩古董为乐，终因此送了命。1938年9月30日上午，蓝衣社特务谢志磐带着两个"古董商"，携八件古物到唐宅"兜售"。唐绍仪对货品甚为心仪，一面在楼下客厅看货，一面遣仆人上楼取款。此时，装成古董商的刺客掏出利斧砍向唐的头部。待仆人们赶到时，唐已倒在沙发上，奄奄一息，斧子还嵌在头上，刺客早没了踪影。唐被急送广慈医院抢救，终因失血过多，不治而亡。事后的调查结果是：尽管唐的周围有不少人成了汉奸，但唐始终未答允出任伪职。

段祺瑞好围棋，也好麻将，甚至不惜为此贻误正事。有一次在天津宅中打牌，三缺一，家人就把陆宗舆约来。事后段对亲信邓汉祥说："打牌虽是游戏，也可以看出人的好坏来。陆打牌时，鬼鬼祟祟的样子惹人讨厌。别人的票子都摆在桌上，他则装在衣袋里，随时摸取。别人和了牌，他便欠倒一下，使别人不痛快。"

虞洽卿曾任上海总商会会长。他酷嗜跳舞，晚年为一个舞场主持开幕式时曾说："我现在能活到七十余岁，全凭跳舞之功，诸君如欲精神旺健，盍兴乎来。"

林森有收藏癖。1932年夏天，他上庐山避暑。某日，几个古董商送货上门，林森正把玩间，他的一个亲戚在门口望见四个彪形大汉抬着一顶无顶藤轿飞步而来，定睛一看，轿子里坐的是蒋介石，便向屋内喊了一声："委员长来了。"林森却声色不动，依旧品赏古玩，直到蒋步入室内，才起身将蒋引入客厅。

林森虽好古玩，却舍不得出高价，因而所收珍品极少。古董商也都知道他的脾气，只带些低档货来推销，林一般出三五元选购一些。抗战期间林森病故于重庆，胜利后，遵其遗志，他所收藏的数百件字画和古玩展销于南京花牌楼某裱画店，所得之款捐给故乡的闽侯中学，据说其中只有两页苏东坡的手迹还算比较珍贵。

安徽军阀兼政客陈调元吃喝嫖赌抽样样不落。他打麻将，若输了牌，就施展起赌徒的本领，即每次出牌时，暗地里带一张牌回来卡在手里，几次打出抓进，他想要的牌就能摸回来。堂堂一个集团军总指挥、省主席，牌桌上竟然屡施偷鸡摸狗的手段。

汤玉麟爱马成癖，在热河主席任上，一有空就往马厩钻，蹲在马群中闻马粪味，视此为一大享受。他也常和马厩头王三把聊马。一些官迷见缝插针，先把王三把买通，等汤蹲着闻马粪的当口，凑上去跪在主席跟前求道："大帅啊！您贵人多忘事，不认识我了（实则真不认识），您当营长时我在某连某排当班长，今天您荣升主席大帅了，我还没饭吃呢。"王三把拿了人家手短，就在一边帮腔说："主席啊，可不是的，他是您的老部下，当一辈子兵了，还没饭吃呢。"汤便说："妈的真不成器，怎么混成这个样儿！"又说："叫秘书来，写封信，到某县找县长要个官儿干。"

商震喜欢打马球。他雇佣外国人来饲养管理他的洋马，马厩全都是洋房。他还聘请外国专家教他打马球。他任军长的32军有一支全国军队中唯一的马球队，还到上海参加过国际万国马球队的比赛。

日军侵占江南后，找到北洋时期安福系的重要角色曾毓隽，想请他出面到南京组织伪临时政府。曾不想顶汉奸的骂名，含糊其辞地推托一番后，推荐了在北洋政府当过国务总理的梁鸿志。日本人去找梁鸿志，梁又来找曾商量，问曾："你说我干还是不干？"曾答："你得干。"梁说："你为什么非叫我干不可？"曾说："你跟我不一样。第一，你生活上喜欢讲排场，豪华太过；第二，你好色；第三，你喜欢玩古董。这三件事都非有很多的钱不可。你不干，哪儿来的钱？"梁鸿志便当上了第一任伪南京维新政府的主席。梁上任后，想回过头来再拉曾下水，哪知曾早已溜之大吉，躲到香港去了。

陈荒煤生在上海，年轻时家住法租界霞飞路。他嗜书如命，买不起就逛书店。当时四马路是上海新旧书店最集中的地段，距陈家大约5里地。陈荒煤经常去那里，一逛就是大半天。如上午去，中午就吃一碗阳春面或两个烧饼，天黑再回家；若是下午去，晚上买个油条烧饼吃了，接着逛。

上世纪20年代，上海几家大报的要闻编辑都染有抽大烟的恶习，常到望平街左近的小烟馆"聚吸"。报馆的工役便把电稿或小样送到烟馆，这些编辑往往就着鸦片灯审阅。那时邵力子刚创办《民国日报》，尚无新闻渠道，便常去烟馆和一群当编辑的烟民闲聊，他并不吸烟，目的是在不经意间从他们口中获取新闻。当年《民国日报》上的所谓"北京专电"，其实不少都来自烟馆的闲谈。

漫画家丁聪的父亲是个京剧迷。丁聪上中学时，常和父亲上剧场看戏，或用收音机及唱机听戏。丁聪嗓子不行，一来二去，便学会了吹笛子，后来发展到能在正式的演出场合给名角伴奏，而且与笛子名家同场演奏也能合拍，曾令田汉等大为称怪。丁晚年时，有人提及这些事，请他当场献技，那时他已40年没碰过笛子，拿来一吹，竟致上气不接下气，丁叹道："毕竟是老了。"

邵洵美好赌，曾总结说："钟可成赌得最豪，朱如山赌得最精，卢少棠赌得最刁，唐生智赌得最恶，而若论雅赌，舍我其谁？"

京西名刹戒台寺从前高僧辈出，到了民国，寺运零落，败相悉现。僧众吸毒，已是公开的秘密。不少穷和尚染上烟瘾，他们往往夜里摸黑翻山越岭、往返几十里地去做法事,换来几角经贸,置衣衫褴褛、饥寒交加于不顾,立马就去买白面。

李叔同当年多才多艺,绘画、音乐、戏剧、诗文、书法、金石等无所不好,也无所不通。成为弘一法师后,摈除一切,独书法始终不舍,留下了无数墨宝。叶圣陶评价说,弘一法师的书法毫不矜才使气,意境含蓄在笔墨之外,越看越有味。

王景录任军政部交通司司长十余年。后军政合一,何应钦让他兼任交通部次长,他都不干,可见其司油水之大并俨若一独立王国。交通司自王以下各头目皆赌棍。抗战期间,物价飞涨,在一般人家日感"钱紧"的当口,王等一干人却仍三天两头狂赌终夜。无论是玩"牌九"、"梭哈"还是麻将,他们一概不赌现金,而是一次赌毕,结算之后,分别开出支票清账。

胡汉民任广东省长时,市政厅长为伍朝枢。伍嗜赌如命,尤好麻将,他与政客官僚十来人凑成一"文酒之会",每周一聚,实则为聚赌之会。每每狂赌一宿后,伍不沾家门便直接到市政厅上班。他后来在香港当寓公,搓麻时依旧经常连宵不歇,终于在1934年因兴奋过度,突发脑溢血而亡。

大买办雍剑秋发迹之后,本指望儿子雍鼎臣子承父业,至少守住这份产业。雍鼎臣却无意于此,他结交了一帮纨绔子弟,吃喝嫖赌抽,无所不为。他曾连续赌博三昼夜而不歇息一刻。雍剑秋去世前一年,雍鼎臣染上大烟瘾,天天卧床抽鸦片,三年后竟致不能起立,但仍用电话联系股票市场狂赌。

载漪好书法。在北京时写魏碑,后一直写苏东坡的字。发配西北后，每天必以写字为消遣。但载漪写字有个习惯，每次写完即烧掉，从不留笔墨。在甘州时，慕名向"王爷"求字的络绎不绝，无一人得逞。

康有为是个宠物迷，猫狗金鱼等都不在话下，他家还养过大龟、海豹、澳洲袋鼠、孔雀、猴子、麋鹿、驴子。

袁世凯的儿子袁克度嗜酒，每喝必醉。他的另一个爱好是跳舞，终日泡在舞场。有一次袁掏出一张百元的中国银行钞票（当时市面极其罕见），让舞厅茶役给他买烟。烟摊换不开零钱，茶役就垫钱买了一盒，回来对袁克度说："换不开这样大的钞票，我给十二爷买了一盒，以后有零钱时您再给我吧。"袁借着酒劲当即答道："这张钞票就给你吧，我不要了！"

汤恩伯有三宝：香烟、汽车和马。他平时抽烟常向副官查数。1939年汤部驻屯河南南阳，第二集团军总司令孙连仲去看汤。汤向副官处长交代，要招待好孙连仲，但又特别叮嘱，无论如何不能拿他的烟待客。熟悉汤恩伯的人都清楚，汤一般不给客人让烟，到汤的住处，要抽自己的烟。1946年，荣德生被匪徒绑票，荣家花了30万赎票。不久毛森破获此案，荣送给汤一辆豪车，汤妻王竞白对人说："荣德生送老汤一辆汽车，非常漂亮，既有冷气装置，又有收音机。"

张灵甫虽为一军人，却好舞文弄墨，附庸风雅。他藏有不少古董字画，其中有一把瓦壶，据说是明朝杨椒山用过的。

陈布雷生活中离不开两样东西：烟和安眠药。这大概和他所从事的职业不无因果关系。抗战前期，重庆供应紧张，杜月笙常从香港带给他三五牌香烟和安眠药。

宋美龄喜欢打桥牌，较为固定的牌友有魏道明、郑毓琇夫妇，宋霭龄也常参加。

英美烟草公司买办郑伯昭一生别无他好,唯一的乐事是打算盘。每天晚饭后,他便打开卧室里的银箱,取出三十多个存折,用算盘核计一番,看看当天又多了多少钱。他所在的永泰和洋行,职工经年累月一天到晚能听到经理室传来清脆响亮又流利的算盘声,就是弄不懂郑伯昭哪来那么多的账要算。

上世纪20年代末,许杰与女生何显文同船去南洋留学。何有烟瘾,曾在船上花一块钱买了一听50支装的香烟。许杰当时有些不能理解,他平时三块钱就能过一个月,而她买一听烟就花去一块钱。不过两人最终还是结为夫妻,一起生活了几十年。

1932年6月26日下午,鲁迅一家去上海八仙桥基督教青年会参观"春地画展"。艾青送展的作品是从本子上撕下来的一幅抽象派画稿,鲁迅走到这幅画稿前,驻足片刻,问:"这是原作,还是复制品?"艾青答:"是原作。"鲁迅说:"是原作那就算了。"鲁迅有收藏美术作品的爱好,尤好版画,很显然,如果是复制品,鲁迅打算把它买走。艾青后来很后悔,当时没有把作品送给鲁迅。

老舍喜欢听京戏,也会唱。1944年,六七十人在重庆郭沫若家聚餐,庆祝他从事创作30周年。席间,梅贻琦带着酒意说了个笑话,老舍则一口气唱了三段京戏,他唱的是龚(云甫)派老旦。

梁启超说:"只有打麻将能让我忘却读书,只有读书能令我忘却打麻将。"

民国初期,滇军将领多半都有大烟瘾。范石生曾回忆说,他们横卧烟榻时，如部属来报告说"大元帅（孙中山）来了"，他们便收起烟枪出去迎接。如果是谭延闿或胡汉民来，就从烟榻上坐起来。如果是蒋介石来，他们便继续抽烟，连坐起来也免了。

黄绍竑当上广西"二把手"（地位仅次于李宗仁）后，私生活日益滑向颓废，甚至开会议政时也常借故溜走。李宗仁劝他戒掉大烟，他答："德公，我怎么能戒烟呢？生活太苦闷啦！"后来，黄绍竑在李宗仁等的撮合下，娶了个可心的妻子，便当着李宗仁的面，捣毁了几套极为精致名贵的鸦片烟具，以示重新做人的决心。据说黄在戒烟期间硬着头皮不用西药，忍受了极其痛苦的一段日子，一个月后竟彻底脱瘾康复。

严复年轻时染上大烟瘾，李鸿章曾这样劝他："汝如止队才，吃烟岂不可惜！此后当仰体吾意，想出法子革去。"但严复终其一生，并未"革去"这个嗜好，反而是变本加厉地猛抽，通常是一日三遍，而且抽得十分讲究，要专门从上海购入上好的烟膏，他的家书里不乏嘱其妻从上海购买烟膏的记录。1919年，已步入人生晚年的严复写道："以年老之人，鸦片不复吸食，筋肉酸楚，殆不可任，夜间百服药不能睡。嗟夫，可谓苦已！恨早不知此物为害真相，致有此患，若早知之，虽曰仙丹，吾不近也。寄语一切世间男女少壮人，鸦片切不可近。世间如有魔鬼，则此物是耳。若吾言之，可作一本书也。"这种沉痛之言出于一生的教训。

舒新城长在水乡，自幼喜划船。后来他一直生活在上海，成为出版家，这一爱好也因条件所限而渐渐荒疏。1934年10月，舒新城夫妇到苏州郊外的青阳港度周末。饭店门前是一条宽几十丈、水极清澈的河。饭店备有一种尖底船，桨有胫，可坐荡而周身用力。他们上午10点多入住后，11点即租船划了一个小时；下午3点又划了两个小时；晚上 8 点再划一小时。一日三划，算是过了一把划船瘾。次日白天出游，回来晚饭后又划一阵。第三天下午又划了半天，并且深入小港，串游水乡。两人此行感觉极好，当即商定每月各存 10 元工资，专门用于以后来这里划船。

阿英是藏书家，访书之瘾极大，居上海时，常到苏州买书。

阿英一般是清晨从北站乘飞快车，一个多小时后到达苏州，住定即雇车到城内察院场，这是个旧书铺云集的地方。阿英曾开列出他依次出入的店铺：文学山房、松石斋、存古斋、来青阁、适存庐、觉民书店、艺芸阁、宝古斋、灵芬阁、集成、勤益、琳琅阁、振古斋、欣赏斋，一路访书至饮马桥。至此一上午就耗进去了。中午到西园粥店或玄妙观吃点东西。下午从观前街的书摊扫起，后折入牛角浜，再回到庙后，雇车入牛东大街，访来晋阁老店。后折入大华书店，在店主家歇息片刻，然后去闾邱坊巷看书。最后，巡回玄妙观前的新书摊。

这一大圈逛下来，已是夕阳西下时。阿英带着收获的旧书，回到旅店，略事休息后，到上海粥店吃晚饭。一般是要一盆活虾，一样菜，一碗饭。饭后在街上溜达一圈，即回旅店。接下来便是灯下翻书，遇到佳作往往一气读下去，至酣然入梦。

陈群曾是汪伪政权的内政部长、江苏省长。南京沦陷时，满街都是旧书，无人问津。陈群便于这时开始收书，收了不下百万册。他将当中十多万册最精善的本子藏于家中，不时把玩欣赏。抗战胜利时，他整理所有家藏，编了目，写了数百封遗书后，才仰药自尽。藏书家黄裳称陈群"在汉奸中，算是作风特殊的，也可以说是一个畸人"。

袁世凯之子袁克文自小师从天津四大书家之一的严范孙，得其真传，真、草、隶、篆无所不通，无所不精，后大享书名。袁克文写字的一个独到之处，是不用桌子，把纸悬空，由人拉住两端，他在上面挥毫，竟然笔笔有力，而纸无损，这是一般书家很难做到的。他写小字也是如此，常常是仰卧在烟榻上，一手拿纸，一手执笔，凭空书写，并无歪斜走样之处，的确令人惊叹。当时上海的各种小报、出版物等，纷纷慕名请他题签。某次，有个叫陶寒翠的作者以其作品《民国艳史》请袁题写封面，袁一挥而就。小说出版后，作者送给他一本。袁一览之下，顿觉懊悔，原来书中不乏大骂其父袁世凯的内容。袁自此谨慎行事，不敢轻易应酬了。

李叔同年轻时，养了很多猫。他去日本留学后，曾专门往家发电报，问猫安否。

周有光、张允和夫妇都喜听音乐，但偏好迥异。周有光喜欢西洋音乐，张允和则喜欢中国古代音乐。上世纪20年代后期，两人谈恋爱时，夏天周有光常请张允和到上海法租界的法国花园听贝多芬的交响乐，据说是躺着听，一人一个躺椅，票价自然不菲，两枚银元一张。往往躺着躺着，张允和就睡着了。

丰子恺1933年时曾著文说："我每天还为了糊口而读几页书，写几小时的稿，长年除荤戒酒，不看戏，又不赌博，所有的嗜好只是每天吸半听美丽牌香烟，吃些糖果，买些玩具同孩子们弄弄。"40年后，丰子恺死于肺癌。

数学家吕竹人香烟瘾极大，在清华任教时，与人闲谈半小时能抽一匣。他的宿舍整天烟雾弥漫，别人进不去，偶开窗户，烟味能传到十米以外。

某年正月，北大教授周作人、马衡、钱玄同等同逛厂甸，撞见黎子鹤和张凤举，黎拿出刚高价收来的"酱油青田"印章给马衡看。

马当时已有些眼花，将石头拿远些一看，便不客气地说："西贝，西贝！"（意为假的）

北大教授朱希祖喜好旧书，而且收旧书的本事极精，很多书商都弄不过他。他留着大胡子，琉璃厂旧书铺没有不知道"朱胡子"的。

徐讦曾以《论烟》为题著文，头一句话就是："烟是可爱的！"文中大谈抽烟的方式、抽烟的好处及享受抽烟的美妙："吸的烟类，有'旱烟'、'潮烟'、'纸烟'、'雪茄'、'斗烟'、'鸦片'等，这些，我都喜爱。我爱在冬天太阳里听江南父老们喷着旱烟讲长毛的故事；我爱在田亩旁，在农夫们潮烟旁听田事的研究；至于房间中纸烟、雪茄、斗烟的烟雾里，同师友们与爱人谈些无系统的感想，当然是我所喜爱的事；而在鸦片烟旁听些或谈些深奥的问题，也是我所喜爱的事情。""吸烟不当专吸某一类的，应当在适宜时候来吸各类烟才好，照普通生活来分配，早晨当吸水烟，出门当吸纸烟，中饭后当吸雪茄，晚饭后当吸旱烟，星期日当吸一次鸦片，到田野去玩时该吸潮烟。"

刘半农的业余爱好是照相。据说当年在非职业摄影家里，他的造诣名列第一，曾著有《半农谈影》一书。

上世纪30年代，刘文典曾任清华国文系主任，同时在北大兼课。抗战期间任西南联大教授。抗战胜利后，西南联大散伙，教授们"各回各家"时，刘却留在了云南。据说这是因为他舍不得云土（烟土）和云腿（火腿），并由此而得了个"二云居士"的雅号。

"民国四公子"之一的张伯驹兴趣广泛。收藏是他的头等爱好，此外据张中行介绍，他还不乏其他雅兴："他喜好围棋，我的邻人崔云趾（围棋三段，晚年评四段）教他许多年，据说造诣不高，距离初段还有一大段路。他也喜好京剧，学老生，唱得不怎么样，音量太小，可是老师很了不起，是鼎鼎大名的余派创始人余叔岩。他还喜好古琴，弹得怎样，有没有名师，我都不清楚……他喜好书法，常写，字我见过，面貌清秀，只是筋骨少，过于纤弱。下款总是署丛碧，这是他的别号。他能填词，我像是在谁的书房里见过他的词集，确切情况想不起来了。他还能作诗，我的友人蔡君告诉我说，曾见一本《洪宪记事诗》，后部续诗是张伯驹作的。总之他是个出于锦绣堆中而并不完全声色狗马的人物。"

上海作家赵景深一度喜欢看根据名著改编的电影，有时一天连看几场。他还把这类电影说明书按作者名字的第一个字母排列起来，夹在一本讲义夹里，大约攒有一百多张。他曾承认，当年看这类电影的初衷是为了偷懒，以为看了电影就不必读原著了，后来感慨说："这怎么行呢？"

诗人朱湘嗜烟如命，在大冬天当袍子维持生计的困状下，他一天仍要抽一听（50支）白金龙烟。

戏剧史家周贻白喜欢收藏业内艺术品。他把一种脸谱烟标贴在相册里，一共100号，一张不少。他还在账簿和讣文上贴四川高腔的脚本、刘宝全和山药蛋的秘本大鼓以及《抗金兵》、《五彩舆》之类。

赵景深说："我有一种癖性，常喜欢朋友所喜欢的，自然这也以自己范围以内为限。虽然仍旧是自己的癖性，没有朋友，或许会遭搁置；朋友也喜欢，我便感到兴趣盎然了。比方说，友人调孚喜欢弹词，我也跟着喜欢了一阵；现在他冷了，我也跟着他冷了。"

徐调孚好昆曲，但不是票友。仙霓社所演的几百出昆曲，他场场不落地看过。还替仙霓社编了一个《戏目索引》详细注出见何曲谱，在第几册，第几卷。

学者熊佛西喜欢兰花，栽培有道，能用一盆兰花分殖成几十盆。他的心得是不能多浇水，只喷云雾；在泥土里挖个小洞，灌入香油，以防虫患。熊痴迷于此，甚至动过这辈子当个园丁或花匠的念头。

学者章川岛的乐趣是收藏钞票。号码依次排列或倒序排列或有规则的排列。赵景深受其影响，一度也收藏钞票，都是一百张一扎的新票，但一遇钱紧，又把它们花出去，因而始终不成气候。赵集藏纸片的爱好很杂，例如他一生未曾抽过半根烟，直至晚年还留有不少烟标；类似书信、结婚请柬、名片、贺年片、戏单乃至讣告等，他都收藏。

曹聚仁生活中有一绝，他说："即如我一生，没抽过烟，没喝过酒，也没打过牌。这是我的爱人所知道的；但，我能辨别烟叶质地的好坏，头叶二叶的高下，香烟配药的异同，我相信吸一辈子烟的朋友也未必有我一半的知识……我知道如何发酵，如何煮饭，如何配药，如何煮酒，酒的成色如何，连邓粪翁（邓散木）诗人与酒人，只能让我多嘴了。我从来不赌博，但我是研究或然律的人。"

俞平伯酷爱昆曲。俞在清华任教时，家里聘了个笛师。课余或节假日，他便拎着一个篮子，内有笛子曲谱热水瓶茶杯之类，与妻子并笛师到学校后面的圆明园废墟中连吹带唱，往往一唱就是一天。天气不好时则在家唱，有时候能唱到后半夜。张中行回忆说："记得30年代前期的一个夏天，我同二三友人游碧云寺，在水泉院看见俞先生、许夫人，还有两位，围坐在茶桌四周唱昆曲。"俞平伯1933年的日记中有他唱昆曲、俞振飞吹笛伴奏的记录，可见其昆曲造诣之高。

周作人说：我不吸烟，用吸烟的时间看书，以破闷。林语堂则嘴不离烟斗，并在他主编的《论语》上大写赞美吸烟的文章，"饭后一支烟，赛过活神仙"这句话的著作权就属于林语堂。

叶灵凤收旧书，自然爱逛旧书店。他说："在旧书店里，你不仅可以买到早些时在新书店里错过了机会，或者因了价钱太贵不曾买的新书，而且更会有许多意外的发现；一册你搜寻了好久的好书，一部你闻名已久的名著，一部你从不曾想到世间会有这样一部书存在的僻书。"他曾在上海北四川路一家名添福记的旧书店，买到一册巴黎版的《优力栖斯》和一册只合藏在枕函中的毛边纸的《香园》，一共花了一块四。老板那天喝多了，以当时的价格，前者值十美元，后者在100法郎以上。

邵洵美是集邮爱好者，手里有几张名贵票。一张是龙票，极其珍贵；另一张是民国初期的试制邮票，以飞船为图案，乃孙中山亲自设计，因未投入使用，属于样张，几乎就是海内孤本。1943年，邵曾为文发表于《国粹邮刊》上，马上引起行家的特别关注。

徐凌霄是与邵飘萍齐名的记者。他好京剧，不单是欣赏，而且对京剧极有见地。例如他认为京剧是严格的歌舞剧，唱是歌，道白也是歌，而且是更难唱好的歌，内行有"千斤道白四两唱"的说法。京剧舞台上的一举一动全都是舞，全要和音乐合拍。又例如他认为京剧的表现形式是抽象的，一般不用布景。马鞭一扬，就算驰马了。京剧舞台的任何布景，都会限制甚至破坏剧情。

朱自清在俞平伯家学会了打桥牌，一时上瘾。每次打完牌，又痛悔荒度光阴。

鲁迅在北京住绍兴会馆时，一度以抄古碑打发日子。一次章衣萍去访鲁迅，见他正抄《六朝墓志》，便问他抄这些目的何在，鲁迅答：

"这等于吃鸦片而已。"

瞿秋白多才多艺，爱好甚广，篆刻即其中之一。茅盾曾忆及一件趣事："当郑振铎和高君箴结婚仪式之前一日，郑振铎这才发现他的母亲没有现成的图章（照当时文明结婚的仪式，结婚证书上必须盖有主婚人，即双方家长，介绍人及新郎新娘的图章），他就写信请瞿秋白代刻一个。不料秋白的回信却是一张临时写起来的'秋白篆刻润格'，内开：石章每字二元，七日取件；如属急需，限日取件，润格加倍；边款不计字数，概收二元。牙章、晶章、铜章、银章另议。郑振铎一看，知道秋白事忙，不能刻，他知道我也能刻图章，就转求于我。此时已为举行结婚仪式之前夕，我便连夜刻了起来。第二天上午，我把新刻的图章送到郑振铎那里，忽然瞿秋白差人送来一封红纸包，大书'贺仪五十元'。郑振铎正在说：'何必送这样重的礼！'我把那纸包打开一看，却是三个图章，一个是郑母的，另两个是郑振铎和高君箴的，郑、高两章合为一对，刻边款'长乐'二字（因为郑、高二人都是福建长乐县人），每章各占一字，这是用意双关的。我一算：润格加倍，边款两元，恰好是五十元。这个玩笑，出人意料，郑振铎和我都忍不住捧腹大笑。自然，我刻的那个图章，就收起来了，瞿秋白的篆刻比我高明十倍。"

上世纪20年代，商务印书馆编辑傅东华每年要犯一两次"轮盘赌"的瘾。届时他先是把家里的现金输干净，再把妻子的首饰、衣服和自己的衣服送到当铺，最后是以种种借口向同事朋友以及一切他认识的人借钱，从一元到百元不等。直输到不能再向同事朋友开口了，他在家睡上一两天，这赌瘾就算过去了。于是他开始发愤翻译书挣钱，得了钱先还债，再去当铺赎回首饰、衣物等。渐渐等到手头有点积蓄，就又到了犯赌瘾的时候。

学者罗尔纲随胡适到北平后，养成访书的爱好，自认为这"成为一个最感兴趣的生活"。初入北大时，月薪仅60元，不得不写稿挣外快贴补家用。后工资涨至130元，他仍过着90元一月的生活，囊有余钱，便去琉璃厂、隆福寺、头发胡同、东安市场等处逛书摊。

抗战前，胡适住北平米粮库时，每晚6点下班，11点回家。这段时间是他一天最快乐的时光。罗尔纲说："他不打麻将不跳舞，不看电影，不听京戏，他做什么娱乐呢？他喜欢倾谈，那他的娱乐就是倾谈吧。"

鲁迅每天抽两三盒烟。1925年的一次病后，医生给了鲁迅若干警告，鲁迅在写给友人许钦文的信中说："医生禁喝酒，那倒没有什么；禁劳作，但还只得做一点；禁吸烟，则苦极矣，我觉得如此，倒还不如生病。"11年后，鲁迅因肺病去世。

钱穆说："余好吹箫，遇孤寂，辄以箫自遣，其声呜呜然，如别有一境，离躯壳游霄壤间。"

当年程小青和周瘦鹃相约戒烟。犯烟瘾时就用陈皮梅和五香豆替代香烟。忽一日包天笑从香港给两人各寄来两罐三五牌香烟。两人经过一番激烈的思想斗争后，终于没抵住诱惑，破戒复吸。有人事后评说："引人入胜，是卷烟本色，包公可谓替物行道者焉。"

学者潘光旦说："除了收藏书籍，我就只爱好旅行了。在上海是青年会约我到各地去讲演的。在云南我每一次暑假总要到外面去跑跑。"潘一生爱书，1926年，他从美国留学回来，在上海下船的时候，兜里只剩一块钱，还不够付回家的交通费，因为回国前，他把所有的钱都花在买书上了。

杨杏佛喜欢骑马，任中央研究院总干事时，他在上海大西路养了两匹马。逢星期天，他都会驾车出游，然后到大西路、中山路一带骑马一两小时。

"五四"时期，唐山煤厂的工人在八九千上下，他们的日工资为2角，月薪6元。他们往往拼命干活，把两星期的工赶在一个星期做完，余下的一周便出去吃喝嫖赌。李大钊分析说："因为他们太无知识，所以他们除嫖赌酒肉外，不知道有比较的稍为高尚的娱乐方法，可以安慰他们的劳苦。"

顾颉刚在北大读书时，爱逛戏园子，有钱就去广和园、中和园、天乐园、广德楼等地听戏。他曾休学半年，其间几乎天天泡在戏园子里。

梁实秋说："麻将一道要推太太小姐们最为擅长。"他曾听说某太太有接连三天三夜不离开牌桌的纪录，后来身心近于崩溃，吃什么吐什么。他还认识一个太太，每天午后二时一切准备就绪，然后呼朋引类，一直打到深夜。梁实秋的朋友卢冀野和她多次交手，曾说："国民政府于各部会之外应再添设一个'俱乐部'，其中设麻将司，司长一职非这位太太莫属。"

画家颜文樑少时喜欢吹军号，其父生性好静，对他的这个爱好颇为反感，不许他在家吹，颜便爬到屋顶上照样吹。

徐悲鸿喜欢石头。他在中央大学艺术系任教时，常去雨花台和夫子庙淘石头。某日，友人潘稚亮到南京去徐家探访，看中了一枚雨花石，就当面向徐索讨，徐笑而不答，潘知道徐不肯割爱，也就算了。潘回乡后不久，收到了徐悲鸿的一封信："我一生磊落，所有无不可与人共之，所不可共者，惟拙荆与此石耳！公有请，亦未能峻拒，姑以拙作《松鹤图》奉贻可乎？"徐悲鸿还在画上题诗一首："云表藏踪迹，苍松冰雪姿。清风明月夜，一唳动人思。"

上世纪30年代，留美女学者俞庆棠曾问梁漱溟有什么爱好，梁答：我的爱好是思考问题。他曾说："思想就是消遣，工作不是负担。"

沈钧儒喜欢石头，家中辟有"与石居"。

程瑶笙某日去上海五马路古玩市场闲逛，看见一块三四尺高的供石，玲珑剔透，爱不罢手，一时竟不肯离去。索价时，古玩商看透了程的心思，报以高价，程照价买下，雇人力车运回，自己则步行扶护。自此，程每天对着这块石头凝视出神。几天后，吴昌硕来访，问这石头的来历，程一一作答。吴说："这好东西应当大家玩玩。"说着就到街口雇来一辆车，连人带石一起运走了。程瑶笙虽不愿割爱，却不敢在吴面前说个不字。直到吴昌硕搬家，才把石头归还，程终获完璧归赵，一再抚摸，好像久别重逢的亲人那样。

作家郑逸梅也好"玩纸"，尤喜收藏书札。他回忆说："当时环境愈恶劣，生活愈困苦，那就爱好更酷。为衣食奔走了一天，很疲乏的回寓，总是荧然一灯，出所藏尺牍，展玩一番，这时已夜深人静，更觉精神贯注，万虑俱蠲。猛抬头见时钟已指向12时，才自己对自己说：明天一清早要赶学校上第一课，可以睡息了！才脱了衣，胡乱地往被窝里一钻，不一会，便酣然入梦了。"

地质学家李四光的业余爱好之一是音乐。1920年，他在巴黎用随身携带的一张八开12行五线谱纸谱写了一首小提琴曲——《行路难》，这是中国人创作的第一首小提琴曲，曲调如曲名，低沉的主调中带着高亢的强音。李回国后曾请音乐家萧友梅过目提意见。这首提琴曲写于20年代，在近八十年之后的北大百年校庆的纪念晚会上，第一次公开演奏。它的面世修正了马思聪是中国最早的小提琴曲作者的说法。

学者和诗人刘大白是围棋高手。他是曹聚仁的老师,家里有一副日本棋子及棋盘。曹聚仁回忆:"我和他下棋,一心想多吃他几个子,在紧要关头,他偏不让我吃;有时,我的棋子快死了,他又放开我一路,让我去救活来,他不让我赢,也不让我输得太多,他是应付得有分有寸,显得他的世故很深,决不是我们所能测其高深的。"

9. 做派

李叔同年轻时曾是典型的"酷男",任职浙江第一师范后便变了个人。平时灰布长衫,黑布短褂,平底鞋。他很少和同事来往,上课时夹着书本进教室,下课后径直回宿舍,走路很快,从不左顾右盼。

范旭东身为大老板,去世后却没给家人留下什么可观的遗产。他生前曾在天津、上海、香港、重庆等地生活,住的都是一般中等家庭所能租赁的房子,出门很少坐汽车。只是抗战期间在重庆时住沙坪坝,离市区过远,才乘坐公司的汽车。他平时从不请客送礼,更不邀宴权贵,常说:"我是无事不登三宝殿。"

倓虚法师是河北人,40岁出头才出家,此前阅历丰富,经过商,当过兵,行过医,开过药铺,学过道教、基督教。因而他讲经别有一套,谈笑自如,妙趣横生,有如说书乃至说相声。有人评论说:"他的讲经,是以经文做引子,扇子数珠,花瓶香炉,辣椒茄子,葫芦西瓜,一色一香,左右逢源,随拈皆是,乘性而谈。天天讲经,却不提经中一字。"北洋政府的大员如马冀平、叶恭绰、杨麟阁等,都被其口舌说动,当了他的护法。

军阀张敬尧督湘时，想物色个安徽籍的名士当教育厅长。张的军事参议陈建谟把合肥人童茂倩介绍给张，张即派员前往礼聘。童抵达长沙后，张在督署设盛宴为童洗尘，除军政要员外，还请来名士王闿运。当年南北议和，王曾拟一名联："国犹也是，民犹也是，何分南北；总而言之，统而言之，不是东西。"这次张敬尧设宴，宾客齐集后，王闿运才姗姗而来。他头戴红顶瓜皮缎子帽，垂着红线小辫，身着八团花缎马褂，金色缎夹袍，茶青色缎裤，脚踏三道云厚底黑缎鞋，装束颇为扎眼。张敬尧上前迎王落座，王说："承张大帅赐饭，至感！但有一要求，即我带一位不速之客——服侍人周妈来，现在门外，请准予接见。"张派左右接人。周妈约40多岁，天足，身穿平江青布袄裤，长眉秀目，仪态大方，虽半老徐娘，却风韵犹存。由于座中都是男宾，张令另设一席，让其妻女出面招待。席间，周妈引经据典，谈吐风雅，张敬尧的妻女竟瞠目不能对，只有干听着。王晚年参与各种活动，周妈都不离左右，王到北京，周妈也随同而来，名片上印着"王氏侍佣周妈"。

宋美龄与蒋介石结婚后，平时头后梳一个小髻，旗袍贴身，大衣适体，穿高跟鞋，在甬道上都是紧步走过。她见到蒋周围的工作人员，总是自然地面带微笑，平易近人。工作人员与她接触，不会感到拘谨，也不会觉得宋有任何骄矜之气。宋平时和人谈话委婉适度，蒋介石侍从室一工作人员说："六年中我未曾见闻她和蒋有过口角。"宋美龄说话的声调，总能把握到让对方听清楚为止，从不大声叫嚷，更不颐指气使。

女作家苏雪林晚年谈到另一个女作家凌叔华时说："叔华固容貌清秀，难得的是她居然驻颜有术。步入中年以后，当然免不了发胖，然而她还是那么好看……叔华的眼睛很清澈，但她同人说话时，眼光常带着一点'迷离',一点'恍惚',总在深思着什么问题,心不在焉似的,我顶爱她这个神气,常戏说她是一个生活于梦幻的诗人。"

史量才是中国老牌报纸《申报》的老板,虽身列风云人物,但平时衣着随便,甚至一年四季都穿一件蓝竹布长衫,这在上世纪二三十年代的大老板中,是不多见的。他走路更有特点,两脚的脚跟都不着地,看上去一跳一跳的,有如雀跃,因此得名"麻雀先生"。

《大公报》总编辑张季鸾体态消瘦,面如黑炭,看似一大烟鬼,因而常被误传为瘾君子。张学良就曾遣人持大包烟土相赠,被张季鸾拒绝。

段祺瑞当政时,在私人品行上有"六不总理"之称,即不贪污肥己,不卖官鬻爵,不抽大烟,不酗酒,不嫖娼,不赌钱。

1930年5月,虞洽卿的母亲病故,虞回乡奔丧。有报社记者追踪过去,亲见他每到饭点,便拎着一个竹制小板凳,坐在灶间厨边吃,自盛自添。旁边有成堆的男女佣人,虞从不使唤。桌上的菜也极其简单,不过是一碟黄泥螺,一碗豆瓣汤之类。

抗战胜利后,胡政之到香港主持恢复港版《大公报》,等于第二次创业,条件极苦。此时的胡政之虽已跻身"报业巨头"之列,却对自己的"身份"并不介意。他单身住在报馆宿舍顶楼的一间小屋内,生活自理,上下班坐公交车。有员工曾在巴士上看到这样一幅情景:人多车挤无空坐,胡政之立于车中,一手抓着扶手,一手拿着一小包花生米,逐粒送入口中,肥胖的身躯随着车行的节奏而晃动,悠然自得。这包花生米,备不住就是胡的一顿晚饭。

胡政之生活之简朴和单调是出了名的。在天津时,他就是一身布衣，从没穿过皮大衣。他不打麻将，不看电影，不抽烟。唯一的嗜好是喝酒，醉酒之后也难免闹出些笑话，他晚年身患肝病，与嗜酒大概不无关系。

冠生园老板冼冠生原名冼炳成，学徒出身，创业15年，直至而立之年仍一事无成。后与人合作创办冠生园，终于发迹，他也更名冼冠生。做大后的冼冠生仍不失本色，这在芸芸暴发户中，是难得一见的。他从不涉足歌厅舞场，唯一的爱好是听听京戏。抗战期间，他将妻子留在上海，只身在重庆八年，始终住在冠生园的楼上，从不外宿。

上世纪30年代，金陵大学请名家黄侃去讲课，黄侃答允每周授课四小时，分两次到校，但有个附加条件："下雨不来，降雪不来，刮风不来。"

1926年，郁达夫和郭沫若等去广州，行前创造社同仁在九江路一家宁波菜馆给他们饯行。席间有人谈到正准备办个叫《野火》的刊物，约郁、郭等人写稿。郁达夫要了几张纸，拿起笔就在饭桌上写了一篇杂文，取名《蛋炒饭》。

臧克家在山东省立第一师范读书时，适张宗昌督鲁，教育厅长、清末状元王寿下令大中学校学生一律读经。学校请来两个行将就木的老先生来讲经。一个据说是前清的翰林，眼睛似已失明（疑似唐文治），凭人扶着上讲台，张口"关关雎鸠"，连小注都一字不错地背下来；另一个讲《孟子》的是个结巴，头一句"孟子邹、邹、邹……人也"说了一分多钟。

湖畔诗人汪静之写的情诗打动过不少少男少女，包括作家许杰。许杰一直以为汪是个风流倜傥的帅哥。1935年，许在上海教书，夏天到杭州过暑假，住在岳坟附近的一个尼庵里。一天有客来访，告诉他隔壁住着汪静之夫妇，许不禁一惊，汪竟然是个"矮胖丑怪"的人物，许杰说："而就是他那位夫人呢，也不见得怎样的漂亮，我们只是在每天晚上，听见她那么娇声娇气的说话时，倒使人想起是一个女人，但却也不一定是诗人所歌咏的皇后。"人诗两张皮，被汪静之演绎到了极致。

李宗仁说："陈炯明身材魁梧，仪表非凡，但是他有一个最大的缺点，便是他总不正眼看人。和我谈话时，他远远地目光斜视，殊欠正派。孟子说'胸中不正则眸子眊焉'，大概便是如此。"

1923年，李宗仁初识白崇禧。白给李留下的印象是"彬彬有礼，头脑清楚，见解卓越"。

北伐期间，蒋介石约李宗仁到前线视察。当时战况正酣。李宗仁因蒋介石没有当过下级军官，未曾亲上前线一尝炮火轰击，担心他会被四周的枪林弹雨吓着。他们走到城边，流弹在左右飕飕横飞。这时李宗仁默默观察，见蒋介石极为镇定，态度从容，颇具主帅风度。

黄侃讲课时常抑扬顿挫地吟诵诗章，引得学生也跟着唱和，这声调被北大学生称为"黄调"。

冯友兰把人生哲学划为多重境界。西南联大时，某日冯去上课，路上碰见金岳霖，当时冯不过四十多岁，蓄有长髯，穿长袍，有道家风范，金笑问："芝生（冯友兰字芝生），到什么境界了？"冯答："到了天地境界了。"

抗战胜利后，周作人被关进南京老虎桥监狱。黄裳曾作为记者去狱中探访，随后著文写道："我在窗外看见一位狱吏带了一个老头儿来了。这是我第一次看见周作人，不过在印象中，是早已有了一个影子了的，现在看着'正身'，大抵差不多。他穿了府绸短褂裤，浅蓝袜子，青布鞋。光头，消瘦，右面庞上有老人当有的瘢痕，寸许的短须灰白间杂，金丝眼镜（这是他在一篇文章中提到过的'唯一'的一副金器，三十年前的老样子）。"

1946年，郭沫若曾出游南京。一日正和一群人逛玄武湖，见张申府独自从湖边道上走来，郭后来写道："他显得那么孤单，但也似乎潇洒。浅蓝色的绸衫，白哔叽的西装裤，白皮鞋，白草帽，手里一把折扇，有点旧式诗人的风度。"随后又写道："我心里暗暗佩服，他毕竟是搞哲学的人，喜欢孤独。假使是我，我决不会一个人来；一个人来，我可能跳进湖里面去淹死。但淹死的不是我，而是那个孤独。忽然又憬悟到，屈原为什么要跳进汨罗江的原因。他不是把孤独淹死了，而一直活到现在的吗？"

吴昌硕个矮，晚年成一小老头，头上盘着一个发髻，无须，有道士风貌，故自治一印曰"无须道士"。

冯友兰每次上课前，都面无表情地坐在讲台后，呆望学生数分钟后，才开始上课，脸上也逐渐露出笑容。

李叔同出家前，走路的脚步很重。他在浙江第一师范的同事和邻居姜丹书回忆说："（李叔同）每走过余室时，不必见其人，只须远闻其脚步声，而知其人姗姗来矣。"

1932年4月27日，夏承焘去杭州顾颉刚家拜访，他对顾的印象是："肃客殷勤，妁妁如老妪。谈吐朴讷，尤觉悃愊可亲。"

潘光旦只有一条腿，但他并不因此自卑乃至自闭，反而常以自身的缺陷逗闷子，例如他说："对于孔老夫子，鄙人佩服得五体投地……哦，对不起，应该是四体投地。"

经亨颐任浙江第一师范校长时，曹聚仁是这个学校的学生。五四运动前后，经校长经常给学生讲时事，每提到曹汝霖，总说成"曹聚仁"，引起学生哄堂大笑。经亨颐个子很高，说话很慢。曹聚仁说："我看到戴高乐的照片，不禁想起这位校长来。"

张宗昌督鲁时，一次到济南大明湖、趵突泉、千佛山这三处名胜观光游玩，在大明湖，随从为他讲了刘鹗、杜甫等对济南风光的评价，张宗昌问："杜甫是谁？他会打炮么？"

侦探小说作家程小青身上颇有些"异类"的成分，他的朋友徐碧波说："程小青，性豪放，能言善辩，擅排难解纷，躯干很高，双目炯炯有神，不拘行迹，嗜膻腥，常在市集摊子边长凳上坐喝羊肚汤。某日到他家里，见他上装穿一件黄色制服，胸前一排黄铜纽扣，刻有铁路图案，问他往年是不是做过某车站员工？他笑答：'昨日方从估衣店中买来的。'其边幅不修，竟是这样的。"

北大教授刘师培住北京西单大同公寓时，一次朋友去看他，他正吃饭，满嘴乌黑。原来他吃饭时看书过于专注，一手持书，一手拿着馒头。本来是用馒头蘸菜汤，却蘸上了墨汁，刘竟浑然不知。

版本学家赵万里剃光头，穿蓝布大褂、布鞋，外表木讷，看上去就像个书铺的伙计。其实一接触即能发觉他十分健谈，十分精明干练，也十分精力充沛。

蒋、冯、阎大战前，冯在一次军事会议上握着孙殿英的手说："殿英老弟，你的革命精神我很佩服！咱们是好朋友，好同志！在反对满清这一点，我干的是活的（逐溥仪出宫），你干的是死的（东陵盗墓）。"

关颂涛是协和医院外科医生，满族。关在医院只说英语，不说汉语。但在生活中是一个地道的老北京，一口京腔，旗人派头。他穿着洋服见了长辈，打个千，一垂手，一屈腿，尽显京味。

梁启超居天津时，一次其夫人得病，托人从北京请来名医萧龙友，管接送并包食宿。看病后梁大笔一挥："礼金大洋贰佰元正。"

陈寅恪在清华任教时，一次在侄子陈封雄陪伴下到西单一家西药店买胃药。药品都为洋货，店员取出几种，有德国货、美国货和日本货，没有中文说明书。陈寅恪将每种药药瓶上的说明及盒内说明书都仔细看过后，选购了一种。店员见状，以为陈寅恪是精神病患者，陈封雄忙解释："他懂各国洋文。"店员及顾客皆抱以奇怪的目光。

抗战期间，画家陆维钊避居上海友人家，适有挂号信寄到，身边无私章，他便找了块石头用裁纸刀现刻了一枚。陆后来成为名画家，这枚印章却没有被他舍弃。

林语堂任教东吴大学时，一次给新生上课，他带着一大包花生进教室，和学生边吃边聊，说："花生米又叫长生果。诸君第一天上课，请吃我的长生果。祝诸君长生不老！"

林语堂享有"幽默"一词的发明权，鲁迅却说："林语堂是最不懂幽默的！"

九一八事变后，何香凝送给蒋介石一套女人衣服，以示对其不抵抗的抗议；一·二八事变后又送了一套；《何梅协定》签订后再送一套。杨虎城出洋前，去何家拜访，当时已及热天，何香凝仍穿一件长袖的旧褂子，她对杨虎城说："我把自己的衣服都送给蒋介石了。"

臧克家成名后，一次在友人余心清家遇见国民党元老李烈钧，余向李介绍说："这是新诗人臧克家。"李是个大胖子，此时坐在藤椅上闭目点头："唔，唔，大狗叫，小狗跳跳。"臧克家心里窝火，后来对余说："以后对不懂新诗的人，千万不要再做介绍了。"

徐讦曾这样描述留法归国的刘半农："他不是有一个善笑的脸，或者是在法国太用功吧？他的表情是缺少法国人之俏皮。在北河沿畔，他常常抽着雪茄烟；黑帽子遮去了脸，静悄悄地坐着包车或者慢慢地走过。当我在黄昏遇到他的时候，我常想起康德被人叫做时钟的故事，他是像个德国式的学者。"

巴金夫人陈蕴珍（后更名萧珊）是西南联大毕业，曾听金岳霖讲逻辑，感觉很枯燥，便问金岳霖："您为什么要搞逻辑？"金答："我觉得它很好玩。"

1932年，章太炎到北京大学国学门讲学。当时章已满头白发，穿绸布大褂，由弟子马幼渔、钱玄同等五六人陪着登上讲台。他向下一望，便讲了起来，满口浙江余杭话，嬉笑怒骂贯穿其间。章的这番讲课，由刘半农翻译，钱玄同负责板书。

当年，某北大毕业生数次去找周作人谋职，第三次去时，周正待客，被门房挡驾。该学生疑为周推托不见，怒火中烧，便站在门口大骂一气。几天后，他被告知去某处上班。有人问周，他这样大骂，为什么还要用他呢？周说，到别人门口骂人，这是多么难的事情，太值得同情了。

温源宁是北大西语系教授，平时不说汉语。张中行说他的语调"说是上层味也许还不够，是带有古典味"。其夫人是个华侨阔小姐，有汽车，但温从来不坐，遇风雨天要出门，其妻让他坐汽车，他总是道谢后仍坐人力车去学校。

顾颉刚是燕京大学教授，但口才不行。讲课时总是意多而言语跟不上，一急就拿起粉笔在黑板上疾书，速度快且字迹清晰。

1934年初，刘半农初见冰心，他在日记中称她"大有老太婆气概矣"。而冰心后来的朋友季羡林在清华读书时，曾去旁听冰心的课，他在日记里写道："冰心先生当时不过三十二三岁，头上梳着一个信基督教的妇女王玛丽张玛丽之流常梳的髻，盘在后脑勺上，满面冰霜，不露一丝笑意，一登上讲台，便发出狮子吼：'凡不选本课的学生，统统出去！'我们相视一笑，伸伸舌头，立即弃甲兵而逃。"

北大教授、明清史专家孟森讲课时手持讲义，拇指插在讲义中间，然后照本宣科，从来不看台下。下课铃响后，他把讲义合上，拇指仍然插在中间，转身就走。他的这个讲义后来确实用《明清史讲义》的名义出书，成为业内学者绕不过去的名著。

弘一法师一次去丰子恺家，落座前将藤椅轻轻晃动几下，然后慢慢坐下，丰不解其意，弘一法师说："这椅子里头，两根藤之间，也许有小虫伏动，突然坐下去，要把它们压死，所以先摇动一下，慢慢坐下去,好让它们走避。"

林损在北大当教授时岁数不大,因而有些恃才傲物,常借着酒劲出怪语。一次周作人问他:"林先生这学期开什么课?"他答:"唐诗。"又问:"准备讲哪些人?"答:"陶渊明。"

余叔岩自己唱戏,却看不起唱戏的。他有个女儿,成年后一有人来提亲,他便说:"如果是咱们梨园行,就不必提了。"

田汉在湖南长沙第一师范教书时,一天拉着几个同事去小酒馆喝酒。席间有人表示不会喝酒,田汉说:"哪有文人不喝酒呢?"

1924年暑假,蒋廷黻曾与鲁迅等同去陕西讲学,他后来谈及对鲁迅的印象时说:"他有点瘸,走起路来慢吞吞的。他和我们相处不仅很客气,甚至可以说有点胆怯。"

傅东华在陈望道的婚宴上自我介绍说:"我叫傅东华,我在北平有一座城门,题作东华门,你们进城以后,别忘记住我的东华旅馆;在旅馆里闲着无事,却不妨翻一翻我编的《十一朝东华录》。"

民初,戴季陶一度想到美国留学,托蒋梦麟向孙中山请求。孙中山说:"老了,还读什么书。"蒋梦麟据实转告戴季陶,戴便直接找孙中山请求。孙中山说:"好,好,你去。"边说边拉开抽屉,拿出一块银洋给戴季陶说:"这你拿去做学费吧。"戴季陶说:"先生和我开玩笑吧?"孙中山说:"不,你到虹口去看场电影好了。"

乔大壮执教台大时,一女生见其面容憔悴,拿来一只家里养的鸡,要工友做给乔吃,乔说:"我是不杀生的,拿回去,寄养你家,给它个名字,就叫乔大壮吧。"

抗战时期,一次西南联大在广场上开文艺晚会,几千听众在草坪上随意地席地而坐。朱自清在晚会上讲"五四以来的散文"。他说:"什么是散文呢?像诸位这样地坐法就是散文的做法了。"

西方学界有一个说法:"到北京可以不看三大殿,不可以不看辜鸿铭。"日本作家芥川龙之介到北京访问辜鸿铭,问辜如此高才,为何不问世事,辜的英文说得很快,对方的思维跟不上,辜鸿铭便用手指蘸着唾液在桌子上写了一连串的"老"字。北大西语系主任温源宁在《辜鸿铭先生》一文内写道:"一个鼓吹君主主义的造反派,一个以礼教为人生哲学的浪漫派,一个夸耀自己的努力标志(辫子)的独裁者,就是这种自相矛盾,使辜鸿铭成了现代中国最有趣的人物之一。"

辜鸿铭一次出席一个宴会,座中皆社会名流或政界人物,一外国记者问辜:"中国国内政局如此纷乱,有什么法子可以补救?"辜鸿铭答:"有,法子很简单,把现在在座的这些政客和官僚,拉出去枪决掉,中国政局就会安定些。"

张中行说:学者孙楷第"人清瘦,总是像大病初愈的样子","我个人的感觉,是有学问,像是也不想学问以外的事情……不止一次,我听见他一边走一边吟诗"。"凡事都会有得失两面,博而精,考证有大成就,是得的一面。还有失的一面,是容易成为书呆子。从20年代后期我认识孙先生的时候起,到80年代前期我最后一次看见他的时候止,我的印象,除去书和他专精的学问以外,他像是什么也不想,甚至什么也不知道。"

章克标说,郭沫若"有点驼背弯腰,眼睛也有毛病,而且耳朵半聋"。

一次，吴稚晖和王璞为国音字母的事相互争执，王璞气极了，拍桌子大骂："王八蛋！"吴稚晖慢慢站起来说："鄙人不姓王。"

熊希龄和熊佛西在北平的住处相距不远。某大学欲请熊佛西去讲戏剧，请柬却递到了熊希龄家。届时熊希龄到场，校方问他讲题是什么，他答：幼稚教育。满堂哗然，熊希龄马上明白过来，对学生说："搅错了，你们要请的是熊佛西，不是我这个老头子，我去替你们请来罢。"

民国初年，黄远生在北京兼任《申报》特派员。他常去八大胡同吃花酒打麻将，在鬼混中把具有远见深思的政治通讯和评论写在花笺上。

一次清华开师生同乐会，赵元任表演"全国旅行"：从北京沿京汉铁路南下，折入山西、陕西，东出潼关，再由河南至湖北、湖南、四川、云南、贵州、广西、广东、江西、福建、浙江、江苏、安徽、山东，跨渤海到东三省，最后入关回京。沿途每"抵"一地，他都操当地土话介绍名胜古迹及土特产。这一圈转下来，说了将近一小时，不时引发哄堂大笑。

1928年后，一次张继到清华视察，并在大礼堂演讲。他说：清华有这么考究的房子，这样好的设备，一年花这么多钱，却没造就出一个有用人才，试看，我们的中央委员中，各部部长中，有哪个是从清华毕业的？张讲完后，清华学生会主席张人杰即起立接着张继的话茬说："听了张主任的训话，我们有一个疑问，不知所指的人才，是按什么标准？如果按学识、专长和成果来说，清华的毕业生中，却不能说没有。就连孙中山先生陵墓的建筑图案，不也是清华毕业生设计的么！如果人才是指党棍和官僚，清华的确一个也没有。"

1929年陕西大旱，《大公报》发起募捐赈灾活动，报社编辑徐铸成被派到营业部帮助收款。某日，来了一个瘦高老头，小胡子，袍子马褂，腰板直挺，臂上挂着手杖。他进门后掏出20元钱，让徐铸成登记。徐认出此人乃大名鼎鼎的郑孝胥，便装不认识，请教其姓名，对方用浓重的福建口音做答，徐仍装听不清楚，抽出一张纸请其留名，哪知郑孝胥惜墨如金，也很狡诈，掏出一张名片留下，随即出门登车离去。

梁实秋说："我数十年来奔走四方，遇见的人也不算少，但是还没见到一个人比徐志摩更讨人喜欢。"他还回忆说："有一天志摩到我的霞飞路寓所来看我，看到桌上有散乱的围棋残局，便要求和我对阵，他的棋力比我高，下子飞快，撒豆成兵一般，常使我穷于应付。下至中盘，大势已定，他便托故离席，不计胜负。"

1940年1月，梁实秋参加国民参政会华北视察慰劳团，访问了五个战区七个集团军的司令部。张自忠将军的33集团军司令部安在湖北襄樊和当阳之间一个叫快活铺的小镇上。张的寝室仅一床一桌，四壁萧然。梁实秋说："我们访问过多少个司令部，无论是后方的或是临近前线的，没有一个在简单朴素上能比得过这一个。""张将军本人却更简单。他有一个高高大大的身躯，不愧为北方之强汉，微胖，推光头，脸上刮得光净；颜色略带苍白，穿普通的灰布棉军服，没有任何官阶标识。他不健谈，更不善应酬，可是眉宇之间自有一股沉着坚毅之气，不是英才勃发，是温恭蕴藉的那一类。他见了我们只在闲道家常，对于政治军事一字不提。"

闻一多是艺术家，懒于在日常琐事上操心。当年他的鞋穿破了，便先试穿厨师的鞋,再让厨师代他去买。梁实秋说,闻一多"孩子一大堆,流鼻涕的比不流鼻涕的为数较多"。闻平时讲课常夹杂"呵呵……"的声音,一次他从教室前走过,看见黑板上写着一首打油诗:"闻一多,闻一多,你一个月拿四百多,一堂课五十分钟,禁得住你呵几呵?"

清华时期,闻一多讲《楚辞》。他的学生冯夷回忆说:"记得是初夏的黄昏,七点钟,电灯已经亮了,闻先生高梳着他那浓厚的黑发,架着银边的眼镜,穿着黑色的长衫,抱着他那数年来钻研所得的大叠大叠的手抄稿本,像一位道士那样的昂然走进教室里来。当学生们乱七八糟地起立致敬又复坐下之后,他也坐下了,但并不即刻开讲,却慢条斯理地掏出他的纸烟盒,打开来,对着学生们露出他那'洁白'的牙齿作蔼然的一笑,问道:'哪位吸?'"

周作人讲课就是低头伏案照稿子念,而且声音细小。梁实秋说:坐第一排的人也听不清楚。

马珏是鲁迅友人马幼渔的女儿,她15岁时写过一篇《初次见鲁迅先生》的作文,内有这样一段:"见了,就行了一个礼,父亲在旁边说:'这就是你平常说的鲁迅先生。'这时鲁迅先生也点了点头,看他穿了一件灰青长衫,一双破皮鞋,又老又呆板,并不同小孩一样,我觉得很奇怪。鲁迅先生我倒想不到是这么一个不爱收拾的人!他手里老拿着烟卷,好像脑筋里时时刻刻都在那儿想什么似的。"

鲁迅个子不高,身体瘦弱,面色黑黄,不常理发。由于长期大量吸烟,全部牙齿呈黑黄色,牙根则是深黑色。去陕西讲学时,有人向接待人员探问:"周先生恐怕有几口瘾吧?"也有人问:"学者也吸鸦片烟吗?"接待人员问其所指,对方答:"周鲁迅面带烟容,牙齿都是黑的，还能说不吃烟么？"鲁迅定居上海不久，与许广平到杭州度蜜月，上火车时被宪兵搜查了一回，车开后又被另一拨宪兵翻箱倒箧地搜了一回。他与许广平在北京戏院看电影时，有个瘾君子摸过来低声向他打听，到哪儿去买黑货。

鲁迅虽有烟容但行动干脆利落。鲁迅晚年的朋友萧红回忆说："鲁迅先生走路很轻捷，尤其使人记得清楚的，是他刚抓起帽子来往头上一扣，同时左腿就伸出去了，仿佛不顾一切地走去。"

1920年初，陈独秀到上海，约陈望道、李汉俊、李达、沈雁冰等到其寓所谈话。茅盾说："这是我第一次会见陈独秀。他中等身材，四十来岁，头顶微秃，举动随便，说话和气，没有一点'大人物'的派头。"

罗尔纲在中国公学读书时，胡适是校长。罗自称是一个"在学校里无声无息的一点不活跃的学生"，因成绩出众，得到了只有五人入选的奖学金，为胡适所发现，毕业后招至家中，成为胡的私淑弟子。1930年6月的一个晚上，罗去胡适在极司菲尔路的寓所"报到"，恰值胡适在宴请邻居张元济。胡遂把罗介绍给张，张元济起身向罗还礼。罗后来成为史学界泰斗，晚年回忆说："一位年高德劭神采奕奕的长者向我还礼，使我肃然起敬。"

上世纪30年代初，徐志摩与罗尔纲都借宿胡适家。胡适要罗尔纲每天下午陪徐志摩去北海公园散步，罗回忆说："徐志摩去公园散步很少说话。有一次，游罢出了后门。有个老妇叫花子向他乞讨。他就站着详细问她什么地方人，家中有无子女，因何流落到北平来等等。他和那老妇叫花子絮絮谈话，恳切有如亲人。随后把袋里的钱都给了她，还在沉思迟迟不走，回家吃晚饭的时间都忘记了……我静静站在旁边，使我如同读杜甫《茅屋为秋风所破歌》时那样感受到大诗人悲天悯人的爱。"

金岳霖回忆说："寅恪先生的学问我不懂。看来确实渊博得很。有一天我到他那里去，有一个学生来找他，问一个材料。他说：你到图书馆去借某一本书，翻到某一页，那一页的页底有一个注，注里把所有你需要的材料都列举出来了，你把它抄下，按照线索去找其余的材料。寅恪先生的记忆力之强，确实少见。"

上世纪 30 年代，一次金岳霖给陶孟和打电话，陶家的保姆问："您哪儿？"金竟然一时忘了自己的名字，只好说：不管它，请陶先生说话就行了。保姆却说："不行。"金再三请求，对方仍说不行。金没辙，只好求教于自己的车夫，车夫也说不知道。金说："你没有听见人说过？"车夫答："只听见人家叫金博士。"这个"金"字，终于提醒了金岳霖。比金岳霖有过之的一例是，抗战期间，潘梓年在重庆的一个签名场合也把自己的名字忘了，旁边的人提醒他说姓潘，潘却问："阿里个潘呀？"

1920 年前后的碧云寺住持聚林法师，用蒋碧微的话说："是个好人，但却不是好和尚，他不茹素，而且还喜欢喝两杯，曾听人说他在北平城里还养着女人。"

林徽因常在晚上写诗。她的堂弟林宣回忆：林在写诗时总是点上一炷清香，摆一瓶插花，穿一袭白绸睡袍，面对庭中一池荷叶，在清风飘飘中吟哦酿制佳作。"我姐对自己那一身打扮和形象得意至极，曾说'我要是个男的，看一眼就会晕倒'，梁思成却逗道，'我看了就没晕倒'，把我姐气得要命，嗔怪梁思成不会欣赏她，太理智了。"

鲁迅说："中山革命一世，虽只往来于外国或中国之通商口岸，足不履危地,但究竟是革命一世,至死无大变化,在中国总还算是好人。"

李长之曾著《鲁迅批判》一书,并寄赠鲁迅。鲁迅在写给孟十还的信中说:"李长之不相识,只看过他的几篇文章,我觉得他还应一面潜心研究一下,胆子大和胡说乱骂,是相似而实非的。"

李大钊的友人说:"守常乃一刚毅木讷人也,其生平才不如识,识不如德。"

1928年5月3日,日军制造"济案"。蒋介石和一批大员临时在济南附近的党家庄车站席地而坐,商讨应敌之计。正商量间,冯玉祥突然爬起来,不同任何人打招呼便走到路边,去帮一个路过的车夫推车上坡。冯之为人,于此可见一斑。

丁文江对钱昌照说:李宗仁比较忠厚,没有一句假话;白崇禧相当狡黠,没有一句真话。

吴蕴初身为大资本家却全无资本家的恶习。抗战胜利后,吴的工厂与资源委员会合资,成立董事会,吴被推为董事长。他召集董事会时,午餐就在会议桌上吃,四菜一汤,不备烟酒,由厂里的大师傅烹饪。参加董事会的人曾戏谑他为"犹太人"。吴本人生活一向简朴,自己的衣食,家里的陈设都极其普通。工厂每年的盈利,除提出一部分扩充规模外,全部捐献社会。

《语丝》同仁聚会时,林语堂说郁达夫:"我们坐在老藤椅上,他常抚弄他的小平头,显得狂放、任性又满足。"

潘光旦在清华读书时,问校长严鹤龄:我一条腿能否出洋。严说:"怕不合适吧！美国人会说中国人两条腿的不够多，一条腿的也送来了。"潘听后大怒。此时一个在清华教图画的名叫 Star 的美国女教师出来为潘做主，说:"潘光旦不能出洋，谁还能出洋？"潘的成绩在清华同届中首屈一指。

周诒春任清华校长时，正直、直爽、有本事，但架子大，他不允许同学正面和他谈话，学生有事情找他，得站在一边说。

潘光旦在清华读书时，属于品学兼优的学生。唯一的"劣迹"是某个严冬的深夜，潘光旦起夜时不敢外出如厕，就在宿舍门口撒尿，恰巧被正巡查的斋务主任迎面撞上，给了他一个记过处分。当年清华中等科宿舍的厕所号称九间楼，面临操场，黑灯瞎火，加上狂风怒吼，夜里上趟厕所的确瘆得慌。

西南联大成立后，原清华、北大、南开的校长梅贻琦、蒋梦麟和张伯苓来巡视学生宿舍。蒋梦麟觉得条件太简陋，张伯苓则认为国难当头，学生也应接受磨炼，梅贻琦曾是张伯苓的学生，未便表态。蒋梦麟说:"倘若是我的孩子，我就不要他住在这宿舍里！"张伯苓说:"倘若是我的孩子，我一定要他住在这宿舍里！"

1936年夏天，苏南一些高中的学生军训后前往南京中山陵，接受蒋介石的检阅和训话。学生集合站好后，蒋介石缓步登上中山陵的平台，而检阅总指挥桂永清随后从平地迈着正步一阶一阶走上中山陵，这本事确实得练一阵子。

西南联大教授刘文典讲的是庄子，他开讲时必说一句话:"《庄子》嘛，我是不懂的喽，也没有人懂。"闻一多讲楚辞，开头则是:"痛饮酒，熟读《离骚》，方称名士。"闻一多上课抽烟，上他课的学生也可以抽烟。西南联大的另一位教授唐兰是古文字学专家，却开了一门"词选"课，课上只讲《花间集》。据说他讲词的方法是：不讲。只是用无锡腔调（实是吟唱）念一遍："'双鬟隔香红，玉钗头上凤'——好！真好！"

抗战时期，敌机经常空袭后方，西南一带有所谓"跑警报"一说。雷海宗是西南联大历史系教授，授课内容已烂熟于胸，无需备课，讲到哪算哪，每回上课现问学生："我上次讲到哪里了？"然后就滔滔不绝地接着讲下去。班上有个女同学，笔记记得最详细，一句话不落。雷海宗一次上课前问她："我上一课最后说的是什么？"该女生打开笔记本看了看说："你上次最后说：'现在已经有空袭警报，我们下课。'"

西南联大时期，有位研究印度哲学的金先生，每次跑警报都提着一个手提箱，里面其实并非贵重物品，而是他的女朋友的情书。他把这些信视若生命，有时也会拿出一两封给别人看，因为信里没有卿卿我我的缠绵话，只是一个聪明女人对生活的感受，文字很俏皮，充满了英国式的机智，是一些很漂亮的 essay，字也很秀气。汪曾祺说："我看过这个女人的照片，人长得就像她写的那些信。"

联大同学中，也有个别人从不跑警报，始终安然无恙。有个广东同学爱吃莲子，一有警报，他就用一个大缸子到锅炉上煮莲子。警报解除时，他的莲子也煮烂了。一次敌机炸了联大，此人居然听着身边的炸弹声依然神色不动地搅和他的冰糖莲子。

许宝騄是俞平伯的内弟、数论专家，也好昆曲。抗战期间在昆明，他常和友人唱曲，然后去翠湖西路一家北京人开的小饭馆聚餐，饭后结账是 AA 制。常常是掌柜的还扒拉着算盘，许宝騄已经把钱敛齐了交到柜上。掌柜的颇为诧异：怎么算得这么快？

医学家尤彭熙曾遍游欧美诸国，说："地球并不大，我到处都遇到熟人。"

画家白蕉自称"懒汉"、"天下第一妄人"和"蕉老头"。

画家胡亚光年轻时风度翩翩，陈蝶仙说："与亚光共谈笑，如对玉山琪树，令人自生美感。"一次，某作家续弦，胡亚光和梅兰芳都去参加婚礼，且比肩而坐。有人仔细观察，认为胡亚光的美胜于梅兰芳，便就此写了篇文章，登在《晶报》上。

梁启超和郭沫若都属于才子式的学者。侯外庐说："郭沫若曾告诉我，梁启超形容自己的能力时说过：点起一盏油灯，日文就学会了。而郭老自己，则一星期就学会甲骨文。"

有人这样描述叶公超："方面大耳，头发溜光，个儿高，背微驼，肩胸宽厚西装挺，口衔一个栗色大烟斗，一派英国绅士风度。"

巴金说："我不善于讲话，也不习惯发表演说。"

陈寅恪任教清华时，父亲陈三立一度居上海。某年暑假，陈寅恪的几个学生去上海拜谒陈三立，老人和几个学生坐着谈话，陈寅恪则立于一旁，直到学生离去。

黄裳在南开中学读书时，张蓬春曾把梅兰芳请来参观。学校布置下去，严禁学生围观。黄裳想请梅签名，料定他会去新建的瑞廷礼堂，便事先躲在礼堂后台守着。果然梅兰芳在校长们的簇拥下来到礼堂，这时黄从后台突然走出，给客人和陪同人员来了个突然袭击，校长等对此也束手无策，黄从容地将一张卡片递了过去。梅兰芳踟蹰了一下，轻声问："是横着签还是竖着签呢？"梅写起字来纯熟老到，和他说话的声音有点两样。此时黄裳注意扫了两眼："他脸部的髭须已经青青地布满了双颊了。"

抗战期间，黄裳曾在重庆大街上见过吴玉章一面，他说："吴老穿了熟罗绸衫，拿了折扇，飘然在中山路上走着，的确很有点旧时代文酒风流的文士的飘逸的风致。"

1948年，北大校长胡适到南京竞选总统。某日，胡到龙蟠里书库看《水经注》的善本书，中午，江苏省国学图书馆馆长柳诒徵驱车来接胡适去新街口三六九酒家吃饭。饭馆老板见胡适光临，赶紧拿出纪念册请胡适题字。胡自知字不如柳，再三谦让，请柳题写。柳题毕，胡适在柳书旁边端端正正地写上四个字——"胡适随侍"。

出于对刘师培学问的敬重，黄侃一向对刘执弟子礼。1915年，刘参与筹安会活动，招集北京学术界名人到他家，商量"联名上书"、拥袁世凯称帝事宜。黄起初不明真相，到了刘家，听明意思后，他起身说了句："刘先生以为这样好，你一个人去办好了。"言毕，拂袖而去。

钱穆曾谈及刘文典："有一年，余适与同车，其人有版本癖，在车中常手夹一书阅览，其书必属好版本。而又一手持卷烟，烟屑随吸随长，车行摇动，手中烟屑能不坠。"

钱穆的不少学生回忆说，他讲先秦史别具一格，是"倒叙"式的，即从战国讲起，而春秋、西周，并且从不循规蹈矩地面面俱到。有学生描述说："他讲课每讲到得意处，像和人争论问题一样，高声辩论，面红耳赤，在讲台上龙行虎步，走来走去。""他以炽热的情感和令人心折的评议，把听讲者带入所讲述的历史环境中，如见其人，如闻其语。"

新凤霞晚年不离轮椅。但在病前，她走路一向风风火火，比一般人要快得多。据新回忆，这是小时候"赶包"练出来的。当年她和母亲在天津演戏，从南市到法租界、劝业场，没钱坐车，一路都是连走带跑。长此以往，便养成了"快走"的习惯。

10. 性格

段祺瑞性憨直，经常口无遮拦。有一次他在执政府当着众多大员的面指着北京卫戍总司令鹿钟麟说："这是我从前的兵。"后来段被通缉，鹿主动请缨捉拿他。

阮玲玉和胡蝶都曾供职明星影片公司，两人性格迥异。阮玲玉是苦孩子出身，性情刚烈、奔放，在摄影棚里想哭就哭，想笑就笑，对大导演张石川也并不言听计从，有时甚至令张颇伤脑筋，不久即脱离明星公司。胡蝶则是另一类人，银幕上下、从里到外，她都是美人，而且为人柔顺、和蔼、乖巧，拍戏很用心。成了"电影皇后"以后，也不拿架子。她在明星公司一干就是十多年，直至抗战爆发。两人截然不同的命运和结局，似乎应了那句"性格使然"的老话。

陈强初演《白毛女》，对黄世仁强奸喜儿那场戏，无论如何也演不到位，其实是成心不想演好。导演正告他："你不是陈强，是黄世仁。"陈强狡辩道："这戏演好了，还有人喜欢我吗？我还没结婚呢！"

李叔同和欧阳予倩早年同在日本留学。一日，李叔同约欧阳予倩早8点到他家，两人住处相距很远，欧阳予倩被电车耽误，晚到了几分钟，名片递进去后，李叔同从楼上打开窗户，说："我和你约的是 8 点钟，可是你已经过了五分钟，我现在没有工夫了，我们改天再约罢。"说罢关窗离去，欧阳予倩只好掉头往回走。

李叔同在浙江第一师范任教时，宿舍门外有个信插。一天晚上，他已经睡下，学校的收发员跑来敲门，说有电报，李在屋里应道："把它搁在信插里。"第二天早上他才取看电报。事后有人问："打电报来必有急事，为什么不当时拆看？"他答："已经睡了，无论怎么紧急的事情，总归要明天才能办了，何必着急呢！"

《大公报》两大当家人——胡政之和张季鸾——工作上的配合天衣无缝，但性格迥异。据说胡工作之外不大合群，奉行独乐主义，更有人指其"孤僻成性，同人对之尊而不亲"。而张季鸾则与下属打成一片，"喜交游，善谈笑，爱热闹，嗜饮啖"。他一到，往往就宾客盈门。无应酬时，他愿意拉一二同人去吃小饭馆，闲暇时也时常约同好唱唱昆曲，是个不缺亲和力的总编辑。

何应钦生性懦弱，行事优柔寡断，缺少勇气、毅力和决断力。与此相应的是，他待人谦恭和蔼，少有恶言急色，对朋友极有礼貌，对学生和部属也从不摆架子。无论上班和开会，何一贯遵守时间，准点到，不缺席。但何也有手面不大的弱点，对部下往往有一钱如命的苛求。

刘峙接人待物好打哈哈，口齿笨拙，不善辞令，貌似忠厚实诚，实则内藏机谋，个性倔强，认准的事情绝不动摇。他常对人说："我刘经扶是大智若愚的人。"

宁汉合流后，被软禁于南京孔祥熙宅的胡汉民获释。他离开孔宅的当日，门前车水马龙，除蒋介石之外的几乎所有文武大员都来送行。胡由女儿木兰扶出大门时，众人排列两旁，纷纷向胡问好。胡不予理睬，旁若无人地直趋坐车，上车后抬眼看见囚禁期间负责他警卫事宜的一个工作人员，便又下车上前与之握手，连声道谢。

宋霭龄为人低调，平时深居简出，不爱抛头露面。但她有掌控局面的能耐，可以摆平蒋宋孔三大家族之间的摩擦和矛盾，连蒋介石遇事都让她三分。她称蒋介石为"介兄"，是蒋周围唯一一个不用"总裁"、"委员长"称呼他的人；在公众场合，蒋介石对她毕恭毕敬。

孔祥熙表面上嘻嘻哈哈、东拉西扯，对铭贤学校学生、山西同乡、旧日部属都视为亲信，给人以"厚道"和"怀旧"之感。

陈布雷为人质朴，待人宽厚，助人为乐。抛开职业和立场不论，他是个好人。

蒋介石平时不苟言笑，但也有例外。某次蒋的侍从室组长以上人员聚餐，蒋也加入，宋子安在座。席上宋子安说到一件关及卫生的话题时，蒋指着侍从医官吴麟孙开玩笑说："不卫生找他好了。"

方志敏在狱中给鲁迅写过一封密信，想请鲁迅托宋庆龄向蒋介石保释其出狱。这封信是通过胡风转给鲁迅的，胡风回忆说："鲁迅看了后，沉默了好一会，说，蒋介石是什么人？这绝对做不到。"

上世纪 20 年代，清华学生有"四子"之说，即子沅（朱湘）、子潜（孙大雨）、子离（饶孟侃）、子惠（杨世恩），四人同住西单梯子胡同的两间房内。"四子"中唯有子惠性情随和，与人无争；另外三个诗人的性格都属于急躁暴烈型。直到上世纪 80 年代，四人中硕果仅存的孙大雨提起朱湘以老大自居的态度对待他,仍不能释怀。

朱湘的朋友罗念生说:"朱湘性情倔强、暴烈、傲慢、孤僻,表面上冷若冰霜,内心里却热情似火。""他并不懂得人情世故,太相信别人,太诗人化了,所以他处处上当。"

上世纪30年代,一次学者熊十力与冯文炳因争论一个问题互相抬杠乃至扭打起来,熊十力声色俱厉地说:"我代表的是佛,你不同意便是反对佛!"

抗战期间,五战区豫西别廷芳部的民团曾建奇功。别廷芳目不识丁,为人清廉正直。豫西产西瓜,历年偷瓜者不绝,别廷芳便发布"偷瓜者死"的告示。一日,别的女婿途中口渴,就便在附近瓜田里拿个西瓜吃了。此事被别知道后,立即吩咐卫兵,推出枪毙。别的独生女抱住父亲大哭,替丈夫求情,说如果丈夫被杀,女儿终身靠谁呢?别把女儿推开说:"枪毙了他,有我养你一辈子!"

1943年秋,刘峙接替李宗仁任第五战区司令长官。李对刘的评价是:"身为大将而胆小如鼠。"据说刘夜里起来小便,竟然要两三个卫兵陪着。

熊十力性猖狂,曾说胡适的科学知识不如他,冯友兰不识字,金岳霖讲的是戏论。

曹礼吾和曹聚仁曾同在暨南大学任教,两人是朋友,却常被别人弄混。曹礼吾对曹聚仁说:"我的名片上要附刊一行字——并非曹聚仁。"曹聚仁说:"他性慢,我性急;他把世事看得很穿,我一天到晚要出主意,不肯安分;他衣履非常整洁,我十分不修边幅;然而我们非常相投，可以说是管鲍之交；用佛家的说法："这是缘吧！'"

马寅初一次去拜访黄侃，和他说起《说文》。黄很不客气地说："你还是去弄经济吧，小学谈何容易，说了你也不懂！"

抗战期间，一次黄琪翔请田汉吃饭，事先说好是一桌客人。届时田汉带着三十来人去赴宴，黄见状哈哈大笑："我事先就防了你这一手，恰好准备了三桌。"

胡汉民谈到孙科时说："因为他是中山先生之子，所以有革命脾气；因为他在外国长大，所以有洋人脾气；因为他是独子，所以有大少爷脾气。他有时只发一种脾气，有时两种一同发，有时三种一起发。"

邓散木腕力极强。他年轻时，一次去酒馆，跑堂的见他不像是有钱人，就把他晒在一边，专心去侍奉几个纨绔子弟。邓也没说什么，向店里要了几个核桃，放在桌子上，右手掌一运力，核桃应声而碎。店家及邻座都大吃一惊，以为遇上"绿林"高手了，赶紧过来招待。

邓散木家里挂着这样一张《款客约言》："去不送，来不迎；烟自爇，茶自斟。寒暄款曲非其伦，去、去，幸勿污吾茵。"他当年的结婚请柬也别具一格："我们现在定于中华民国十五年（1926）四月十八日——星期日——下午三点钟在南离公学举行结婚仪式，所有繁文俗礼，一概取消，只备茶点，不设酒筵。到那时请驾临参观指教，并请不要照那些可笑而无谓的俗例送什么贺礼；倘蒙先生发表些意见，和指导我们如何向社会的进取途径上前趋，那便是我们比较贺礼要感谢到千万倍的。"

孔祥熙曾请潘光旦调查其家谱，以证明他是孔子之后，潘一口回绝,说:"山西没有一家是孔子之后。"

丰子恺一向蔑视权贵。住在缘缘堂时,家乡的县长慕名求见,事先带话来,丰便在门上贴上"谢客"两字。抗战期间,丰住在贵州遵义,当地豪绅罗某几次上门求画,都被挡了回去,某日罗突然袭击,丰正吃午饭,不及回避,只得倒了杯清茶,敷衍了几句,即起身进卧室了。抗战胜利后,孔祥熙想出高价买丰子恺的西湖套画,杭州市长也曾亲自到家中求画,都被丰拒绝。

王云五说:高(梦旦)先生是一个老少年。

叶公超说:"他(徐志摩)对于任何人、任何事,从未有过绝对的怨恨,甚至于无意中都没有表示过一些憎嫉的神气。"

巴金告诉沈从文,他不喜欢在公众场合讲话。沈从文便说起,他第一次上中国公学的讲台,教室里坐满了学生,他骤然感到那么多年轻的眼睛盯着自己,立时涨红了脸,一句话也说不出来,只好在黑板上写了五个字:"请等五分钟。"而当时是中国公学学生的罗尔纲的回忆则是另一个版本:"沈从文只读过小学,是胡适把他安排上大学讲座的。选他课的约有二十多人,但当他第一天上课时,教室却坐满人,他在讲坛上站了十多分钟,说不出话来。突然他惊叫了一声说:'我见你们人多,要哭了!'"

抗战期间,当年上海滩的两个大佬虞洽卿和王晓籁常往返于重庆和昆明之间。两人行事风格迥异。虞洽卿到昆明都借宿友人家,友人嗜烟,不及招待,早饭由虞自理。虞洽卿每天只花一毛钱买四个小馒头,后物价上涨,馒头变成三分一个,有人戏问虞洽卿如何应付,他答:"我改吃三个,反而可省钱一分。"一女戏子曾随虞洽卿从重庆到昆明，有人问她，虞是阔人，路上用什么招待呀？她答：至多吃到蛋炒饭，这就算最丰盛的了。王晓籁则是另一路，每天牛奶面包，听任物价上涨，从不更改。

傅雷多才多艺但性格暴烈急躁，楼适夷说："我亲眼看见他抓住孩子的头发，提着小脑袋往墙上去撞，好像立时三刻要把孩子处死的神情。"抗战结束后，昆明一家美术学校请傅雷去当教授，傅雷便从上海起兵发马、捆载而去，一路跋山涉水。到昆明的当天，即去参加一个讨论教学计划的会议，因一言不合，他马上扛起尚未打开的行李，回了上海。

林语堂用英文写成《吾国吾民》，并在美国成为畅销书后，决意赴美从事英文写作。这是30年代中期的事情。当时林在上海已经住进花园洋房，过着舒适惬意的生活。但主意一定，便可弃这些如敝屣，可见林为人的有决断。

周扶九本是江西盐商，发迹后在上海置有大量地皮房产，成为巨富。周为省钱，外出从不乘车。有一晚，周从外面提着灯笼回家，见前面一顶轿子前后都挂着玻璃灯，便尾随其后，吹灭手中灯笼里的蜡烛。一直走到家门口，周正为省下的半截蜡烛窃喜时，定睛一看，从轿子上下来的，却是他家的媳妇，周气急之下，差点背过去。

郑超麟早年曾与瞿秋白同事。他晚年回忆说："我佩服瞿秋白的多才多艺，如鲁迅说的。他政治上很敏感，工作努力，但性格根本上是软弱的。杨之华一次告诉我，她某日与秋白同坐电车，车上一个人瞪目对着秋白看，秋白当时吓得面如土色。"

抗战时期，傅斯年常在国民参政会上"放炮"，蒋介石私下请傅斯年吃饭，说："你既然信任我，那么就应该信任我所任用的人。"傅斯年答："委员长我是信任的，至于说因为信任你也就应该信任你所信任的人，那么，砍掉我的脑袋我也不能这样说。"

梅贻琦长期担任清华大学校长。作为一校之长，他平时话不多，很少当众断言拍板。有学生针对其性格写打油诗云："大概或者也许是，不过我们不敢说，可是学校总认为，恐怕仿佛不见得。"

西南联大毕业生何兆武回忆："大凡在危急的情况下，很能看出一个人的性格。比如梅（贻琦）校长，那时候五十好几了，可是极有绅士风度，平时总穿得很整齐，永远拿一把张伯伦式的弯把雨伞，走起路来非常稳重，甚至于跑着警报的时候，周围人群乱哄哄，他还是不失仪容，安步当车慢慢地走，同时疏导学生。可是吴晗不这样，有一次拉紧急警报，我看见他连滚带爬地在山坡上跑，一副惊慌失措的样子，面色都变了。"

傅斯年动辄发怒，但只对事不对人，事后又常常后悔。有个工友开玩笑说：希望傅斯年向他发脾气。因为傅上午发脾气，下午某杂志送来稿费，他便一股脑地送给了工友。

1929年，学者刘文典时任安徽大学校长。蒋介石一次到安庆召见刘，要他提供学校里共产党员名单。刘文典说："我只知道教书，不知道谁是共产党。"蒋介石说："你这校长是怎么当的，不把你这学阀撤掉，就对不起总理在天之灵！"刘针锋相对："提起总理，我跟他在东京闹革命时，还不晓得你的名字哩！"

林语堂点评《语丝》诸同仁道："达夫潇洒，伏老（孙伏园）静逸，玄同红脸，半农矫健。""玄同守活鳏，永住孔德学校，不回家，此人实在神经。"

罗尔纲在北大工作时,曾有一些学校想把他挖走,胡适对他说:"你到别个机关去,恐怕人家很难赏识你。"罗后来反省这句话:"好似暮鼓晨钟一般警告我。我这个人,性鲁行方,不会应付人事,不是适之师,谁能同他这样爱护我,体谅我,宽恕我,弃我之短而录我之长呢?"

胡适辞去中国公学校长后,对继任者马君武有一番评说:"马先生是孙中山同盟会的秘书长,地位很高。只是脾气不好,一言不合,就用鞋底打宋教仁的巴掌。他不肯信任人,事事要自己抓,连倒痰盂也不放心,要去看过。不肯信任人,人便不敢负责;事事自己去抓,便行不通。"

徐悲鸿从欧洲回国后,1927年携妻儿回了一趟宜兴老家。徐母大有儿子"衣锦还乡"之喜,摆了好几桌。当日下午两点来钟,大家刚吃完饭,正围坐叙谈家常,突然传来几声枪响和"强盗来啦!"的喊声。徐家一片惊慌,一家人相互照应着逃到屋后的草堆里,唯独不见徐悲鸿的人影。土匪散后,蒋碧薇正着急担心时,只见徐悲鸿进了院子,头发和衣服上粘着许多谷粒。原来徐悲鸿反应极灵,"枪声一响,他跳起来就跑,自家一个人跑到屋后谷仓,打破了气窗的木条,钻进去躲在谷子堆里。"

蒋吟秋与周瘦鹃、范烟桥、程小青并称"吴中四老"。郑逸梅说:"吟秋待人接物,彬彬有礼,出言吐语,不卑不亢,且庄中有谐,直中有婉,任你满怀的不快乐,愁眉苦脸,和他一谈,不自觉地心境舒适,如坐春风。他虽和人绝交,也不出恶声。在家中与子女相处,从无疾言厉色。"

黄炎培曾以"外圆内方"自诩,梁漱溟则称其"外圆内也圆"。

吴湖帆爆得大名后,求画者纷至沓来,以致画债累累,难以清偿,但他并不为此所累,仍客来时谈笑终日,客去后自摆棋谱。有人劝他,如此浪费时间,不是很可惜嘛!何不多画一些?吴答:"人还是人,不能和机器等量齐观。"

沈心海人如其名,心静如水,心宽如海。处境无论顺逆得失,都漠然不很关心,随遇而安罢了。

莎剧的译者朱生豪不仅英文厉害,还精通诗词,被词学名家夏承焘誉为东坡后第一人。朱是典型的书呆子,性情孤僻,对应付人际关系一窍不通。他从学校毕业后,入世界书局当编辑,曾致总编辑一函,上来就称其为"仁兄",传为笑柄。

韩国钧(紫石)任江苏省长时,一次请萧俊贤画一立轴,嘱手下要萧题紫老上款,萧听后对韩派来办事的属下说:"彼老,予亦老矣!我固不知孰老也?署紫石先生可耳,何喋喋之甚也!"

黄侃任中央大学教授时,学校规定师生出入校门要佩戴校徽。黄侃对此置若罔闻,一次被门卫拦住,要看他的名片,黄说:"我本人就是名片,你把我拿去吧。"直至把校长叫出来调解、道歉,才算了事。

李健吾说:林徽因"缺乏妇女的幽娴的品德。她对于任何问题(都)感到兴趣,特别是文学和艺术,具有本能的、直接的感悟。生长富贵,命运坎坷,修养让她把热情藏在里面,热情却是她生活的支柱。喜好和人辩论——因为她热爱真理,但是孤独、寂寞、抑郁,永远用诗句表达她的哀愁"。

11. 起居

袁世凯每天凌晨5点起床，先入办公室批阅文件，然后喝茶及牛肉汁、鸡汁。7点进早餐，通常是包子和鸡丝面。10点进鹿茸一盖碗。11点进人参一杯。12点吃午饭，食谱上常有清蒸鸭子，入冬后几乎每天必吃。下午吃一次西点，并服用自制活络丹、海狗肾。晚7点进晚餐。袁世凯的一天，除正事外，可谓是在大补中度过的。滋补过度，使他强壮身体的梦想最终化为泡影，并且适得其反，仅活了57岁。

袁世凯当政时，徐世昌曾为国务卿。后袁图谋称帝，徐即辞职还乡，隐居于河南辉县老家。

徐世昌的退隐生活大体是这样的：除原配席夫人外，他还有五个姨太太，此时各司其职。徐的一日三餐由大姨太太监制，五姨太太伺候。他每天黎明即起，洗漱后用早餐。饭后由四姨太太陪着在花园闲逛一圈，再入屋睡两小时的回笼觉。徐白天则靠吟诗、写字、画画打发时间，五姨太太为他磨墨铺纸，据说耳濡目染，后来也能涂抹几笔。当时有人说，徐的字不如诗，诗不如画，因而画兴最浓。徐每顿饭由五姨太太陪着吃，席夫人和另几个姨太太一起吃；晚上睡觉则由席夫人照料。徐世昌的卧室有两个铺位，一个是徐本人的，另一个就是席夫人的。这都是席夫人一手所为，但长此以往，也不免让另几个姨太太对其心存恶意。

段祺瑞每天的生活，离不开念经（佛经），午睡，下围棋，打麻将。即便是在他当权的日子，甚而大事频发的当口，也天天如此，以致不少军政要务，不得不假手于人。

吴鼎昌生活很有规律。他任贵州省主席时，无论公务如何繁忙，除特殊情况外，一般节假日、下班后不会客，不谈公事，在家享受天伦之乐。下属也都清楚他的这个习惯，不到家中打搅。逢假日或周末，吴常携妻子去贵阳南郊的花溪风景区度假，在那里读书写作赏景，过闲适清静的家庭生活。其作品《花溪闲事》，即是那几年利用周末和节假日在花溪写成的。

顾维钧每晚11点入寝，第二天上午10点起床，一天近一半的时间是在睡觉。顾是外交家兼政客，大半生满世界奔波，生活并无规律可言，却能享高寿，活了98岁，这多少得益于他良好的睡眠。顾维钧曾说："有人把睡和醒截然分开，认为'醒'才是人生，睡着了浑浑噩噩南柯一梦，属于非人生。这实在是不确切。'睡'也是一种重要的人生，我这一生就非常注意睡。要保证醒时的理性和工作效率，'睡'可以算得上是人生第一要务。"

《金粉世家》、《啼笑因缘》等作品问世后，张恨水爆得大名，囊中渐鼓。他在北平租了一个大宅子，院里种了不少花木，颇为幽静。但他并未从此歇手赋闲，反而更忙了。

这段时间，张恨水同时给六七家报刊写稿，每天闭门创作。一般是从早上9点一直写到晚上六七点钟，然后搁笔吃晚饭。饭后略事休息，再接着写到半夜12点。登床后，还得看书"加油"一两小时。

张大千的子女回忆说：父亲一生不喝酒，不吸烟，不玩牌。善饮食，爱步行，记忆力超强，长年无休息日，每天工作八小时以上。

上世纪20年代，陕西盐商吴怀琛在上海当寓公，他每日鸡鸣时入睡，下午四五点钟起床。其他时间则大多沉湎于烟榻上。

刘淑静是河北大名人，后入山东曹县"圣家会"修女院。她晚年曾述及"修女的一天"——清苦、单调、有规律、受禁锢：早5点前起床，半小时后一起进堂念经，接着是30分钟的默想，题目出自《默想全书》。然后是望"弥撒"，领"圣体"。8点吃早饭，12点吃午饭，下午6点吃晚饭。早、午饭后，大家各自做活，没一个闲着的。晚饭后有半小时休息，修女们把这段时间称为"散心"，大伙可以自由交谈，但绝不能高声喧哗。然后，又是集体回教堂"念晚课"。30分钟后，开始集体唱圣歌，赞美耶稣和圣母。晚9点半回宿舍休息。当年修女都住集体宿舍，虽说是紧挨在一起睡，也不能随便交谈。

黎元洪第一次下野后，隐退于天津德租界。他每天清晨起床后，必骑着一匹大洋马到海河边"驰骋"一番。

民国初年，第一家庭人丁兴旺——袁世凯有众多妻妾和子女。北京之外，袁在天津也有数处宅子。英租界小白楼袁公馆内有楼房数百间，袁去世后，他的家眷多居于此。那时，袁家抽鸦片的人占了半数。家里厨房的灶火日夜不息，下午三点钟以后哪位起来，就哪时开饭，陆续不断。四点以后，西餐馆的茶役便推车带着各种点心、小吃和荤素菜来袁公馆兜售，生意自然不错。每日三餐，照例准时开饭，但袁家人很少来吃，男女仆人则尽可享用。袁公馆的太太、少爷、小姐们，饭后有抽大烟的，有打麻将的。晚九点左右，又分别去妓院、戏院、舞场等娱乐场所。夜12点仍常在法租界的北安利、显记、紫竹林等南方饭馆吃夜宵。一般玩到后半夜两三点钟才陆续回家睡觉。袁家的人每天出入家门，衣帽鞋袜都是男女仆人给穿戴摘脱，他们仅抬抬胳膊伸伸腿。少爷小姐每人有一个五屉柜盛化妆品。香水的瓶子有伞式的，有人形的、兽形的、虫形的和飞禽形的，千奇百怪，以法国货居多。

齐白石生活极有规律。晚年黎明即起，到菜园浇水。上午绘画。午睡一小时。起床后接着画。一天画三四幅，不论大小。他的画案上放着一副哑铃，休息时用它练手劲，故腕力至死不衰。黄昏后不再工作，数十年如一日。

五四运动前，曹汝霖身兼北京政府交通总长、财政总长和交通银行总理等数个要职。他每天上午上班，先到交通部，再到财政部，中午下班回家吃饭。一周去一两次交通银行。曹是上海人，本来生得眉清目秀。他因兼职过多，每天车来车去的，有一回在赵堂子胡同和另一个总长李士伟的车撞上了，致其破相，脸上落下疤痕。

胡汉民曾自述他任立法院长期间的日常起居："每晚9时半洗澡，10时睡，早晨3时半起床，作小运动，进早餐。5时办公看书，重要宾客往往在这时延见，8时后出席会议，到党部、国府或立法院批阅文件。"

宋美龄成为第一夫人后，日常作息忙而不乱。她有阅读习惯，每天早晨读各种报刊，当中不少是从国外寄来的刊物。宋平时喜欢看历史及传记类的书。午休时间，由内务人员放留声机，唱片都是小提琴独奏曲，没有歌曲，也没有大型交响乐。所有唱片都由宋美龄选好，放在盒内,留声机在卧室外,午休后宋开门时便停止播放。

蒋介石在广州时,每天起床后都闭目凝神,两手放在膝盖上,打坐一刻钟。他亲自制订的《每日作息时间表》上,称此为"修身"。

鲁迅执教厦门大学时,致信许广平:"我到邮政代办处的路,大约有八十步,再加八十步,才到便所,所以我一天总要走过三四回,因为我须去小解,而它就在中途,只要伸首一窥,毫不费事。天一黑,我就不到那里去了,就在楼下的草地上了事。此地的生活法,就是如此散漫……"后来,鲁迅连在"草地上了事"也免了,他在写给许广平的另一封信中说:"但到天暗,我便不到草地上走,连夜间小解也不下楼去了,就用瓷的唾壶装着,看夜半无人时,即从窗口泼下去。这虽然近于无赖,但学校的设备如此不完全,我也只能如此。"

抗战期间,老舍一度住在重庆北碚。他每天早晨打太极拳。上午写作,写一阵玩一阵,拿扑克牌玩过五关,有时也用骨牌拿一百开。玩一阵再写一阵。午饭后睡一小时午觉。下午和晚上看书会友,很少写作。

七君子被捕后,关在苏州高等法院看守分所,日子并不难熬。他们早上七八点起床,洗漱后围着屋前的天井跑圈。李公朴能跑50圈,章乃器跑25圈,王造时和邹韬奋跑20圈,沙千里跑17圈,沈钧儒年纪最大,也能跑七八圈。跑完步,沈钧儒打太极拳,章乃器打形意拳,其他人做体操。早饭后,各自进入工作状态。王造时译书,章乃器和邹韬奋写文,沈钧儒和李公朴写字,沙千里学日语。午饭后,略休息,继续工作。晚饭后,有的看书,有的下棋,有的闲谈。监舍里还不时传出欢笑声。

1914年,张元济迁居极司菲尔路后,每天天不亮就起身,先在盥洗室煤气灶上烧一壶水洗脸。洗漱完毕，便开始工作，打开电灯，伏在桌上批阅公文，写信，查资料。天亮后熄灯、开百叶窗，继续工作。七点半吃早饭，一大碗肉面，撒上些葱花。饭后收拾公文包，出门乘马车上班。临走要带上两份当天的报纸，在路上看。

杨虎城1930年任陕西省主席。他每天早晨起床后，先到新城操场观操，后到新城大楼办公，听秘书念电报、阅报并把要处理的事情告诉秘书，然后到会客室接见访客。来人提出的问题随时处理。11点开午饭，如来客未谈完，就一起吃饭，边吃边谈。伙食一般为米汤、馍，四个菜：两荤两素，冬天再加个火锅。饭后外出，巡视工厂、学校、医院等地，有时也去看文物古迹。晚饭或去友人家吃，或邀友人来家吃，多是面食。晚上会客，与友人、学者、部属、官僚政客等闲聊，所谈海阔天空，事不分大小。

书法家邓散木42岁时曾在日记里记下这样一个"自课"："上午：六时临池，七时作书，九时治印，十一时读书。下午：一时治印，三时著述，七时进酒，九时读书。星六星期（日）下午闲散会客，工作时间恕不见客。"邓好酒，因而在他的工作时间表上，把喝酒也算了进去。

张季鸾主持《大公报》时，每天下午到报馆，一般是会客或去看昆曲。晚上，在重要新闻已大体明了后，才撰写或修改社评。

熊十力每天清晨4点起床，即开始读书写作，中午不休息，仅闭目静坐片刻。他的书桌贴着一张字条："说话勿超过三分钟。"

刘云若当年是和张恨水齐名的小说家。他每天有大部分时间流连于天津的小烟馆里，过足了烟瘾后，便起身要一张手纸，就着烟灯用蝇头小楷开写。报馆派人在烟馆坐等索稿，他写完一张，便交给报馆的人，拿回去排出，总是恰好排满预留的位置。

萧红在《回忆鲁迅先生》一文中述及鲁迅晚年的一天："鲁迅先生从下午两三点钟起就陪客人，陪到五点钟，陪到六点钟，客人若在家吃饭，吃过饭又必要在一起喝茶，或者刚刚喝完茶走了，或者还没走就又来了客人，于是又陪下去，陪到八点钟，十点钟，常常陪到十二点钟，从下午两三点钟起，陪到夜里十二点，这么长的时间，鲁迅先生都是坐在藤躺椅上，不断的吸着烟。客人一走，已经是下半夜了，本来已经是睡觉的时候了，可是鲁迅先生正要开始工作。在工作之前，他稍微阖一阖眼睛，燃起一支烟来，躺在床边上，这一支烟还没有吸完，许先生差不多就在床边睡着了。海婴这时也在三楼和保姆一道睡着了。全楼都静下去，窗外也是一点声音没有了，鲁迅先生站起来，坐到书桌边，在那绿色的台灯下开始写文章了……人家都起来了，鲁迅先生才睡下。"

郑孝胥当年寓居上海时，每天黎明即起，以"夜起翁"自号。起后在园内略事散步，便入室临池。不久便宾客纷至沓来。

上世纪30年代，胡适任北京大学文学院长时，每天7点起床，7点40分去北京大学上班。中午回家吃饭。下午1点40分去中华教育基金董事会上班。晚餐在外面吃。11点回家。到家后即入书房写作读书，至次日凌晨两点才睡觉。胡适每晚睡五个小时，午睡一小时。他说："每天一定要睡八小时，那是迷信。拿破仑每天只睡六小时。"胡适的星期天上午8点到12点在家接待客人，下午不会客，在家工作，晚餐同样在外面吃，11点回家。

1929年，鲁迅说："仰卧——抽烟——写文章，确是我每天事情中的三桩事。"

学者陈序经长年在南开等高校任教，还兼管校务。他每天凌晨4点起床写作，天亮后夹着公文包上班。他的大量著述，都是利用天亮前这个时间段完成的。

民国前期，清华对学生的作息时间有严格要求。1927年4月的一期《清华周刊》对此有详细介绍。学生每天7点起床，7点半早餐，8点上第一节课。上午4节课，课间休息10分钟，9点55分做柔软体操。12点午餐。饭后一般在图书馆阅报。下午1点至4点上课。4点一到，吹喇叭五声（后改为敲钟八响），图书馆和宿舍一律关闭，学生必须到操场或体育馆进行"强迫运动"，完毕后洗浴，进晚餐。晚饭后自由活动。晚7点半至10点半自修。10点50分打钟就寝，11点熄灯。

画家汤定之居上海时，每天6点起床，洗漱、吃早饭后，开始创作。12点进午餐，饭后小睡，午休后不再作画而是看画，自谓："午后的观画，即明日午前作画的良好准备。"然后出门访友，或到南京路新雅茶室品茗。新雅茶室乃文人聚集之地，每日朋好满座，不必预约。中外古今上下，一直聊到夕阳西下方归。有时候买些新雅的叉烧包带回家。晚9点准时上床就寝。汤居北京时，也保持这样一种起居状态，只是下午品茗处由新雅茶室改成中山公园或北海公园。

画家沈心海从不睡懒觉，每天清晨即起，赏玩花木一两小时，而后进餐治事。黄昏后从不动笔。郑逸梅说："他的行径，恰和卫生之道，不谋而合的。"

12．习惯

明星影片公司老板张石川给人的印象是"鼻子灵，手脚快，口若悬河，能把死人说活"，他有时讲电影故事，能把一群和拍戏不相干的人吸引来"听总经理说书"。而一回家，他即换了一个人。其妻子回忆说，张石川不好人情往来，受不了悠闲，反对消遣，不会休息，他的时间都被商品化了，除了拍戏，还是拍戏。到家后，不是床上一躺，就是马桶上一坐，看蝴蝶鸳鸯派的小说，其实也不是消遣，而是从中找素材编剧本。说张石川是一台制造电影的机器，似也不为过。

闻一多留下的照片中，不少是抽烟进行时拍的，可见其烟瘾之大。给人印象最深的应该是他任西南联大教授时，嘴含烟斗在石林的留影，这张照片后来成为不少画匠的"模特"。闻一多任教青岛大学时，总是抽当地产的红锡包牌香烟。

载漪平时不穿洋布，不点洋蜡，不用洋纽子。只要是沾上"洋"字的东西，他都不分青红皂白地一律抵制。民国以后，他从西北回北京，路过兰州时，甘肃督军张广建在省公署设宴款待，并邀请各厅局长作陪。张不明载漪的底细，出于对端王的盛情加讨好，这顿饭安排为西餐。载漪入席后,发现长条桌上铺着白色桌布,摆着一份一份的刀叉,顿显不悦。他对张广建说,吃洋饭我不习惯。张以为载漪是不习惯使用刀叉,便把载漪请到旁边,自己坐在客人席上,亲自为载漪切菜。载漪碍于面子,很不情愿地吃了这顿饭。

阎锡山每次理发,都令其警卫持枪对准理发师的太阳穴,以防自己被行刺。

宋美龄有洁癖,日常生活中离不开蒸馏水和矿泉水。在庐山时,也要人从山下捎上去蒸馏水。她还曾把维琪牌瓶装矿泉水犒赏给侍从室的高级职员。

蒋介石有记日记的习惯,从不间断。在广州时,无论多忙,他睡前都要把日记写好。他请了几个有文字根底且书法不错的老夫子帮他抄写日记,去哪儿都带着他们。

翻译家耿济之不嗜烟酒,不染恶习,却有两个"怪习":写作时,左手手指总是有节奏地敲着桌子;思考时,总是把上嘴唇翻到鼻尖,把笔夹在当中。

收藏家陈梦家很有生活情调,但不喜欢种花,不喜欢照相,不喜欢听音乐。

国民政府主席林森去世后,有传吴稚晖将继任,吴说:"不可以,千千万万不可以。我有一个怪癖,每天要到野外旷地上去拉屎,你们想,那成什么体统,岂有一国元首,会像我那样的?"

丰子恺自称平时生活离不开这几样东西:一毛大洋一两的茶叶,

听头大美丽香烟,有人供给开水的热水壶,随手可取的牙签,适体的藤椅,光度恰好的小窗。

苏州当年多家茶馆有固定的茶客,据说有人从十几岁起开始泡茶馆,一直泡到六七十岁甚至更老时死去。他们每天跟上班一样,按点到,坐同一个位子。甚至有人还立下遗嘱,死后子承父业,儿子要继续天天坐在他的遗座上喝茶。

尚小云逢演出时必得喝滚烫的茶水。据说他从来不怕烫,能用刚开的水漱口。刚沏的茶,他张口就喝。唱戏时,他的茶壶有专人管着,任何人不许动。如果下了场没有滚烫的茶水喝,他多半要大发雷霆。

浦江清任教清华时,每晚上床后,"例须读书一二小时",而清华是到点熄灯,浦便秉烛夜读。一日蜡烛用毕,浦差校工去买洋蜡,谁知误买了卷烟,致浦"是晚苦极,辗转不能睡熟"。

战后胡适任北大校长时,家在东厂胡同。他每天坐一辆黑色雪佛兰轿车上班,车里总是放上许多线装书。到松公府夹道北大办公楼门前下车,胡适便抱着一摞书进办公室,下班又抱着一摞书出来,天天如此,从不拎皮包。

刘文辉虽有大烟瘾,却未受大烟所累。他每天黎明即起,四季不变。即便吸大烟时,也总是一边抽一边看报纸,成为习惯。

胡适有记日记的习惯。他把日记写在专门定制的稿纸上,一张十行,每行25字,边宽格大。胡适写日记与众不同,除了记人记事,还剪贴当日的报纸,故篇幅惊人。胡适的酬酢之事几乎天天不落。他居上海时,某日罗隆基、徐志摩、梁实秋同去其极司菲尔路寓所,适其待客，三人便在书房等候。徐志摩挑头，偷看起胡适的日记，胡饮宴时罗列的名字中时有三人出现，罗隆基说："得附骥尾，亦可以不朽矣！"

鲁迅烟瘾极大。在浙江两级师范教书时，抽强盗牌；到北京后，抽哈德门牌，都不是什么高档烟。鲁迅当众吸烟时，动作也与众不同，不是先把烟盒掏出来，抽出一根叨嘴上点燃，而是把手伸进衣内口袋里，直接摸出一根烟来。

高长虹回忆说："烟、酒、茶三种习惯，鲁迅都有，而且很深。到鲁迅那里的朋友，一去就会碰见一只盖碗茶的。我同培良，那时也正是最喜欢喝酒的时候，所以在他那里喝酒，是很寻常的事。有时候也土耳其牌、埃及牌地买起很阔的金嘴香烟来。劝他买便宜的国产香烟，他说：'还不差乎这一点！'"

1933年2月4日，茅盾带着一本刚刚出版的《子夜》偕妻儿去鲁迅家。当时茅盾还不习惯签名送书，鲁迅则有收藏签名本的习惯。鲁迅翻开《子夜》的扉页一看，是空白，就把茅盾拉到书桌旁，打开砚台，递过毛笔。茅盾说，这一本是给您随便翻翻的，请提意见。鲁迅说，不，这一本我是要保存的，不看的，我要看，另外再去买一本。鲁迅还请茅盾参观了他专门收藏作者赠书的书柜，其中有些书还精心包上了书皮。自此以后，茅盾以作者身份送书，便都签上名字。

叶楚伧好酒，编《国民日报》时，习惯于边喝高粱酒，边嚼花生米，边写评论。

林语堂自称除了睡觉，无时无刻不在抽烟，所有文章都是尼古丁构成的。

潘光旦出门时总拎着一个黄色的旧皮包。他不抽纸烟，只抽烟斗。他与不少文人一样，有翻用旧信封的习惯。

鲁迅常衣冠不整，给人不修边幅的感觉，但与此形成反差的是，他身边随时使用的文具和书籍等，却一向规矩整齐，一尘不染。许广平说："如书籍龌龊了，急起来他会把衣袖去揩拭，手不干净，也一定洗好手才翻看。书架的书，是非常之整齐，一切的文具用品，是经他手的，都有一定的位置，不许乱放。他常说：'东西要有一定的位置，拿起来便当，譬如医药瓶子，换了地方，药剂师是会犯配错药的危险的。'"

鲁迅和许多文人一样，有把旧信封拆开翻转再利用的习惯，他甚至还用牛皮纸自制信封。据许广平回忆，鲁迅做的信封"非常之整齐匀称，绝不歪斜，大小异形，用一定的方法、技巧，纯熟而又敏捷。"鲁迅对废纸等的利用十分在行，许广平说："每于包裹的东西拆开之后，不但纸张摊平，放好，留待应用，而且更把绳子卷好，集在一起，预备要用的时候，可以选择其长短粗细，适当地用。"

鲁迅惯于喝浓茶，许广平回忆，鲁迅在北京时，"独用一只有盖的旧式茶杯，每饮一次泡一次。"鲁迅抽烟也是一根接一根，在北京时，不大用火柴，而是用烟头点下一根烟，那时也不用烟缸，满地都是烟头。许广平说："一天过了，察看着地下烟灰、烟尾巴的多少，就可以窥测他上一天在家的时候多呢，还是出外。"

赵健臣在上海当庄客时，有一次和汤百万走在大街上，赵要叫黄包车，被汤拦住，汤说："这样好的柏油马路都不走，太可惜了！"还说："有钱不用，就容易找钱。"赵后来牢记这些话，终成亿万富翁。他曾回忆说："我在上海当庄客，每月只规定零用其钱五元。为了躲避朋友的邀约，晚饭后我就上街去溜马路，常独自一人到'大世界'去玩，因为只花二角钱的门票，既可吃茶又得看戏，甚为划算。"

云南出茶叶。当年西南联大有个姓陆的同学，泡茶馆是出了名的。某一时期，他的盥洗用具就放在茶馆里，每天起床后就到茶馆洗漱，然后泡一杯茶，吃两个烧饼，看书。一直到中午，起身出去吃午饭。饭后回来又是一杯茶，直到吃晚饭。晚饭后，又是一杯，直到灯火阑珊时，才挟着一本书回宿舍睡觉。

画家汤定之吸烟但不吸纸烟。他在家吸水烟，外出吸雪茄。

画家颜文樑有恋旧的习性。他年轻时外出写生放画具的竹筐，直至去世还留在家里。他的父亲去世前一天，曾给他一个苹果，他没吃，日久成灰，颜文樑便用一个玻璃器皿将苹果收藏起来，留作纪念。

报人钱莘尘居上海凤阳路，他有个习惯，有客人来访，不用茶水而用糖招待；他的另一个习惯是和客人谈话时，让两只猫依偎在身边，边抚摸边聊天。

南开的创办者严范孙每天都展看家里的山水画，有人问其何故，他答："此身虽在尘嚣，此心却不可不置诸秀峦清涧之间。秀峦清涧不可得，其惟于丹青尺幅中求之。所谓慰情聊胜于无也。"

名士马一浮平时生活有"一上一下"的习惯。一上，指应邀赴宴时，必凌踞上席而坐，虽达官豪客也不客气；一下，指友人请他题诗写文，甘愿殿后，从不以名家身价与人计较高低。

汪曾祺有随意翻书的习惯，这是在西南联大读书时养成的。他晚年回忆说:"我不好好上课,书倒真也读了一些。中文系办公室有一个小图书馆,通称系图书馆。我和另外一两个同学每天晚上到系图书馆看书。系办公室的钥匙就由我们拿着,随时可以进去……有的同学看书是有目的有系统的。一个姓范的同学每天摘抄《太平御览》。我则是从心所欲,随便瞎看。我这种乱七八糟看书的习惯一直保持到现在。我觉得这个习惯挺好。"

13．聚会

瑞蚨祥老板孟觐侯是山东人，张宗昌督鲁时，孟回乡扫墓，曾受到张"专列"加八名士兵随车护卫的"礼遇"。后来张宗昌到北京，孟觐侯投桃报李，在织公会所盛宴招待，请来杨小楼、梅兰芳等名角唱堂会，请来潘复、江朝宗等头面人物当陪客。这场宴席所费据说不下于一般中人之产，并且筹备经月才张罗起来。而张宗昌也只是"听一曲好戏，吃几箸名菜"，便匆匆离去。

1929年秋冬之交，卢作孚在重庆北碚峡防局内招集一次盛大的聚餐会。来赴宴的多是一些当地名流，所谓"有教养的小布尔乔亚"一类人士，饭菜也相当讲究。但吃法很特别。餐厅不设座椅，来宾都站在桌边，自卢作孚起，一举筷子，大家都牢守"食不语"的教条，只听一阵稀里哗啦声，不到十分钟，这顿盛大的聚餐会便告结束。事后有人诧异地问卢作孚，何以把聚餐当成了打仗？卢答：人要紧张地工作，一顿饭慢慢条斯理地吃，实无道理可说，徒以养成松懈的习惯，故不能不改革之。

军阀陈调元军权旁落后，出任南京政府军事参议院院长。他每天必备一桌酒席，招待赋闲在家的旧日袍泽和幕僚。抗战期间，他在重庆依然如此。陈的妻子让厨房每天另给他准备一份好菜，陈必端出与客同享，绝不独吞。后来，物价日涨，客人便劝他到后面自吃，不必出来招待。陈之念旧，于此可见一斑。

1926年，吴醒汉在上海法租界环龙路铭德里一号寓所组织了一个辛亥革命同志俱乐部，常在这里聚会。一次宴会，借宿吴家的马毓英发现，来客多西装笔挺，穿戴齐整，唯有晚到的居正衣衫褴褛，貌似一村夫。这装束令马顿生敬意，席散后，他对吴说："居正真不愧为革命的元老，生活如此艰苦朴素。"吴听了一笑："觉生（居正号）是最会装穷的，别信他那一套。你不信，看他在吴淞所修建的房子，多么舒适。孙先生给他的革命活动费和革命烈士的抚恤费，他都克扣了，用来修自己的房子。"

抗战期间，傅雷蛰居上海，曾与十余友人组织两周一次的茶话会。参与者均为知识界人士，有钱锺书夫妇、李平心、陈西禾、周梦白等。大家轮流作文化或科学方面的专题讲座，同时议论时局。傅雷本人讲过法国文学；朱滨生医生讲过普希金枪伤可否治愈的问题；宋奇讲过英国诗歌中的布谷鸟问题；雷垣讲过相对论入门问题；沈知白讲过民族音乐现代化问题；周煦良讲过红学研究；伍子昂讲的是近代建筑……

齐协民是报人出身的政客，抗战期间寓居天津法租界，与"天津一班所谓退隐士绅、下野军阀、闻人后裔和银行巨子等，酒食征逐，消磨岁月"。他们组织了一个"二五聚餐会"（每星期二、五聚会），轮流在自家坐东。

天津行商分所成立于民国初年，由一些强势而闲在的买办组成。加入这个组织必须具备两个条件：一、非暴发户；二、个人资产在百万以上。分所所址设在当年日租界和中国地界接壤处，属于"三不管"地带，便于成员吃喝嫖赌抽。分所成员大约有五十来人，每天傍晚6点左右到"所"聚会，消遣作乐。

行商分所不设账房，负责人名于老八，另有十余员工。所内赌博不用现款，由于老八代为记账，事后清算。分所内备有中西餐及点心部，名酒菜肴应有尽有。如逢某人遇喜庆事，就叫义和成、聚和成、全聚德、会芳楼（清真）等饭庄来，大摆宴席。成员也可以带亲友去玩，但须严控来宾身份，穷小子是进不去的。

1922年11月的一天晚上，北洋政府盐务署长张英华在小方家胡同设家宴，内务总长孙丹林到场时，见陆军总长张绍曾、农商总长高凌霨、参议院议长王家襄、众议院议长吴景濂等已在座。吴、王两议长正横榻抽鸦片，见孙丹林进来，便举枪让孙，孙辞以不会吸烟。后众人入座打牌，又让孙参加，孙仍以不谙赌博相辞。吴景濂嘲讽道："孙总长既不会吸烟，又不会打牌，真是好人，无怪乎现在有好人内阁之称号也。"

1917年秋，研究系退出段祺瑞内阁后，决定派汤化龙和林长民赴日本、美国考察。行前，汤化龙在石板房胡同头条私宅宴请30多位研究系在京要人。席间，田骏丰痛饮梁善济从太原带来的汾酒，竟致过量，醉死在汤家的沙发上。汤当时顿足大哭，极为哀痛。哪知就在这次考察行将结束，汤于温哥华候船回国期间，在当地华侨举行的宴会上，被一个理发师拔枪击毙，客死他乡。

张学良易帜后，何其巩为北平市长。一日他在家宴客，席间强迫学者傅增湘喝酒，不喝则罚说笑话一个。傅便即席编了一段："我幼年在私塾读书时，有一学长，读书不通而好拽文，之乎者也，常不离口。会其新婚之夕，我与同学好事者数人，潜到其窗前听房，久久不闻声息。众皆兴尽，行将散去。突闻新郎长吁一声，悄问新妇：

'何其巩（通恐）哉？'"

1936年5月23日，金城银行广州分行开业。金城银行总经理周作民特地从上海赶来主持开幕仪式。当日贺客云集，晚周作民率同人宴客于广州南园酒家，来者不拒。有人记述说："菜肴丰盛，有燕窝、鱼翅、烤小全猪诸品。酒，中外均备，茅台尤多，尽吃。橙汁如流水，一切听客饮用。一夕之费，耗资甚巨。"周作民在中厅招待要客，同席有罗文干、梁士诒之子梁定蓟、广东财政厅长区芳浦等。席间罗文干说："我在银行界有两个好友，一张公权，一即周作民，不过两人共患一种病——怕老婆。"众人听后哄堂大笑，周则张开五指发誓："谁怕老婆，谁是王八。"

西安事变后，蒋介石因翻墙跌伤胸椎，到杭州西湖别墅疗养。南京中央医院电疗科的黄医生曾去治疗一个疗程，蒋病况大为好转。一天上午，蒋用方言对黄说："黄医官，侬弗同我讲言话，晓得地个宁蛮好白相。今朝请侬吃饭，到'楼外楼'去吃糖醋里脊好哇啦？"中午之前，励志社头目黄仁霖把所有医生都招至楼外楼，蒋本人也乘车前往。医生们原以为主人请客自然是主客同席，哪知蒋的侍卫人员早已给蒋另定专室，医生们则单在一起聚餐。

抗战胜利后，戴笠到北平，在伪宪兵司令黄南鹏家大宴华北群奸。饭后，他宣布依据中央命令，将席上汉奸悉数逮捕。

1933年夏的某日，陈彬和在新亚饭店请客，招待德国女作家柯贝尔。胡风应邀赴宴，说："这是我平生第一次进有冷气的房间。"

1938年春天，郭沫若到长沙访田汉，田请郭吃饭，有数人作陪。郭沫若喝高了，醉中一时诗兴书兴并发，索笔狂草，题诗一首。跑堂的在一边叹道："这位先生是谁？写诗不用打稿子，拿起笔来龙飞凤舞，就跟我们扫地一样。"

战后，作家李健吾受郑振铎委托在上海办《文艺复兴》杂志。后来通货膨胀，物价腾飞，杂志面临困境。郑振铎在庙弄请编辑和作者饱餐了一顿福建菜，来赴宴的有郭沫若、茅盾、巴金、曹禺、钱锺书、靳以、艾芜、辛笛、唐弢等。除鲁迅已去世，老舍赴美国外，现代文学史上"鲁郭茅、巴老曹"中的四人都到席。席间郭沫若对郑振铎说："你不付稿费，我们也为你写稿。"

1919年5月4日下午，北大教授沈尹默闲极无聊，便约几个朋友到什刹海会贤堂楼上面湖喝茶。他对朋友说，我们在这里偷闲，这个当儿说不定会有一件什么大事发生，他还即席作《减字木兰花词》一首：

会贤堂上，闲坐闲吟闲眺望。高柳低荷，解愠风来向晚多。
冰盘小饮，旧事逢君须记省。流水年光，莫道闲人有底忙。

1925年双十节，孙伏园在北京大栅栏一家西餐馆请客，答谢《京报》副刊的作者。在一间餐厅里摆着一大张长条桌，面对面坐满了人，每人的座位上都有名签。席上钱玄同不断地和李伯玄、陈学昭这一男一女两个年轻人开玩笑，两人都不知该如何对答。

1922年七夕之夜，赵眠云约郑逸梅、范烟桥、顾明道等五六人到苏州留园涵碧山庄闲谈，大家觉得这种聚会很有意思，便商量着结成一社。范烟桥说，今晚是双星渡河之辰，可叫"星社"。星社不定期聚会，所谈无非文艺。后来不断有人加入，十年后，恰好凑成36人——天罡之数。他们的聚会以茶会为主，点心都是自制的，一年中也有两三次较具规模的聚餐。

民国时期，苏州无衣食之忧的少爷们，每天无所事事，常去泡茶馆。茶馆渐渐便成了他们谈天说地的俱乐部,郑逸梅后来回忆说:"他们谈话的资料,有下列几种:一、赌经;二、风月闲情;三、电影明星的服装姿态;四、强奸新闻;五、讽刺社会……一切世界潮流,国家大计,失业恐慌,经济压迫,这些溢出谈话范围以外的,他们决不愿加以讨论。"

张恨水在南京当记者时,有个聚会的圈子,都是同行,大约二三十人,年纪从十几岁到四十多岁不等。圈子里天天聚,参与者或三四人,或七八人,如金圣叹所言:"毕来之日甚少,非甚风雨,而尽不来之日亦少。"聚会的地点也不固定,夫子庙歌场或酒家、照相馆老板汪剑荣家、医生叶古红家、新街口酒家、中正路《南京人报》或《华报》、中央商场绿香园等。聚会多是互为宾主,谁高兴谁就掏钱。在饭馆聚会,闹酒是难免的,偶尔也闹大一次,比如踢翻了席面,冲歌女大发脾气之类。喝酒以外的聚会,有时是喝茶,有时是到书场听大鼓,有时是到莫愁湖划船,有时是打麻将。十年后,张恨水在重庆忆及往事时叹道:"这些朋友,有的死了,有的不知道消息了,有的穷得难以生存了。"

章诒和在《伶人往事》里说:"尚小云广交朋友,因此他的饭局也特别多。他与梅兰芳、程砚秋、荀慧生以及别的朋友每月总有两三次固定的聚会,各自出钱,也就是现在的AA制。他们聚会可不只为吃喝。这些大演员、名艺人常在一起谈论琴棋书画,切磋技艺,传递消息。地点多在前门外的泰丰楼饭庄,有时也在珠市口的丰泽园饭庄、煤市街的致美斋饭庄。"

民国初年,屈映光曾任浙江省长,逢人请他赴宴时,他便这样回答:"兄弟素不吃饭,今天更不吃饭。"

1931年1月8日,浦江清在清华工字厅西客厅请一些学界友人吃饭。到者有顾随、赵万里、俞平伯、叶石荪、钱稻孙、叶公超、毕树堂、朱自清、刘廷藩等。浦江清在当天日记中写道："席上多能词者，谈锋由词而昆曲，而皮黄，而新剧，而新文学。钱先生略有醉意，兴甚高。客散后，钱先生与斐云留余于西客厅谈，灯熄继之以烛。斐云即宿西客厅。余归室睡。"

张元济任上海商务印书馆经理时，招集聚会有个不成文的规矩：如果以商务名义请客，就去外面的饭馆。请名流常去杏花楼（粤菜）、小有天（闽菜）、多一处（川菜）等大饭馆，费用由商务出；如果是熟人、同事，则常在家设宴，费用自理。每届新年，张都要请商务同事来家里喝年酒，由于人多地狭，需数日才能轮遍。张请客用西餐，家里的厨子名仁卿，做西餐有一手。每逢此时，张家的子女便与仁卿约定，每道菜留出一份，让他们也跟着沾沾光。张家的菜单大致为：第一道蔬菜牛肉汤；第二道鱼，经常是煎黄鱼块，另备英国辣酱油；第三道虾仁面包，把虾仁剁碎，涂在面包上，下锅煎黄；最后一道主菜，烤鸡或牛排，附加二三种蔬菜。末尾上甜点、水果、咖啡。

卢沟桥事变后，张元济常约一些友人到家漫谈时局，起初有叶景葵、温宗尧、颜惠庆、黄炎培等六七人，家里略备点心招待。后参与者渐增，便演成固定的聚餐会，地点选在爱多亚路的浦东同乡会。参加者扩大为文化界、实业界、外交界、金融界等名流，轮流做东，每两周一次，必要时增加一次，成为著名的孤岛双周聚餐会。陈铭枢、蒋光鼐等军方将领也曾应邀出席。再后来，聚餐会改在敏体尼荫路的青年会举办。张元济做东时曾记有账单，吃的是西餐，一客八角，有一汤、二菜、一点，很丰盛。聚会参与者中的少数人如赵叔雍、温宗尧、陈锦涛等后来成了汉奸。聚餐会也就无疾而终。

孤岛时期，张元济还张罗过一次聚会。当初与张一起参加乡试并蛰居上海的,连他一共还剩五人。还有一位卢悌君常住海盐。1939年春,卢到上海,张元济借机把其他四人也请到家中一聚。五位客人都已年过七旬,由家人陪来,酒席由新华银行厨房操办。不用说,席间所谈不离几十年前的往事。

民国年间,中山公园简称公园,内设多个茶座,都是文人扎堆茗谈的地方,如来今雨轩、长美轩、春明馆等。来今雨轩多为洋派人物光顾;马叙伦、傅斯年、钱玄同、胡适等是长美轩的常客;春明馆则多为老派人物光顾,蒙文通、钱穆、汤用彤常在春明馆凑一桌。林损也常来春明馆,学者谭其骧年轻时,曾在春明馆被林拉着坐下聊天,林口语都用文言,每说完一句话就来一句:"谭君以为然否?"

1943年,上海20位属马的文艺界名人同过50岁生日。简称马会,又称千岁会。马首为画家郑午昌,生于正月初十;马尾是杨清馨,生于腊月。此外还有吴湖帆、梅兰芳、周信芳、汪亚尘、范烟桥等。适逢"孤岛"时期,他们在生日会上相约,誓不为侵略者服务。

北大教授刘半农说:"即如区区余小子,'狭人'也(相对'阔人'而言的调侃语),但有时竟可以一星期中有十多次饭局。"

鲁迅定居上海后,一次开明书店老板章锡琛请鲁迅在共乐春吃饭。陪客有江绍源夫妇、叶圣陶、胡愈之、周建人、樊仲云、赵景深等。席间赵景深说了一个单口相声《一个忘了戏词的人》,大意为某演员因为忘了戏词,只好叽里咕噜。鲁迅听后说,现在人与人之间,说话也是"叽里咕噜"的。

上世纪20年代末,新月派每周都有一两次聚会,每次两桌,参与者有胡适、徐志摩、余上沅、丁西林、潘光旦、刘英士、罗隆基、闻一多、梁实秋、叶公超、饶子离、张兹闿和张禹九。徐志摩一到场，大家便欢喜不止，因为徐在席上从不谈文学，只说吃喝玩乐。

1930年，杨振声任青岛大学校长时，有感于青岛有风景而没文化，便张罗了一个教授饮谈的聚会，每周一喝，地点在顺兴楼或厚德福，参与者起初为杨振声、梁实秋、闻一多、赵太侔、陈季超、刘康甫、邓仲存等七人，后闻一多提议请方令孺加入，凑成酒中八仙之数。

1920年，杨了公做东，在上海小有天酒家请姚鹓雏、朱鸳雏、成舍我、吴虞公、许瘦蝶、闻野鹤、平襟亚等聚饮。席间叫局，征来名妓"林黛玉"，林爱吃用洋面粉做的花卷，杨便用"洋面粉"、"林黛玉"为题作诗钟。朱鸳雏才思最敏，出口成句："蝴蝶粉香来海国，鸳鸯梦冷怨潇湘。"笑谈间，刘半农飘然而至，他是出洋前到上海，在隔壁赴中华书局的饯行宴，闻声进来的。刘入席后，朱鸳雏说："他们如今'的、了、吗、呢'，改行了，与我们道不同不相为谋了。我们还是鸳鸯蝴蝶下去吧。"刘半农说："我不懂何以民初以来，小说家爱以鸳蝶等字作笔名？自陈蝶仙开了头，有许瘦蝶、姚鹓雏、朱鸳雏、闻野鹤、周瘦鹃等继之，总在禽鸟昆虫里打滚，也是一时时尚所趋吧。"此后，刘半农放洋，一走了之，"鸳鸯蝴蝶派"却传开了。多年后，姚鹓雏遇见刘半农时说："都是小有天一席酒引起来的，你是始作俑者啊！"刘说："左不过一句笑话，总不至于名登青史，遗臭千秋。"姚说："未可逆料。说不定将来编文学史的把'鸳鸯蝴蝶'与桐城、公安一视同仁呢。"

西安事变的前一天，蒋百里奉命飞西安，住在西京招待所。当晚出席张学良、杨虎城的公宴，同席还有蒋作宾、陈诚、卫立煌、蒋鼎文、朱绍良、陈调元、邵元冲、邵力子等大员。散席数小时后，西安事变发生，蒋百里等便被张杨拘禁。蒋戏言："昨日座上客，今为阶下囚。"两周后蒋等获释,杨虎城在绥靖公署与他们饯别,蒋百里又戏言:"昨为阶下囚,今又座上客。"

田汉为人不拘小节。别人请他吃饭,他常带着七八个生客赴宴;他若请别人吃饭,则常不带钱或钱不够。无论他做东或别人做东,只要有他参加,十之八九会出现尴尬局面。他请客时,吃到一大半借故上厕所溜走而把一桌客人晒在饭馆,最后大家摊钱付账的场面,也时有发生。

孤岛时期,徐铸成等在上海编《文汇报》,曾受到敌伪集团的各种威胁。办报之艰辛可想而知。他们却苦中作乐,每两三个星期大聚一次。届时凡有家室的,做一样家乡的拿手菜带来,无家室的年轻人则凑钱买一些鸭翅、口条之类的熟食。待最后的大样看完,就码齐桌子,围成一圈,把酒菜上来。据说每样菜都有浓重的家乡特色,上海任何一家大饭馆也未必能做出来。员工都是三十上下的青壮年,三杯酒下肚后,有唱京戏的,有唱昆曲的。酒足饭饱后,大家相互搀扶、跌跌跄跄地到大方饭店过一夜。

抗战后期,王耀武驻防湘西,公馆在桂林。一次,他设家宴招待《大公报》的几个主要编辑。筵席极为考究,镶银的象牙筷子,细瓷的盘碗,一旁侍者均为穿白衣的"仆欧",饭菜则山珍海味,无所不有。席间王常"不耻下问":"按香港的规矩,现在要不要送手巾把子?""照外国规矩,此时应酌什么酒?"显然他已野心勃勃地等着抗战胜利后出任封疆大吏了。王果然于1945年奉派接收山东,成为山东省主席。但几年后便成了解放军的俘虏。

胡适任中国公学校长时,有个时期逢周末常邀一帮朋友到家里聚会。一次徐志摩带去一本精装的德文色情书,图文并茂,大家抢着看。

胡适则评论说：这些东西，一览无余，不够趣味。我看过一张画，不记得是谁的手笔，一张床，垂下了芙蓉帐，地上一双男鞋，一双红绣鞋，床前一只猫蹲着抬头看帐钩。还算有点含蓄。

1924年11月，《语丝》杂志创刊，出版十来期后，逐渐形成一个相对固定的作者圈。他们每月底聚会一次，每次一两桌不等。鲁迅和淦女士等主要作者从不参加聚会，周作人、钱玄同、江绍原、林语堂、王品青、章衣萍、吴曙天、孙伏园、李小峰、顾颉刚、林兰、章川岛等，几乎逢场必到，后来张凤举、徐耀辰、俞平伯、刘半农也每次都到，有时连夫人也一起邀请，情形近于联欢。席间古今中外，无所不谈。据说谈锋最健者当属钱玄同。

上世纪30年代，唐弢还是一个到上海滩闯世界的文学青年，所作杂文，深受鲁迅文风影响。一次他去三马路古益轩菜馆赴《申报·自由谈》主编黎烈文张罗的聚会，鲁迅、阿英、郁达夫、曹聚仁、徐懋庸、胡风、林语堂等都来参加。这是鲁迅和唐弢头一次见面，鲁迅对唐笑道："你写文章，我替你挨骂。"并说："我也姓过一回唐的。"

1935年11月8日傍晚，史沫特莱坐一辆出租车来接茅盾，再接鲁迅，同去苏联总领事馆参加一个不公开的酒会。据茅盾回忆，出租车开到和苏联总领事馆隔着一条街的马路上，三人下车后换乘领事馆的一辆黑色汽车从后门进入院子。"总领事馆的大厅里已经到了一些客人，有宋庆龄和何香凝，还有一些外国朋友，其中有一对新从澳大利亚来的夫妇。大厅中央有一大餐桌，上面摆满了冷菜、点心、鱼子酱以及各种饮料，大厅四周摆着沙发，大家或坐或站很随便地交谈着，想喝酒或吃点心就自己动手，气氛欢快而融洽。酒会之后放映了电影。"酒会散后，鲁迅和茅盾仍由史沫特莱送回家，路上，史沫特莱告诉他们，这种形式的聚会叫鸡尾酒会。

上世纪30年代初，上海文化圈的一些人士组织过一个星期聚餐会，参与者大约十一二人，有郑振铎、茅盾、傅东华、叶圣陶、胡愈之、夏丏尊、徐调孚、陈望道、王伯祥等。每周聚一次，轮流做东，每人每次出一块钱，东家出两块。合计有十几块钱，当年这点钱就能办一桌很像样的酒席，因而他们就挑上海有名的饭馆轮流着一家一家吃过去。都是熟人，除了吃饭，当然还可以随心所欲地漫谈，这也是乐趣之一。

鲁迅去世后，茅盾周围聚集着一些青年作家，茅盾便产生了邀集他们聚会交流的念头。他比照当年的星期聚餐会的办法，考虑到青年人的经济状况，略加改进为："一、不固定每周一次，可以两周一次；二、不轮流做东，由我固定做东家；三、用撇兰的办法，根据聚餐人数画一丛兰草，根部注明钱数，一般为四、五、六角，这样多数人将抽到四、五角，这种方式比较活泼；四、饭馆为中小餐馆，六七元一桌，自然也就不能轮流去品尝上海名餐馆的佳肴了。"参加这个聚餐会的作家有王统照、张天翼、沙汀、艾芜、陈白尘、王任叔、蒋牧良、端木蕻良等。聚会不预设谈话主题，"大家随便海阔天空地聊，从国际国内的政治形势，文坛动向，文艺思潮，个人见闻，以至在座的某位作家的某篇新作，都可以谈。"聚餐会不固定每周一次，但固定在星期一举行，故茅盾命其名为"月曜会"。

画家陈石遗八十寿辰时，章太炎、李拔可、黄秋岳、冒鹤亭、金松岑、龙榆生、张默君、范烟桥等咸集苏州胭脂桥给陈祝寿。贺客之一的彭鹤濂见状赋诗云："到此不敢吟，名流皆在座。"

吴梅在《鸳湖记曲录》中记下他所经历的一场盛会："丙子七

夕,啸社同人约禾中怡情社诸君子,会于南湖之烟雨楼,奏曲竟一日夕,凡四十有二折,四方来会者,达七十余人,盛矣哉,数十年无此豪举也。"

上世纪 30 年代,清华教授有的住校内,有的住城里。金岳霖住城内北总布胡同,与梁思成一家是前后院。他回忆说:"一些朋友每个星期六有集会,这些集会都是在我的小院里进行的。因为我是单身汉,我那时吃洋菜,除了请了一个拉车的外,还请了一个西式厨师。'星六碰头会'吃的咖啡冰激凌和喝的咖啡,都是我的厨师按我要求的浓度做出来的。""碰头时,我们总要问问张奚若和陶孟和关于南京的情况,那也只是南京方面人事上的安排而已,对那个安排,我们的兴趣也不大。我虽然是搞哲学的,我从来不谈哲学,谈得多的是建筑和字画,特别是山水画。"

1934 年 8 月,徐悲鸿夫妇游历欧洲、举办巡回美展后回国,接下来在南京"欢宴洗尘,竟无虚夕"。某日戴季陶请客,席上问徐悲鸿:"你有这么理想的一位夫人,为什么要取名悲鸿?"徐悲鸿听了略微一怔,说:"我取这个名字,是在认识碧微之前。"

蒋碧微在中法友谊会供职期间,因工作关系,参加过由外国太太组织的一种联谊茶会,这个聚会每周一次,轮流做东,以闲谈为主。蒋碧微说:"这些嫁给了中国人、具有双重国籍的洋太太们,常常出语讽刺,批评中国,使我听了十分愤慨。有一次,时任山东教育厅长何思源的法籍太太到南京参加这个茶会的时候,听到了那些无聊的话,便使用国语向我说:'我真不懂,她们为什么偏要说这些?'"

1939 年 1 月,方令孺、宗白华、蒋碧微等 11 人在重庆发起一个聚餐会,每周一次,固定在蒋碧微家。除这 11 人凑一桌为主人外,再另请一桌客人，客人每周不同，按专业区分。例如请文学界的，就叫"文学专号"，考古界的叫"考古专号"等等。每聚一次称为一期，每 12 期为一卷，每卷设一主持人，称"主编"，第一卷的主编自然是蒋碧微。张道藩、老舍、蒋梦麟、傅抱石等都曾被请去作客。蒋碧微说："小集时宾主非常和谐，谈笑风生，轻松愉快，或则讨论学问，或则评论时局，有时也不免月旦人物，古今中外，无所不及。对于个人的学问见识，都有很大的裨益，不仅是吃吃喝喝而已。"

民国初年，邵飘萍任《申报》驻北京特派记者。某次他在北京饭店宴请全体阁员、府院秘书长等要人。他事先做了精心布置，在隔壁室内预备好电报纸，让两辆自行车守在门外。这些大员们兴致勃勃，无所避忌，酒后吐出很多重要消息。邵飘萍则随得随发，宴会尚未结束，各种消息已电达上海。

吴湖帆寓居上海拉都路时，每月找一个星期天的下午，邀三四友人来家里小酌，郑逸梅回忆说："菜肴几碟，都很精美，且酌且谈，尽半日之欢。"

1927 年 6 月 1 日，王国维到清华工字厅参加国学院第二班学生的毕业宴会，后来有人记述了这一场面："毕业宴席共设有四桌，所有师生欢聚一堂，大厅里始终弥漫着一种喜庆的气氛，而王国维于就座的那一席却寂然无声，人们已经习惯了他的沉默寡言，所以也没人特别在意。散席时，王国维和平常一样与人一一作别，离开工字厅后随陈寅恪一同散步回家，并顺路到陈寅恪家中进行畅谈。"谁也没有料到，第二天，王国维便自沉于昆明湖。国学院的毕业宴会，也成了王国维最后一次参加的活动。

上世纪二三十年代，周作人常在寓所邀友人聚餐，通常是事先发出邀请信，如 1935 年 11 月 19 日，他致信许寿裳："廿一日下午约士远、兼士、幼渔、玄同四五老朋友来谈闲天，晚上就吃乡下厨子做的便饭，乞兄参加，并不是吃饭，乃只是为谈天计而粗具茶饭耳。如天气尚早拟令家中小孩为照一相，故下午希望早来，但冬天天短，不知大家能来能及否也。"

《文学季刊》的编者为了拉稿和联络作者，1934 年 1 月 6 日在北平请了一次客，应邀赴宴的季羡林在当天的日记里写道："今天文学季刊社请客……北平文艺界知名之士差不多全到了，有的像理发匠，有的像流氓，有的像政客，有的像罪囚，有的东招西呼，认识人，有的仰面朝天，一个也不理，三三两两一小组，热烈地谈着话。"

民国后期，梁思成夫妇住在清华园的新林院 8 号。梁家每天下午 4 点半喝茶，除梁思成夫妇外，常来的茶客有金岳霖、张奚若夫妇、周培源夫妇、陈岱孙等。林洙回忆说："金岳霖先生风雨无阻总是在三点半到梁家，一到就开始为林先生诵读各种读物，绝大部分是英文书籍，内容有哲学、美学、城市规划、建筑理论及英文版的恩格斯著作等。"

李准字直绳，宣统年间曾任广东水师提督兼巡防营统领，参与镇压黄花岗起义。晚年他在天津当寓公，一次宴会与扬州名士方尔谦同桌，方有意戏弄李，说："今日见一西洋女子裸体画册，有人告我女子之美，全在曲线。"李点头甚表赞同，方接着说："用曲线女子对直绳将军，可谓工巧。"众大笑，李自知被耍，也无可如何。

14. 交游

张宗昌任北京暂编第一师师长时,认识了财政部次长潘复,两人打得火热。潘复在京津都有大宅子,张宗昌每到两地,必以潘家为寻欢作乐之落脚点。有一次张在潘家与其他显要打牌,输出去万余元,被"打立"了,无法付现,更不能一走了之。尴尬之际,潘将其亲信、边业银行经理王琦找来,代为垫付。张对潘非常感激,视为可共患难的朋友。

1927年,康有为来天津见溥仪,住在日租界息游别墅。一日,潘复请康吃饭。康有为早年以变法名世,晚年则以书法名世。他在潘家当众挥毫,凡是来赴宴的客人人手一幅,来者不拒。结果从早8点到晚8点,康有为连续写了12个小时,始终兴致勃勃,毫无倦意。

潘复退出政界后,天津小营门家中仍是一派"座上客常满,樽中酒不空"的热闹气氛。商震、于学忠、宋哲元、孙殿英等在朝在野的军阀及金融界闻人陈亦侯、王孟钟等都是他家的常客。偶有家中不宴客时,他便外出消遣。潘本来不抽大烟,由于天天熬夜应酬,体力日益难支,渐渐也染上了烟瘾。

老牌军阀陈调元喜交际，好热闹，出手阔绰。他任军事参议院院长时，其南京龚家桥的公馆每天车水马龙。南京政府的大员如张群、顾祝同、张厉生、蒋作宾、贺国光、张笃伦、熊斌等等都是他家的常客。其公馆熙熙攘攘，俨若一招待所。一日，一乡下老头找来，从容地朝里走，门卫问他找谁，对方答：这是我的公馆。门卫说：你弄错了，这里是陈调元总指挥的公馆。老头说：陈调元是我儿子，这不就是我的公馆吗？其时陈父已死，陈母尚在。老头确实弄错了。陈调元事后说："这才倒霉呢，哪里钻出个爸爸来哩。"

萧乾十几岁时，考进北新书局当练习生，给不少名人送过刊物或稿酬。多年后，他在上海见到鲁迅，问鲁迅还认不认得他。鲁迅定睛看了萧乾好半天后，亲切地笑了起来。

上海书画名家王一亭（名震）交游甚广。他的作品虽有润格，但常有熟人介绍，不付润资，王也一律应酬，只是在下款"王震"两字的上面，加"白龙山人"四字。"白龙"为"白弄"的谐音。

上世纪30年代，段祺瑞定居上海，蒋介石曾登门拜访。段祺瑞的小女儿段式巽回忆说："那次蒋氏来访，管门的不认识，竟未启大门迎车入内，听任蒋车停在路旁、局促车内坐待。我从二楼遥见似有客至，下楼向仆役询问，接过名刺，则赫然蒋氏。急忙迎入，并扶老父出见。蒋氏向老人先致问候之意，坐定后又对老人的起居寒暖、身体现状及医疗情况等，询问甚详。情意殷勤，言词亲切。坐了一个多小时方辞去。"

曹聚仁从浙江第一师范毕业后，先在上海当了三年家庭教师，后拜章太炎为师。他的交游生活，也就此开始。曹晚年回忆说："就在《国民日报》那一小圈子中，除了邵力子先生和陈望道、刘大白、夏丏尊诸师，我便认识了诗人叶楚伧、柳亚子、胡朴安诸氏，同时也结识了陈仲甫、戴季陶诸氏和孙中山先生。我还记得亚子先生写了一封信给我，写得非常潦草，他附了一句有趣的话：'你如不认识的话，我当面念给你听。'孙中山呢，在环龙路接见我们时，因为袁业裕兄多了嘴，他笑语我们：'你们小孩子，还不懂！'"

韩亮侯留学日本时，有一次去听西洋音乐会，身边坐着一个衣衫褴褛的观众，与满堂附庸风雅的阔人们形成鲜明反差。韩不免有些诧异：他的门票是如何得来的呢？散场时，彼此打了个招呼，此人邀请韩到其寓所坐坐，韩为好奇心所驱使，就跟着去了。步行片刻，两人来到一所很讲究的洋房，主人住在二楼，一进门，韩大吃一惊，满壁皆书，书架上摆着许多精巧的玩意儿，屋角有一架钢琴，韩被弄得越发糊涂了。主人随后脱去破衣，换上笔挺的西装，请客人出去吃饭——此人便是李叔同。

1936年5月，弘一法师到青岛讲律，住了半年。其间，沈鸿烈市长和朱子桥将军曾联名请他吃饭，并事先约好时间。弘一法师当日爽约，托人带去一张纸条，上写一首打油诗："昨日曾将今日期，短榻危坐静维思。为僧只合居山谷，国士筵中甚不宜。"沈看后表情尴尬，有点下不来台，觉着堂堂市长请一个穷和尚吃饭，对方居然不给面子；朱则大喜："今天得到一件最珍贵的墨宝，收获不小！"

比起弘一法师，拈花寺住持全朗则是另一副做派。他与不少皇亲贵胄、达官显宦、实力派人物如那亲王、摄政王、庆亲王、吴佩孚、张镇芳、孙传芳、卢永祥等都有密切来往。吴佩孚甚至一度住在拈花寺。此外北京银行界、商界的富豪们，也不乏全朗的好友。

法源寺住持梵月也利用寺中开吊、停灵等机会，结交了不少"人物",每逢这些人光临,梵月必显出无微不至的关照,为他们备好名厨、美酒、鸦片等等,赌博更是这里一种时常消遣的娱乐。

现明和尚任广济寺住持几十年,九度开坛传戒,有统计说他所收弟子在万人以上。当中包括军阀、官僚、政客、地主、富豪、妓女、地痞、流氓等等,可谓三教九流,无所不收。如阮忠枢之妾、潘复、张学良、靳云鹏、姜桂题、江朝宗、王怀庆、王琦、王揖唐、潘毓桂、殷汝耕夫妇、荣臻、褚民谊、万福麟、石友三夫妇、曹汝霖、吴佩孚的亲属、袁世凯的第六妾、张宗昌的小妾等等,都是他的皈依弟子。

著名买办雍剑秋曾不惜本钱结交权贵。民国初年,他花 7000 两银子在德国定购一辆 Pvolos 卧车,送给了权势人物徐树铮。这是当时北京街头最新款的一辆顶级轿车。1925 年,雍在天津英租界旁边的荒地上盖了一个西湖饭店,室内设施极尽欧化,一时鹤立鸡群。张学良到天津时,曾慕名亲临观览,雍为他举行了盛大的招待会。后来,军阀显要频频光顾,雍以招待这些人为乐。商震与雍都是基督徒,过从甚密。他有时来这里一住就是半年,膳宿费在所不计。

1919 年前后,载漪一家客居甘州。其子溥儁结识了中卫县县长高景寰、曾任左宗棠幕僚的龚运。三人初系文友之交,后友情日深,有结为异姓兄弟的意思。溥儁将此意禀告载漪,载漪沉吟片刻,说:"结拜兄弟要彼此换帖,写上祖上三代的名字……咱上三代曾祖父是道光皇帝。"载漪认为皇帝的名字不能随意使用,只允许三人结为不具形式的口盟兄弟。

张宗昌平时好花钱交友。冯国璋任江苏都督时,陈调元是冯的宪兵司令,与张宗昌有交情。两人一起嫖赌,不分你我。张甚至还出资帮陈娶了上海名妓花四宝当姨太太。后来两人分属的两军在苏北对垒,陈下令把大军调开，让张不费一枪一弹而占领徐州，直迫浦口。

蒋经国善交际，待人豪爽。1945 年 10 月，他和熊式辉、张嘉璈等到长春，与苏联方面谈判接收事项，住在东北外交特派员公署。公署所雇厨师在吴佩孚家做过饭，中西菜通"吃"，拿手的是红烧鱼翅、海参等。蒋经国常在这里设宴，来吃饭的既有张嘉璈、杜聿明、王叔铭、莫德惠等人，也有来采访的记者如中央社刘竹舟、《大公报》吕德润等，还有空军飞行员等工作人员。蒋经国在东北逗留期间，"座上客常满，樽中酒不空"，酒酣耳热之际，蒋谈笑风生，气氛极为热烈。

1925 年，徐树铮到欧洲游历时忽发奇想：推选张謇当总统。他先把风吹到南通。当年 11 月，徐树铮回国，即到南京拉着孙传芳同去南通访张謇。张对二人设盛宴招待，酒劲上来后，徐树铮戏瘾大发，正好有上海去的昆曲名票搭配，徐便高唱一曲。唱后徐很得意，向张索诗，说："能与梅郎一例否？"张謇便口占一绝赠徐："将军高唱大江东，气与梅郎角两雄。识得刚柔离合意，平章休问老村翁。"徐心领神会，未再游说。

聂绀弩在《中华日报》编副刊《动向》时，从不约稿，稿件全部从投稿中选取。一天，他收到一份用普通白纸而不是稿纸写成的稿子，毛笔字，通篇没有任何涂改，署的是笔名。聂绀弩读后感到这文章不是一般人能写得出来的，就去找友人叶紫辨认。叶与鲁迅有来往，一看即说："肯定是老头儿（指鲁迅）的。"聂绀弩因此与鲁迅有了交往，并把鲁迅网罗为一个主要作者。聂还征得报馆老板林柏生的同意，凡是鲁迅的短稿，稿酬一律每篇 3 元，而一般稿酬是千字 1 元。鲁迅后来和聂绀弩开玩笑说："那我以后投给你的稿子要越来越短了。"

上世纪 20 年代，北大的一些名教授如钱玄同、胡适等都看不起写通俗小说的张恨水,独刘半农不这样。刘主编《世界日报》副刊时,因登出张恨水的《春明外史》,钱玄同耻于与张为伍,给刘半农写公开信声明从此不再给《世界日报》副刊撰稿。刘半农却不为所动,依然与张恨水保持交往。一次刘应邀去张任校长的学校演说,他对学生们说:"你们张校长是当今的小说大家,他的成就越过了李伯元、吴趼人、曾孟朴这些人。你们在他办的学校上学,是很幸福的事情。"

方光焘曾介绍许杰到上海立达学园兼课。一次方请许在江湾街上一个小酒馆喝酒,席间方写了一张字条,让跑堂的去请丰子恺、刘薰宇也来,末了并未署名,写了个"致风流(丰、刘)二君子"。许杰就此感到,立达学园一班人"讲友情,讲义气,讲生活趣味"。

耿济之不到 20 岁时,曾和三个志趣相投的朋友混在一起。他们是瞿秋白、郑振铎、许地山。后三人的名声后来都超过了耿济之。当年四人都是北京的穷学生,都喜欢文学,每天到耿家读书、讨论。1921 年成立文学研究会时,四人都是发起人。

老舍是个喜欢和各色人等闲聊的人,和尚、琴师、厨子、花匠、剃头匠……都可以成为他的朋友。抗战期间在重庆,老舍常到中苏文化协会的茶座上同茅盾喝茶聊天,或去郭沫若家聚会,也常到剧院看他的剧本排练,同演员闲聊。

1918 年,张元济两到北京,公私兼顾,连办事带出游。一些名家如蔡元培、傅增湘、辜鸿铭、林纾等闻讯后接踵而至,到北京饭店探访他。这种拜访方式是来客在大厅由办公室接待,将名片送到房间,张元济便下楼会客。辜鸿铭来访时身穿接衫,上身白夏布,下身为青灰色熟罗袍。尤其引人注目的,是他那条盘在头顶的灰白色辫子。

上世纪 20 年代，上海的两个围棋名手王子晏和陶审安曾在名流张淡如家相遇并对弈。两人棋力相当，但陶家在浦东，当年不便经常碰面。两人便约定下通讯棋，每次在棋格上填写一子寄给对方，如此往还，这局棋共下了 187 手，自 1922 年 8 月起至 1926 年 1 月终局，历时近四年。1926 年夏天，两人开始下第二局通讯棋，来往数十子后，陶审安不幸病逝，成了一盘没有下完的棋。

张中行说："（胡适）喜爱社交，长于社交，在当时的北京大学，交游之广，朋友之多，他是第一位。""大家都觉得，他最和易近人，即使是学生，去找他，他也是口称某先生，满面堆笑；如果是到他的私宅，坐在客厅里高谈阔论，过时不走，他也绝不会下逐客令。""因为他有名，并且好客，所以同他有交往就成为文士必备的资历之一，带有讽刺意味的说法是：'我的朋友胡适之。'"

傅斯年回忆说："记得九一八前半年间，有一天，我请几个朋友在我家吃饭。座上有在君（丁文江），有适之先生等。我议论一个人，适之先生以为不公允，说：'你这偏见反正是会改变的。你记得在巴黎时，你向我说过三遍，回国后第一件事是杀了丁文江。现在丁文江在你旁边，你干吗不杀他？'后来我怨适之先生恶作剧，他说：'在君必高兴，他能将你这杀人犯变作朋友，岂不可以自豪？'"

徐志摩死后，女作家方令孺写了一篇纪念文章，题为《志摩是人人的朋友》。叶公超说："志摩与人认识就像二十年老友，从跑堂、司机、理发师……"

谢冰心说："一个人应当像一朵花，不论男人或女人。花有色、香、味，人有才、情、趣，三者缺一，便不能做人家的好朋友。我的朋友之中，男人中只有实秋最像一朵花。"

1933年，萧伯纳到上海，受到隆重接待。随后萧北上平津，被胡适婉拒，胡适说："欢迎萧伯纳，佛说不迎是迎。"

段祺瑞一次过生日，齐燮元派人送去价值巨万的寿屏，段未收；冯玉祥派人送去一个大南瓜，段欣然收下。吴佩孚鼎盛时期，在洛阳过50岁生日，贺者云集，有人送去赤金打造的麻将牌。冯玉祥则派人送去一坛子白水，意为"君子之交淡如水"。康有为送去这样一副寿联："嵩岳龙蟠，百世勋名才过半；洛阳虎踞，八方风雨会中州。"

章士钊说："吾弱冠涉世，交友遍天下，认为最难交者有三人：一、陈独秀，二、章太炎，三、李根源；但吾与三人都保持始终，从无诟谇，吾答或问：吾恃以论交之唯一武器，在'无争'二字。"

徐懋庸和曹聚仁在上海时是邻居，私交甚密。但彼此交心的程度有所不同，用曹聚仁的话说："他有一段时期，和某某热恋，什么都对我不隐瞒；倒是我也在热恋中，他并不知道多少的。"

曹聚仁说："梁实秋自视甚高，笔者和他同事过几天，但他是属于'我的朋友胡适之'派，我们则是'我的朋友不属于胡适之'一派的，因此道不同不相为谋，只是点头招呼而已。"梁实秋则说："我从未说过'我的朋友胡适之'。"

旧《大公报》的创办人王郅隆是"大茶壶"（指旧时妓院中的青年男仆）出身，后来自己开妓院。一次，安徽督军倪嗣冲来逛妓院，打牌时三缺一，王老板应邀作陪。倪当夜输了几万块，王把他开的支票当场在烟灯上烧毁,两人从此成为莫逆之交。

长沙临时大学时期,条件甚苦。吴宓、沈有鼎、闻一多、钱穆四个教授同居一间房。吴宓规定每晚10点熄灯,此前各干各的事情。闻一多读书写作;吴宓备课;沈有鼎说:"如此良夜,尽可闲谈,各自埋头,所为何来?"吴宓说:"汝喜闲谈,不妨去别室去自找谈友。否则早自上床,可勿在此妨碍人。"

胡适在北平时,几乎天天有人邀饮。徐志摩说:"我最羡慕我们胡大哥的肠胃,天天酬酢,肠胃居然吃得消!"

蔡元培回忆说:"我记得在北京大学的时候,教育部废去洪宪的国歌,而恢复《卿云歌》时,曾将两份歌谱,付北平的中学生练习后,在教育部礼堂演奏,除本部职员外并邀教育界的代表同往细听,选择一份,先生(指鲁迅)与我均在座。先生对我说:'我完全不懂音乐。'"

郁达夫说,鲁迅在北京时,疏于交游,"无论什么人请客,他总不肯出席;他自己哩,除了和一二人去小吃之外,也绝对的不大规模(或正式)的请客。这脾气,直到他去厦门大学以后,才稍稍改变了些。"与鲁迅曾一度是邻居的范文澜也回忆说:"一个暑假……很少见他出门去应酬,也从没有听说他有打牌逛胡同那些官僚该做的行事。"

鲁迅从厦门到广州后,一些国民党要员如陈公博、戴季陶、甘乃光、孔祥熙等都曾送帖子请他吃饭,意在笼络,但都被鲁迅拒绝。

胡适说:"狮子老虎总是独来独往,只有狐狸和狗才成群结队!"

一次鲁迅去曹聚仁家,见书架上堆着不少鲁迅作品及相关资料,便问曹是不是想给他写传。曹聚仁笑道:"我是不够格的,因为我不姓许。"鲁迅听后也笑了,说:"就凭这句话,你是懂得我的了!"曹聚仁后来说:"就凭这句话,我就在大家没动手的空缺中,真的写起来了。"又说:"鲁迅生平有五位姓许的知己朋友,三男:许季上、许寿裳和许钦文,二女:许羡苏和许广平。朋友们心中,都以为许羡苏小姐定将是鲁迅的爱人,不过男女之间的事难说得很,我在这儿也不多说了。"

徐懋庸回忆说:"有一次谈话完毕,从 Astoria(一咖啡馆)出来。他(鲁迅)忽然问我:'你有几个孩子?'我说有两个。他就带我到北四川路一家商店,买了两斤高级糖果,说:'带回去给孩子们尝尝吧。'又知道我正消化不良,到药房买了一瓶蓖麻子油,说:'服这个泻一泻就好了。这是物理作用的药品,没有副作用的。'"

胡适一生广交游,几乎从不闲着。唯有 20 年代末在上海的三年半是个例外。罗尔纲回忆说:"当时在上海,却绝交游。他最好的朋友浙江兴业银行总经理徐新六、著名诗人徐志摩同住上海,都没有来他家。"胡适自己也说:"从民国十六年五月我从欧洲、美国、日本回到上海,直到民国十九年十一月底我全家撤回北平,那三年半的时间,我住在上海。那是我一生最闲暇的时期,也是我最努力写作的时期,在那时期里,我写了约莫有一百万字的稿子。"

1941 年 9 月,张季鸾在重庆病逝,杜月笙从香港赶到重庆,扶棺连呼:"四哥!四哥!"悲痛欲绝。

1927 年,李大钊避难于苏联使馆。在熊希龄女儿的婚宴上,杨度从汪大燮口中得悉苏联使馆将被搜查后,马上离席,去委托章士钊通知李大钊。但李最终没能离开使馆而被捕。杨度又变卖了自己的住宅去营救李大钊。李大钊遇害后,杨又张罗着为李殓葬。

1930年,罗尔纲借宿于胡适在上海极司菲尔路的寓所,他后来回忆说:"7月的一天,下午二时后,突然听到一阵楼梯急跑声,我正在惊疑间,胡思杜(胡适之子)跑入我房间来叫:'先生,快下楼,梅兰芳来了!'他把我拉了下楼,胡思猷、程法正、胡祖望、厨子、女佣都早挤在客厅后房窥望。思杜立即要厨子把他高高托起来张望。我也站在人堆里去望。只见梅兰芳毕恭毕敬,胡适笑容满面,宾主正在乐融融地交谈着。"

1932年11月,鲁迅从上海回北平探母亲病。后来发表的鲁迅日记、鲁迅书信中,都没有鲁迅与胡适见面的记载,但罗尔纲却回忆说:"思杜告诉我,有一次,那是个冬天,鲁迅来北京,到胡适家探访,在将进书房时边笑边说:'卷土重来了!'思杜赶着去帮他接大衣。胡家来客,有多少显贵,我从不闻说过他给哪一个接大衣。"

金岳霖说:"我至少是从1914年起就脱离了亲戚的生活,进入了朋友的生活。"

1923年,鲁迅说:"我交际太少,能够使我和社会相通的,多靠着这类白纸上的黑字,所以于我实在是不为无益的东西。"和这段话相呼应的是鲁迅在当年给李秉中的信中开出的一个作息时间表:"午后一至二时,在寓。三至六时,在教育部(亦可见客)。六时后,在寓。星期日大抵在寓中。"而十多年后,鲁迅定居上海时,情况已今非昔比了,他在一封信中说:"我到上海已十多天,因为熟人太多,一直静不下,几乎日日喝酒,看电影。"

1932年11月,鲁迅回北平探亲期间,写信给许广平说:"我到此后,紫佩,静农,霁野,建功,兼士,幼渔,皆待我很好,这种老朋友的态度,在上海势利之帮是看不见的。"几年后,鲁迅致信曹聚仁:"我还不少几十年的老朋友,要点就在彼此略小节而取其大。"

1926年的一天,胡政之和张季鸾来天津找吴鼎昌,这本是一次友人间的聚晤。仨人闲步街头,路过不久前倒闭的《大公报》门口,见双门紧闭,金字招牌尚高悬门额,吴鼎昌对胡政之说:"这是你抱过的孩子,你不想救救他吗?"胡答:"你如果有意思,我当然愿意再当一次保姆。可惜我缺少一碗'救济汤'。"吴说:"钱不成问题。难得季鸾也在这里。咱们就凑合起来吧。"三人一捏咕,当即商定由吴筹资五万元,盘下《大公报》,胡、张来经营。

后来,吴鼎昌、胡政之、张季鸾并称《大公报》三巨头,又有一说《大公报》是吴的钱,胡的人,张的笔办起来的。这张起步于1926年的新记《大公报》,也成为此后二十多年间在中国最具影响力的一家民营报纸。

张季鸾与蒋介石关系不错,他在任何场合提及蒋介石,不叫蒋委员长,也不叫老蒋,只一种称谓——蒋先生。但他与蒋交往并非无原则,他曾向一位《大公报》同事谈起:"蒋先生要我到香港去一次,送我5000美金,并且说,钱不够用,还可以在香港就地去拿,把用钱的地方都指定了。您想我怎么能去呢?怎么能用他的钱呢?"

1927年8月22日,郁达夫时在上海,当晚去参加一个聚餐会,第一次见到冰心,郁达夫说:"(对)她的印象,很使我想到当时在名古屋高等学校时代的一个女朋友。"

1928年夏天,郁达夫作避暑之北游,8月29日的日记说:"午后上平则门外去散步,走到了四点回来。睡了一忽,精神恢复了,出去吃晚饭，遇见了许多在北平的教授及文士。大约此后一礼拜中，当为他们分出一部分工夫来，作互相往来，倾谈，同游之用。"

钱穆和胡适曾为北大同事，其间钱穆曾数访胡适，而胡适只回访一次。

钱昌照与宋子文私交甚好。他说："宋子文是一个典型的欧美派，在家里都是用英文交谈。不过我每次到他家，坚持说中国话，不说英文。""抗日战争中，在重庆时，沈性元带儿子士湘住歌乐山，我每星期六下午回家，星期一早晨回到重庆。星期一、二、三、四、五、六早餐，我总在怡园宋子文家吃，所有的事情他总与我商量，我有重要的事也跟他商量。"

章太炎曾称陈宦为"中国第一号人物"。章去世后，陈说："从此世间无知我之人，太炎知我，我也知太炎。陆建章说太炎作一篇文章，胜过十万兵马，这是对太炎的轻视；我认为太炎一语，足以定天下安危！"

梁漱溟生于 1893 年，20 多岁即成大名。他回忆说："1920 年一个夏天，梁任公（启超）、蒋百里（方震）两先生由林宰平（志钧）先生陪同来我家访我，以前辈而枉顾我一后学，这是我与两先生彼此交往之开始。"

1927 年，蒋介石与唐生智在长沙见面，蒋提出与唐结拜，被唐拒绝。唐说："结拜也靠不住，从这次湖南大变动中，我摸透了，过去和我拜过把子的人，口里喊哥哥，手里摸家伙。拜把兄弟干起来，比外人还狠一些。"

1919 年，梁漱溟在北大接到熊十力从南开中学寄来的明信片（熊写信习惯用明信片），此前梁曾发表一篇佛学论文，说熊为"此土凡夫"，对佛学不懂，批评佛法使之流荡失守等等。熊在明信片上说：你写的《究元决疑论》，我读到了，你骂我的那些话却不错，希望有机会晤面仔细谈谈。两人自此"不打不成交"，历四十余年之久。相反的例子是章士钊，梁曾一度崇拜章，"但一见之后，即有令我失望之感。我以为当国家多难之秋，民生憔悴之极，有心人必应刻苦自励，而先生颇以多才而多欲，非能为大局而负责之人矣。其后细行不检，嫖、赌、吸鸦片无所不为，尤觉可惜。"

画家吴湖帆家"座上客常满"，郑逸梅也是常客之一，他说："我在他寓中，认识了刘海粟、汪亚尘、张大壮、吕贞白、许姬传等。"

冒辟疆的后人冒鹤亭交游极广，在当年，通信是一种重要的交游方式，冒所收信函都留着，按照省份分别收于纸袋中，后累累成堆。

北洋政客田文烈晚年居京津，生活优游闲适。他写给某位友人的一封信可以为证："请公于明日中午12点钟前，枉莅寒舍便饭，饭后同往公园赏芍药，随至中和听剧。李桂芬两出《十八扯》、《赶三关》，林月霞一出《白水滩》，皆甚佳，不可不早到。同座为吕生次溪，无外客也。"

七七事变后，国民党在武汉组建了一个由陶希圣负责的"艺文研究会"，出版《政论》杂志，史学家何兹全任主编。陈独秀常给《政论》写稿，何兹全与陈独秀常在一些场合碰面，两家便有了来往。何兹全后来回忆说："1942年后，我在国民党中央训练委员会工作时，他（陈独秀）住在重庆上游的江津。他在《时事日报》上写了一篇文章，论说国内国际形势，上篇刊出来了，下篇被扣压不许刊登了。我很想知道下篇的内容，写信给他要。他给我回信，好大的口气，他说：'我叫张国焘给你寄，他没寄？'这以后通过几次信，讨论过一些问题。"1910年出生的何兹全得享百岁高龄，他说："我是现在活着的人中唯一见过陈独秀的人。"

翦伯赞与陶行知是知交。陶不吸烟而翦则是烟鬼。某日，美国友人赠陶一听骆驼牌烟，陶用纸包好托人转赠翦伯赞，并附诗一首："抽一支骆驼烟，变一个活神仙。写一部新历史，流传到万万年。"

张治中与陈布雷一度是侍从室的同事，交情很深。陈体弱失眠，工作繁重，总给人一副愁眉苦脸的印象。张治中则设法减轻他的压力。一次在成都，两人同住一处，某日上午，张治中对陈布雷说："带你去调整调整！"陈布雷说："大哥，我们到哪里去？"张说："你跟我走好了。"张治中后来回忆："这一天，我带他吃成都有名的小馆子，逛少城公园，喝了茶，又看了电影，混了大半天，他感觉愉快得很，笑容可掬。我问他：'好吧？'他说：'好！'以后他常希望我带他'调整调整'。"

徐志摩去世后，冰心致信梁实秋说："他（徐志摩）生前我对着他没有说过一句好话，最后一句话，他对我说的：'我的心肝五脏都坏了，要到你那里圣洁的地方去忏悔！'我没说什么，我和他从来就不是朋友，如今倒怜惜他了。"

15．恩怨

1934年3月16日，季羡林日记记："晚上同（李）长之访叶公超，谈了半天。他说我送给他的那篇东西他一个字也没看，这使我很难过。"第二天的日记写道："心里老想着昨天晚上叶公超对我的态度——妈的，只要老子写出好文章来，怕什么鸟？……我已经决定：叶某真太不通，我以后不理他的了，真真岂有此理，简直出人意料之外。"又记："晚上同长之访老叶，（他）明明在家里，却说出去了，不知什么原因。真真岂有此理。"

1929年春天，鲁迅从上海回北京探亲，在孔德学校碰见老熟人钱玄同。钱见鲁迅的名片上仍印着"周树人"，便笑问："原来你还是用三个字的名片，不用两个字的。"因钱曾以"疑古玄同"为笔名，故鲁迅答："我的名片总是三个字的，没有两个字的，也没有四个字的。"说过这句话后，鲁迅便不再搭理钱玄同。鲁迅在《两地书》中对此的叙述是："往孔德学校，去看旧书，遇金立因（指钱玄同），胖滑有加，唠叨如故，时光可惜，默不与谈。"

蒋介石召集庐山会议时，胡愈之曾写诗讥讽与会者胡适："溽暑庐山盛会开，若干名士溯江来。且看吾家胡博士,慷慨陈词又一回。"胡适答云:"哪个猫儿不叫春,哪个蝉儿不叫夏。哪个蛤蟆不夜鸣,哪个先生不说话。"

1923年,奉天陆军举行演习,郭松龄是校阅委员会委员,张宗昌的部队接受校阅。演习中,张嫌条件恶劣,在一间破屋子里休息时,蹲在炕上边喝酒边骂:"他妈的,这是哪个龟孙的计划,弄得我们这样。"正骂着,郭松龄突然推门进来,问张:"你在骂谁?"张说:"这是我的口头语,并没有指骂任何人。"郭气势汹汹,指着张的鼻子大骂:"我操你妈!这也是我的口头语!"只见张的脸色由红变黑,从炕上一跃而下,左右以为张翻了脸,备不住要拔枪。谁知张跳下炕来对郭说:"郭二大爷,你操俺妈,你是俺的亲爸爸,还有什么说的?"郭没辙,负气而去。张后来对下属说:"你听我说,我叫他爸爸,反正他不是我亲爸爸。"

陈独秀出狱后,何应钦在军政部会客室和陈见了一面,据担任记录的谢伯元回忆,整个见面过程不到三分钟。何问:"陈先生,你身体好吗?"陈答:"好。"何又问:"生活上有什么困难吗?"陈答:"没有。谢谢你!"何说:"以后有机会我们再谈。"随即送客。

1948年"国大"开幕后,何应钦以背部生疮为借口,称病不出席,蒋介石甚为不满。一天晚上八九点钟,蒋突然驱车至何家,何措手不及,慌忙跑上楼躺在床上。蒋直趋卧室,扬言来看何的病,实则怒目相向,一再盘问病情。何应钦答以背上长了大疮,痛不能坐,故连日未能出席"国大"会议。蒋硬是强迫何应钦脱掉衣服检视,确见背疮红肿,才悻悻而去。

1946年秋天,汤恩伯招集数人在上海西浦石路1221号家中开会,商量鼎泰公司的经营事宜。汤认为公司董事长陈铭勋倚老卖老,不听话，要他交出公司的一切职权。陈听后怒气冲冲地说："上海鼎泰公司有今天的规模，是我辛辛苦苦搞起来的，谁也别想让我离开！"汤站起来说："你非离开不可！"陈用手杖指着汤的脸说："谁敢叫我离开？"汤急了眼，一拳打过去。陈也不甘示弱，抬手抽了汤一个耳光。两人遂扭打在一起。汤妻王竞白见状跑到楼上，其他人连忙劝架，但怎么也拉不开。汤大声叫王副官来帮忙，王不敢上前。直到二人打得精疲力竭才罢手。

张发奎曾拥汪反蒋，自视为汪派要角。一日，他去汪家，门房见是常客，马上进去通报，张也跟着往里走。汪精卫正和秘书曾钟鸣谈事，门房报告后，汪连说："又来了，讨厌！讨厌！"此时张已走到门口，这话听得清清楚楚。张回去后恨恨地说："汪精卫的虚伪面目，今天算是被我戳穿了。"

徐悲鸿与刘海粟年纪相仿，但徐曾在刘所办的美专短暂就读。徐悲鸿成名后，不愿被人说成出自刘门，刘海粟偏偏常以此自诩。两人后来交恶，互相诋毁。刘海粟说："有人才有名誉，便欺蔑其启蒙老师，则其人无论其才之美如何，先无人格，余可无论。"徐悲鸿说："有人不过江湖骗子，住两天巴黎，留一头长发，挂块招牌，自诩大师，言其实，则吾令驴尾溅油彩于画布上乱画，成画殆相伯仲也。"

上世纪30年代初，傅雷从法国留学回来，曾在刘海粟当校长的上海美专任教，两年后辞职。傅雷的辞职，一半是出于对刘海粟的不满，他后来回忆："1933年9月，母亲去世，即辞去美专教务。因（一）年少不学，自认为无资格教书，母亲在日，以我在国外未得学位，再不工作，她更伤心；且彼时经济独立，母亲只月贴数十元，不能不自己谋生；（二）刘海粟待我个人极好，但待别人刻薄，办学纯是商店作风，我非常看不惯，故母亲一死即辞职。"1936年，傅雷当众宣布，与刘海粟绝交。

罗皑岚问朱湘："你与新月社交往多，为什么不去北大教书？"朱湘说："北大是胡适之一股学阀在那里，我去求他们犯不着。"

吴宓为《大公报》编文学副刊时，请浦江清等帮忙，一次两人因署名事发生争执。浦江清在日记中写道："先生成见甚深，全不采纳他人意见。视吾侪如雇工，以金钱叫人做不愿意做之文章，发违心之言论。不幸而余在清华为吴先生所引荐，否则曷为帮他做文章耶。"吴宓则在当天的日记中写道："宓陈办事之困难，浦君感情郁激，至于哭泣。宓只得勉慰之。宓做事之困难不能告人。盖《文学副刊》赞襄诸君，皆系文人书生。故（一）盛意气；（二）多感情；（三）轻视功利；（四）不顾实际之需要及困难，往往议论多而成功少。一己成绩殊微而专好批评他人文章，干涉他人之思想言动。"

浦江清说："徐志摩之为人为诗，皆可以'肉麻'二字了之，而死后北平《晨报》乃为出专刊一月，耸海内之听闻。青年男女莫不赞叹，以为伟大诗人，得未曾有，几以诗神爱神目之。"

"五四"前后，胡适与章士钊曾是新旧文化之争的论敌，在各自的阵地（报刊）上互骂。1925年，有人请客，两人在前门外廊坊头条撷英番菜馆相遇，章便邀胡合影，两人各持一张照片。章在照片上题白话诗一首送胡："你姓胡，我姓章，/你讲什么新文学，/我开口还是我的老腔。/你不攻来我不驳，/双口并座，各有各的心肠。/将来三五十年后，/这个相片好作文学纪念看。/哈哈，/我写白话歪词送把你，/总算是老章投了降。/"胡也写了一首旧体诗送章："但开风气不为师，龚生此言吾最喜。同是曾开风气人，愿长相亲不相鄙。"

两边争论最激烈的时候，一次在上海，汪原放请客，章士钊、胡适、陈独秀均在座。胡当面对章说，你的文章不值一驳，章听后并不生气。

三一八惨案发生在章士钊当教育总长的任上，他自然成为舆论攻击的焦点。老朋友沈尹默公开声明与其断绝关系，指章为罪人，天诛地灭云云。鲁迅更是在文中骂章士钊为"章士钉"。后章士钊辞官到上海当律师，沈尹默也辞去北大校长一职到上海卖字为生。章曾致信沈说：昔时骂我者爱我，昔时爱我者害我，历史如鉴，于今兄辞去校长职甚是也。沈尹默得信后，尽弃前嫌，两人在上海过从甚密。当年新文化运动的主将之一陈独秀后来被捕，章还当过陈的辩护律师。

古文家刘师培与今文家崔适是学术上的论敌。巧的是，两人在北大校内的住所门对门，朝夕相见，每逢遇见都客客气气，互称先生，互相鞠躬。然而一站到讲台上，即是另一个样子，相互间极尽攻击之辞，毫不留情。

上世纪30年代初，陈西滢说："在这七八年中，国内文艺界里起了不少的风波，吵了不少的架，许多很熟的朋友往往弄得不能见面。"

鲁迅曾当着叶公超的面指斥徐志摩是"流氓"，后来叶将鲁迅的话转告郭沫若，郭说："当然，鲁迅除了自己，什么人都骂。"

鲁迅逝世后，徐懋庸送去一副挽联："敌乎友乎？余唯自问。知我罪我，公已无言。"

梁实秋说："郁达夫先生一类的文人，报酬并不太薄，终日花天酒地，过的是中级的颓废生活，而提起笔来，辄拈酸叫苦，一似遭了社会的最不公的待遇，不得已才沦落似的，这是最令人看不起的地方。"

抗战前夕，一次梁实秋和罗隆基去清华访潘光旦，顺便到隔壁的闻一多家坐坐。闻一多对罗隆基说："历来干禄之阶不外二途，一曰正取，一曰逆取。胁肩谄笑，阿世取荣，卖身投靠，扶摇直上者谓之正取；危言耸听，哗众取宠，比周谩侮，希图幸进者谓之逆取。足下盖逆取者也。"

抗战期间，艾青、何剑熏和路翎一度都在重庆陶行知办的育才学校教书。何喜欢抬杠，一次指责艾青大男子主义，经常发表一些不尊重女性的言论，侮辱女人。艾青辩解道："我的妻子是女人，母亲是女人，难道我能不尊重妻子和母亲吗？即使不免跟妻子闹矛盾，骂妻子，我可从没有不尊敬母亲。"何剑熏反驳说："难道那些侮辱女人的人的母亲是男人么？"后两人彻底闹翻，何剑熏离开了育才学校。

九一八事变后，马君武《哀沈阳》的诗句曾被传诵一时："赵四风流朱五狂，翩翩蝴蝶正当行。温柔乡是英雄冢，哪管东师入沈阳。"诗句所述并非实情。台湾作家高阳晚年回忆，他曾见过年已80岁的名叫朱湄筠的朱五小姐，朱五告诉他一件事，说一次席间应酬，见到了马君武，于是端着酒杯过去敬酒："您是马博士马君武不是？我就是朱五。"马顿显窘态，不俟终席而去。

鲁迅有一次提起成仿吾时说："他要毁灭我，我如何能忘记了呢？""只要有成仿吾把在艺术之宫的门口，我是进不去的。"

林语堂说："鲁迅与我相得者二次，疏离者二次，其即其离，皆出自然，非吾于鲁迅有轩轾于其间也。吾始终敬鲁迅；鲁迅顾我，我喜其相知，鲁迅弃我，我亦无悔。"

1932年，为营救牛兰夫妇，由柳亚子领衔共36人具名致电南京政府司法院院长居正，要求放人，半个月后，居正的批示寄到柳亚子寓所，有"该柳亚子等"的字样。柳亚子遂致信鲁迅等签名人通告此事，并说："觉生（居正字）是同盟会的委员，又是南社的社友。照南社中的资格讲起来，我还是社长呢，而且彼此又是老朋友，他做了司法院长，居然'该'起我来，那真是院长不可为而可为了。"

上世纪30年代，梁思成夫妇住北平总布胡同，金岳霖住梁家后院。一些学术界的名流常来聚会，让这个院子渐渐成了一个颇有些名气的文化沙龙。林徽因则在这个文化沙龙中扮演着重要角色。冰心后来写了篇题为《我们太太的客厅》的小说，有如下描述："我们的太太自己虽是个女性，却并不喜欢女人。她觉得中国的女人特别的守旧，特别的琐碎，特别的小方。""我们的太太从门外翩然的进来了，脚尖点地时是那般轻……只是年光已在她眼圈边画上一道淡淡的黑圈，双颊褪红，庞儿不如照片上那么丰满，腰肢也不如十年前'二九年华'时的那般软款了！""太太已又在壁角镜子里照了一照，回身便半卧在沙发上，臂肘倚着靠手，两腿平放在一边，微笑着抬头，这种姿势，又使人想起一幅欧洲的名画。"包括林徽因本人在内的很多人据此认为，这是冰心在影射和嘲讽林徽因，李健吾回忆："我记起她（林徽因）亲口讲起一个得意的趣事。冰心写了一篇小说《我们太太的客厅》讽刺她，因为每星期六下午，便有若干朋友以她为中心谈论种种现象和问题。她恰好由山西调查庙宇回到北平，带了一坛又陈又香的山西醋，立即叫人送给冰心吃用。"但冰心1992年在一次接受采访时说："《我们太太的客厅》那篇，萧乾认为写的是林徽因，其实（原型）是陆小曼。"

胡风说："有一次鲁迅感慨地说：茅盾喜欢说'阔气话'。这是他和茅盾相交十多年的一个小结论。"

1927 年 6 月，鲁迅在提及蔡元培时说："我和此公，气味不投者也。"

"我的朋友胡适之"这句话有时也不免让胡适的圈子之外的一些人心生妒嫉，梁宗岱说："胡适在一定程度上败坏了我们的学风，做学问既不扎实，又不诚实，一味赶时髦，求虚名。"

1926 年 11 月，罗振玉致函王国维："弟、公垂交三十年，此三十年中，大半所致必偕，论学无间，而根本实有不同之点。弟为人偏于博爱，近墨；公偏于自爱，近杨。此不能讳者也。"

翁文灏与李四光不和，丁文江活着的时候，曾试图调解两人关系，但翁不接受调解。

顾颉刚和颜文樑是发小。两人原本关系甚密，某日不知为什么闹翻，打了起来。顾颉刚一急之下，抓着颜的手腕就来了一口。多年后，颜向郑逸梅示以伤疤，郑说："虽经数十年，痕迹犹留腕间。"

1923 年，胡适在一篇文章中说："前后许多政论都不如这时批评梁漱溟、张君劢的文章有价值。"陈独秀响应说："梁漱溟、张君劢被适之教训一顿，开不得口，是思想界的一线曙光！"而梁漱溟则认为："我不觉得我反对他们的运动！我不觉得我是他们的敌人，他们是我的敌人"；"他们觉得我是敌人，我却没有这种意思。"

抗战期间，宋云彬在桂林。首部《鲁迅全集》出版后，寄到桂林，宋细读一遍，编了一册《鲁迅语录》。后来，曹聚仁到桂林，宋问曹:"为什么鲁迅没骂过你呢?"

杨石朗曾投贺天健门下学画,贺对杨颇为器重,甚至视杨为自己的唯一继承人。但杨石朗后来见异思迁,见吴湖帆这边香火旺盛,便改投吴门。贺极为愤慨,自然也迁怒吴湖帆,遂与吴绝交。

康有为曾赋诗称赞林纾的翻译,严复一向瞧不起林纾,看到康有为的诗,指斥康胡闹,天下哪有一个外国字不认识的"译才"。

1922年,胡适起草了一个《我们的主张》的宣言,蔡元培、梁漱溟、李大钊等15人参与讨论并署名,后梁启超、林长民等看了很不高兴,林说:"适之我们不怪他,他是个处女,不愿意同我们做过妓女的人来往。但蔡先生素来是兼收并蓄的,何以排斥我们?"

1934年,巴金参与编辑的《文学季刊》抽掉了季羡林投来的《兔子》一稿。这让季羡林大为不满,他在1934年3月25日、26日的日记里接连写道:"像巴金等看不起我们,当在意料中,但我们又何曾看得起他们呢?""因为抽稿子的事情,心里极不痛快。今天又听到(李)长之说到几个人又都现了原形,巴金之愚妄浅薄,真令人想都想不到。我现在自己都奇怪,因为自己一篇小文章,竟惹了这些纠纷,惹得许多人都原形毕露,未免大煞风景,但因而也看出究竟。"

1923年7月19日上午,周作人给鲁迅送去一信:"鲁迅先生:我昨天才知道,——但过去的事不必再说了。我不是基督徒,却幸而尚能担受得起,也不想责谁,——大家都是可怜的人间。我以前的蔷薇的梦原来都是虚幻,现在所见的或者才是真的人生。我想订正我的思想,重新入新的生活。以后请不要再到后边院子里来,没有别的话。愿你安心,自重。七月十八日,作人。"此前的7月14日,鲁迅在日记中写道:"是夜始改在自室吃饭,自具一肴,此可记也。"当天日记记:"上午启孟(周作人)自持信来,后邀欲问之,不至。"自此兄弟失和。而周作人信中所指,被说来说去,猜来猜去,至今仍是个谜。

刘文典说:"在西南联大,陈寅恪才是真正的教授,他应该拿四百块钱,我该拿四十块钱,沈从文该拿四块钱。可我不会给他四毛钱。沈从文都是教授,那我是什么?那我是什么?我不成了太上教授了吗?"一次跑警报,沈从文撞上刘文典,刘文典随后对学生说:"陈寅恪跑警报是为了保存国粹,我刘某人跑是为了庄子,你们跑是为了未来,沈从文替谁跑啊?"

1929年5月,鲁迅从上海回北京探亲期间,曾应邀到一些学校演讲。5月22日晚,他写信给许广平说:"傍晚往燕京大学讲演了一点钟,听的人很多。我照例从成仿吾一直骂到徐志摩,燕大是现代派信徒居多——大约因为冰心在此之故——给我一骂,很吃惊。"

16. 年节

1912年1月1日,民国诞生。这一年,叶圣陶18岁,住在苏州。当天下午,他和顾颉刚等两三友人到观前街闲逛,日记里有"风狂云黯,市静人稀"的描述。日记还特地注明:"今日为吾国改用阳历之第一日。"叶与顾的交情,一直持续到上世纪80年代初顾颉刚病逝。一个多月后,民国迎来第一个春节,叶圣陶又在日记中写道:"岁岁元旦,观夫融融之日,油油之天,每以意象之觉殊而另有一种境况。此境况今日亦觉得之也。"与叶圣陶同岁的吴宓,当时正在北京清华学校读书,他在大年初一的日记里写道:"晨,为《水调歌头》一阕,殊不惬意。午无事。晚,及李君伯愚并仲侯、君衍捕雀为戏。嘻,此亦新年之常例。"

1917年除夕,时鲁迅居北京城南绍兴会馆,他在当天的日记中写道:"夜独坐录碑,殊无换岁之感。"

陈济棠曾是广东实力派人物。俗语云:"一人得道,鸡犬升天。"他的亲朋中自不乏握有实权者。广东商人霍芝庭凭借陈妾莫秀英等为后台,连续多年包办全省最大的烟、赌捐务,获利无算。某年正月初一,霍到莫秀英家拜年,给莫的儿女各"利是"一封,每封内装一张 10 万元的支票,合计达一百多万。霍辞去后,莫拆封一看,不禁也为之讶然。

1947 年冬,蒋介石夫妇到庐山住了一段时间。除夕,蒋氏夫妇请身边工作人员吃年夜饭,江西省主席王陵基和侍卫长俞济时在座。蒋介石夫妇分坐一张长条桌的两端,王坐蒋的左手,俞坐右手,其他人员居中间。席上没有什么名贵菜肴,也不备酒。最显眼的是一只烤火鸡。宋美龄见火鸡烤得比较酥,便劝牙口不好的蒋介石多吃点。

天津金融界大买办魏信臣和宁星普交情不浅,过年时必亲到宁宅拜贺,每次都带银票 1000 两给宁家的孩子当压岁钱。

民初的某个春节,梁实秋的父亲说:"我愿在哪一天过年就在哪一天过年,何必跟着大家起哄?"

邵乾一在东北各大城市如哈尔滨、长春、大连等地都有买卖。一次邵从哈尔滨回老家金县过年,命跟班给他蒸两大筐馒头带回去。跟班说:"这多不好看。"邵说:"少废话,我看家里过年能吃上馒头就不错了。"

张群与民生银行老板周作民过从甚密。1946 年春节,周在成都,张特地在除夕赶到成都,邀周同车观览市区年景,并下车漫步街头一小时许。春节期间,张群还在寓所备下一桌丰富的肴馔款待周作民。周在日记里说:"据称抗战中,(张群)款客极俭,今特为余设此盛席,可感。"

许杰的老家在浙江天台。当地习俗是腊月收账,一直收到年三十,正月初一去讨债则不吉利。凡是提着灯笼要债的都算年三十晚上出来的,可以一直提到初一早晨。穷人家最难过的是年关。许杰家穷,一向欠债,而他叔祖父则开店当债主。每及除夕,父亲就开溜,跑到叔祖父家,一是避债,二是替叔祖父要债,兼充两种截然相反的角色。

1931年元旦,在孩子们的发起下,苏州九如巷张家以一场热闹的"同乐会"过了新年。除家人外,还有一些来宾应邀参加。晚会自晚6点开始,除了跳舞奏乐唱昆曲,还演出了田汉创作的独幕话剧《咖啡店之一夜》,17岁的张宗和扮演男主人公,他的姐姐、22岁的张允和扮演女主人公,其他角色均由张家姐弟担当,而他们的继母韦均一也被安排扮演了一个只有三句台词的店主人。

1934年除夕,胡适忙于应付饭局,他在日记中写道:"午饭在欧美同学会,有两局:一面是孟和、孟真为袁守和饯行;一面是余上沅约梁实秋吃饭,并有今甫、一多、吴世昌、陈梦家、公超、林伯遵众人","晚上到美国使馆吃晚饭"。"我回家时,家中过年的客还在打牌,我打了四圈,就去睡了。他们打牌守岁,直到天明。"

1936年除夕,何其芳拎着几斤莱阳梨到青岛找卞之琳。卞正在一个德国人开的消夏旅馆里埋头翻译小说。两个年轻人在清冷和闲谈中过了一个大年。

郑逸梅住在苏州时,每逢新年,都约上二三友人去玄妙观闲逛。走累了便去三万昌茶肆,凭槛品茗,遍览眼前的一片承平气象。他后来移居上海,很怀念那段闲在的日子,"思之犹在目前"。

郁达夫居杭州时,逢年过节喜欢去爬城隍山,他说:"这城隍山的一角,仿佛是变了我的野外的情人,凡遇到胸怀悒郁,工作倦颓,或风雨晦暝,气候不正的时候,只消上山去走它半天,喝一碗茶两杯酒,坐两三个钟头,就可以恢复元气,爽飒地回来,好像是洗了一个澡。去年元日,曾去登过,今年元日,也照例的去;此外凡遇节期,以及稍稍闲空的当儿,就是心里没有什么烦闷,也会独自一个踱上山去,痴坐它半天。"

1929年春节,大年三十和正月初一,26岁的浦江清都在清华的单身宿舍里写《殷墟甲骨之新发现》,初一中午完稿后,才进城和几个朋友看了场戏。15年后,浦已是西南联大教授,虽处战时,家眷在上海老家,他独自僻居昆明,但这个年过得有滋有味,热闹非凡,已经今非昔比了。1944年除夕,他在日记里写道:"上午佩弦(朱自清)请吃烤年糕。下午同人集合包饺子。晚饭即吃蒸饺,另菜二碟,佐以酒。又闻(一多)家送来鸡肉一碟,萝卜球一碗。此即年夜饭矣。同人兴致尚好。我自幸今年得在自由区过年,如仍僦居上海,则愁闷可知。晚饭后在闻家打牌。同人皆加入,或打四圈,或八圈、十二圈不等。"这场牌局一直持续到初一天亮。初一"早起甚迟",吃煎饺子,中午仍是大家一起聚餐,有烧肘子、炒猪肝、冰糖白果等,晚饭后,浦又"入雀局"。初二午饭后,浦江清外出拜年,他在日记里写道:"至棕皮营陈梦家、游泽承及钱端升、金岳霖诸家,均有茶点。归时,余戏咏:'一去二三里,烟村四五家'之句。"初三,天寒,上午浦江清与朱自清、游国恩等在闻一多家围炉谈诗,午后去他处唱昆曲。当夜仍在闻家"围炉谈","自宗教、科学至新旧诗、电影、话剧皆谈,互为辩论。"初四,浦与闻一多夫妇、朱自清散步到散村余冠英家,又去黑龙潭一游。当天记道:"夕阳照潭,竹树荫蔽,境甚清幽。庙中山茶尚盛。一株梅花姿态甚好,正盛开。"

张元济虽为新派人物,生活理念及实践常破旧立新地领导潮流,但家中有些习俗乃至陋俗却因循不去。他家的年夜饭必有两道菜。一为"金条",即萝卜丝炒豆腐丝;一为"元宝",即蛋饺。皆取发财之意。此外,张家每年除夕都要摆供祭祖,列队磕头。

据说1941年除夕,汪精卫在南京颐和路寓所前贴了这样一副春联:"立民族民权民生之宏愿;开为党为国为民之大业"。当晚,就有人在对联上加以修改:"立泯族泯权泯生之宏愿;开伪党伪国伪民之大业。"

1947年8月,乔大壮只身到台湾,任台大中文系教授,次年独在异乡过年。乔嗜酒,加上孤独感,从除夕起就不吃菜而大喝金门高粱酒,灯前将家人的照片摊在桌子上。如此一连数日,始终处在醉眼朦胧的状态。

学者邓云乡晚年曾忆及抗战前北平置办年货的场景:"那时我家住在西城,一到腊月里,卖年货的,不单南到单牌楼,北到四牌楼,到处南货铺、点心铺、猪肉杠、鸡鸭店、羊肉床子、大小油盐店,拥满了人,而且马路牙子上,也都摆满了各种摊子,干果子铺门口,都吊着大电灯,那大笸箩堆的什锦南糖、京杂拌,都像小山一样。堂子胡同口上一家大鸡鸭店,大肥鸭子吹足了气,擦上油,精光肥胖,天天吊满了铺子。一般教书的、当职员的人家,拿出十块二十块'忙年',就能买不少东西了。买只五六斤重的大肥鸭子,一块大洋还要找钱呢。"

剃头洗澡,是北平过年中的一景。大年三十,京城的大小澡堂子破晓即营业,24小时连轴转,到初一凌晨仍灯火通明、浴客满堂。澡堂子的从业伙计多为河北定兴人,操着怯腔的喊声此起彼伏:"看座——里边请","这边来一位","垫板儿——"……

民国时期,每逢除夕,天津南市的"落子馆"都有民间会演。唱梨花大鼓的、唱京韵大鼓的、唱单弦、靠山调、莲花落的等等,齐聚这里。演员都穿红缎绣花裙子、短袄，头戴珠花。一直唱到半夜，然后由各自"相好"的陪着去天妃宫烧头香，图个一年的吉利。客人这时候来凑热闹，掏出的票子较平时翻倍。

徐铸成回忆："抗战前一年，是我在上海过的第一个新年。除夕深夜，费彝民、王芸生两兄驾车来邀去观光上海的新年夜景。先去老城隍庙和永安公司的天韵楼兜了一圈后，到了南京路的红庙，只见成群的莺莺燕燕，都穿着一色的红绸裤袄或红旗袍，一个个虔诚跪拜，烧纸钱上香，还有些西装革履或袍褂俨然的青年或大腹便便的壮年们跟随着。听说，这些姑娘们，都是一等、二等班子里'生意上'的。"

1927年秋，罗亦农在上海新闸路麦特赫斯特路口租了一个二楼二底带厢房的房子，房子和家具都不错，用郑超麟的话说："简直像一个阔人的大公馆。"1928年元旦，罗亦农在这里办了数桌酒席，瞿秋白、王若飞、陈乔年、苏兆征、邓小平、郑超麟、夏之栩等二十来人到此过年。郑超麟后来回忆说："大家吃得痛快，玩得痛快，特别给我留下深刻的印象，以致我至今还记得不少参加的人。"很多人大概因为平时处于险境，神经绷得过紧，借着过年彻底放松一下，因而有郑超麟所谓"痛快"一说。席间不少人都喝醉了，郑超麟当时正和刘静贞谈恋爱，遂成为大家哄闹的对象。郑寻机从后门逃走后，却被王若飞醉醺醺地追到街上把他拉了回去。

沈尹默回忆说："'五四'前后，有一个相当长的时期，每逢元日，八道湾周宅必定有一封信来，邀我去宴集，座中大部分是北大同人，每年必到的是：马二、马三、马九弟兄，以及玄同、柏年、逷先（朱希祖）、半农诸人。席上照例有日本新年必备的食物——粢饼烤鱼之类，从清晨直到傍晚，边吃边谈，作竟日之乐。谈话涉及范围极其广泛，有时也不免臧否当代人物，鲁迅每每冷不防地、要言不繁地刺中了所谈对象的要害,大家哄堂不已。"

画家司徒乔回忆说,1925年除夕,"一位燕大同学请我吃辞年饭,我走到筒子河边,经过一间施粥厂门前,突然有四个全副武装的警察,高举着棍棒,手推脚踢把一个拖着两个孩子的孕妇扑打出来。问起原因,是那妇人讨了一碗粥给孩子们吃了,最后想为自己讨一碗,就是为这,四个大汉子扑打凌辱她。这灭绝人性的事件使我无法参预同学们的除夕宴叙,我跑回宿舍,把当时情景快笔记下,因为素描基础不好,又是凭记忆追溯,画得十分粗糙,怕只有自己才认得出那笔线所倾诉的东西"。这幅画后来被鲁迅从一个展览会上买去。

1934年春节,茅盾写了一篇《上海大年夜》,他自称这是他实地考察的记录。茅盾后来回忆说:"报纸上早就说'市面衰落',实际是南京路的商店至少有四五十家过不了年关,单是房租,就欠了半年多。房东要求巡捕封店,还没解决,因为工部局如果发封,就伤它统治下的大上海的体面。各报也因农历大年夜而停刊,但出有号外,这些号外上,只有电影院的广告,极尽夸大、刺激、诱惑的能事。马路上,排着长蛇阵的,只有电车、公共汽车和私人的或出租的小汽车。黄包车几乎无人光顾,因为它们的老主顾——小市民,口袋已经空了。电影院(高级的)却是每场都满座,我们九时半去买票,跑了两三家,都没有买到。后半夜,大上海的马路上已经冷冷清清。归家的路上,碰到一位乡亲,他告诉我:南京路的商店只有两家半是赚钱的;这两家是三阳南货店和五芳斋糕团点心店,那半家是冠生园。"

1935年除夕,鲁迅致信黄源:"今年爆竹声好像比去年多,可见复古之盛。十多年前,我看见人家过旧历年,是反对的,现在却心平气和,觉得倒还热闹,还买了一批花炮,明夜要放了。"次日,即大年初一,鲁迅又致信杨霁云:"今年上海爆竹声特别旺盛,足见复古之一斑。舍间是向不过年的，不问新旧，但今年却亦借口新年，烹酒煮肉。且买花炮，夜则放之，盖终年被迫被困，苦得够了，人亦何苦不暂时吃一通乎。况且新生活自有有力之政府主持，我辈小百姓，大可不必凑趣，自寻枯槁之道也。"

1927 年，郁达夫独自一人在上海过年。除夕，他在沧州旅馆订了一个房间，当晚，他的一些朋友陆续来旅馆洗澡，郁达夫在日记中写道："中国人住处，设备不周，所以弄得一间房间内，有七八个人来洗澡，旅店的 Manager 颇有烦言，也只好一笑置之。"第二天的日记说："火炉熊熊不息，室内空气温暖，一个人坐在 curtain（窗帘）后，听窗外面的爆竹声，很有点出世之想……很想在此地久住，但费用太昂，今天午前，必须离开此地，不过将来若经济充裕的时候，总要再来住它一两个月，因为地方闲静清洁，可以多作冥想的工夫。"郁达夫离开沧州旅馆后，到创造社出版部吃午饭。"午后和出版部同人玩骨牌，输了两块多钱。傍晚五时前后，出至周家，和女太太们打牌，打到天明。"

1940 年 2 月 7 日为除夕，时宋云彬在桂林，日记记道："晚五时，去开明，吃绍兴酱鸭、鱼干，均佳，白鸡亦好。六时一刻，赴新生菜馆，应国新社之邀。餐后，参加国新社联欢会，余已小醉，歌昆曲，大笑，不觉酒涌上来，醉态毕露。杨彦英、丁务样、林山挟余归寓，倒头即睡，不知东方之既白。"次日（大年初一）又记："昨宵醉态毕露，传为笑柄，晨起尚觉头昏，吃橙子两枚。"

1941 年 1 月 26 日是旧历除夕，宋美龄在香港不归，蒋介石在日记中写道："本夕为旧历除夕，孤单过年，世界如此孤居之大元帅，恐只此一人耳。"

1940 年旧历除夕，周佛海时居上海，他在日记中写道："遥忆老母生辰,未能侍奉,不禁泣下。每逢佳节倍思亲,未知何时始能膝下承欢也。"此后三天,他接连每晚"赴76号观剧",或"深夜始归",或凌晨"三时始返"。

汪曾祺出身于一个旧式大家庭,分好几"房"。他后来回忆说:"每年除夕,要在这方桌上吃一顿团圆饭。我们家吃饭的制度是:一口锅里盛饭,大房、三房都吃同一锅饭,以示并未分家,菜则各房自炒,又似分居。但大年三十晚上,祖父和两房男丁要同桌吃一顿。菜都是太太手制的。照例有一大碗鸭羹汤,鸭丁、山药丁、慈菇丁合烩。这鸭羹汤很好吃,平常不做,据说是徽州做法。""大年初一,祖母头一个起来,包'大圆子',即汤团。我们家的大圆子特别'油'。圆子馅前十天就以洗沙猪油拌好,每天放在饭锅头蒸一次,油都'吃'进洗沙里去了,煮出,咬破,满嘴油。这样的圆子我最多能吃四个。"

梁实秋生长于京城一个极其守旧的家庭。家中平时绝对禁赌,根本就没有麻将牌,因而他从小不知麻将为何物。只是每年除夕到上元这段时间开赌禁,但也仅以掷骰子状元红为限,下注三十个铜板,每次玩时不超过一两小时。一次过年,梁实秋斗胆问起麻将的打法,其父正色道:"打麻将吗?到八大胡同去!"

梁漱溟从不过年。1930年,他在河南辉县办村治学院时,给亲戚写信说,看到老百姓生活之苦,就没有心思回北京过年了。那时兵匪不分,这个年,他是和衣而睡,在分不清鞭炮声还是枪声中一个人度过的。1935年春节,他在上海访问军事家蒋百里。1936年春节是在梧州到南宁的途中。1938年初梁漱溟去延安,归途坐火车到开封时恰值大年三十晚上,他一个人住进河南旅馆,就这样把年过了。1939年春节,他正在前往敌后巡视的途中,2月18日的日记记道:"旧历除夕,车过三原,晤赵戴文于一花园中;晚抵洛川,途中落雪。"1940年春节，梁漱溟觉得和孩子在一起的时间太少，便利用寒假带他们兄弟俩去重庆北碚，除夕是在附近的缙云寺里过的。

1948年春节，丰子恺时居杭州葛岭，一时书兴大发，欣然为附近村民大写春联，一村人家，不留虚户。但村民不知珍爱，写了也就写了，多年后，已不剩片纸。

蒋介石在大陆的最后一个春节，是在溪口过的。1949年从除夕起到正月十五，蒋介石特地从上海延聘著名的票友及京剧演员到溪口，大演其戏。先在武岭学校演出六天，再到上下白岩庙各演两天，又在武山庙、新旧蒋家祠堂各演出一二天。演的都是还愿戏。演出剧目中，第一出常常是演黄巢起义斩了柳空和尚的戏，其次常演的是借东风、甘露寺、回荆州一类的三国戏。

李辛白是辛亥老人，抗战期间避难他乡乡间，生活极其困苦，1938年有《咏除夕》一诗："乞米度除夕，今年第一年。还家惟有梦，买酒已无钱。两鬓白如雪，孤怀冷似泉。匈奴何日灭，万里靖狼烟。"

抗战初期，张治中任湖南省主席。1938年2月，他曾微服私访，步行七县，作了一次秘密旅行。张于大年初一出发，在湘潭的一个村庄休息时，与农民闲谈，他问："你们过年，为什么不贴对子呢？"农民答："没有闲钱！"又问起十来岁的孩子读不读书，老百姓的牙为什么都是黄的等诸如此类的问题，所答都很干脆且一致："没有钱！"

17. 意趣

上世纪30年代，姚雪垠曾四度"北漂"，是一个典型的文学青年。第二次来北平时，已入冬季，他住在沙滩一带的蓬莱公寓，因为坐不起黄包车，每天步行到文津阁北京图书馆看书，早出晚归。他晚年回忆说："那时，晚上9时以后，从文津街到沙滩的一路上已很冷清，行人稀少。留在我脑海里印象最深的是，有几次我回来时走到金鳌玉蛛桥上，凭着汉白玉栏杆停留一阵。冷月高照，北海和中南海灯火稀疏，偶有微风吹过，看石桥附近的片片枯荷飒飒作声。"

1923年，臧克家考入山东省立第一师范。当届新生都住济南郊区的"北园"，这与今天一些学校近似。北园处处流水，满眼稻田。秋末，荷枯时，把水放走，一派野趣，虽不乏苍凉感，意境却很生动。闲暇时臧克家常邀同学李广田、邓广铭等外出，迎着秋色，在铁道上用双脚走单轨，一直走到黄台车站。

第二年搬到校本部后，臧克家和几个喜欢文学的同学结为一个小集团。一个初秋的黄昏，他们带着一瓶酒来到大明湖畔，跳上一条船，让撑船的划到幽静处。臧克家后来这样描述当时的情景和心境："暗空无月，寒星闪闪，静夜冷清，孤舟湖心。这时，我们心情自由舒畅,好似置身自己的天地。"

缘缘堂被战火摧毁后,丰子恺一连写了数篇文章追记和怀念它,把缘缘堂春夏秋冬的意趣揭了个底儿掉。例如夏天,"垂帘外时见参差人影,秋千架上时闻笑语。门外刚挑过一担'新市水蜜桃',又来了一担'桐乡醉李'。喊一声'开西瓜了',忽然从楼上楼下引出许多兄弟姐妹。傍晚来一位客人,芭蕉荫下立刻摆起小酌的座位。这畅适的生活也使我难忘"。再例如冬天,"屋子里一天到晚晒着太阳,炭炉上时闻普洱茶香"。"廊下晒着一堆芋头,屋角里藏着两瓮新米酒,菜厨里还有自制的臭豆腐干和霉千张。星期六晚上,儿童们伴着坐到深夜,大家在火炉上烘年糕,煨白果,直到北斗星转向。这安逸的滋味也使我难忘。"

李宗仁长年戎马军中,不知"避暑"为何味。他任五战区司令长官时,驻屯湖北老河口。1942年夏天,酷热难当,白天树叶能被晒得卷了起来。有人建议他到距老河口六十里地的薤山避暑。李初无此意,后因实在太热,众人力劝,战事又相对稳定,就去薤山住了几天。山上原有外国传教士建的十余幢洋房,此时主人都已避战回国,李宗仁一行权充游客住了进去。他们的汽车开到薤山脚下,坐滑竿上山时已觉清风徐来,"山上林荫片片,泉水潺潺,真是别有一番天地。我这才尝到所谓避暑的乐趣"。这一年,李宗仁52岁。

1949年4月22日傍晚,李宗仁到杭州面见蒋介石后回到南京。此时,南京四郊已炮声隆隆,市区一片凄凉。中山路、太平路等繁华地带的店铺全部歇业,街上行人绝迹。这是南京作为中华民国首都的最后一个夜晚。当夜,李宗仁虽"解衣而卧",但"辗转反侧,未能入寐"。第二天,他匆匆登机离去。当日,南京解放。

1934年秋,舒新城偕妻子出游苏州青阳港,当夜两人荡舟河上,一切静止,唯有他们的桨声和偶然过往的火车声打破天人之间的沉寂。舒写道:"桨声如诉,车声如吼,有如天籁,而饭店路灯之倒映在水中则有如星斗。我们在一叶扁舟之中,占有了全宇宙,少年心情陡然增长,乃放乎中流,引吭高歌。"

张恨水在南京时,冬天常独自坐公共汽车出城,到江边散步。喝过一阵西北风后,再找一家江边的茶馆喝茶,泡一壶毛尖,来一碗干丝,摆上两碟五香花生米,"隔了窗子,看看东西两头水天一色,北风吹着浪,一个个地掀起白头的浪花,却也眼界空阔得很。"

1929年初,钟敬文与友人同游西湖,被"冷趣"所吸引,大发感慨说:"当我们在岳王庙前登舟时,雪又纷纷地下来了。湖里除了我们的一只小划子以外,再见不到别的舟楫。平湖漠漠,一切都沉默无哗。舟穿过西泠桥,缓泛里西湖中,孤山和对面诸山及上下的楼亭房屋,都白了头,在风雪中兀立着。山径上,望不见一个人影;湖面连水鸟都没有踪迹,只有乱飘的雪花堕下时,微起些涟漪而已。柳宗元诗云:'千山鸟飞绝,万径人踪灭。孤舟蓑笠翁,独钓寒江雪。'我想这时如果有一个渔翁在垂钓,它很可以借来说明眼前的景物。"

1929年2月的一天晚上,清华一些青年教师聚在一起讨论如何要求学校恢复助教派送留美问题。事毕,潘世宁、孙瑞珩、浦江清等又留下来漫谈婚姻等话题,午夜后方散。当天是正月十三,明月当空,显得高而小。三人漫步校园,浦江清对潘世宁说:"古人言'山高月小',今在平地,何能若是?"潘答:"北方天气特别洁净,天无纤云,故能如此。"三人便决定暂不回屋睡觉,出了学务处大门,在校园内绕行。浦江清在当天的日记中写道:"全园似均已入梦,绝无灯火,静极,惟闻三人脚步声。路上见一警察,向余等颇注视,月光中不能视其面,当有错讶之色耳。余谓:'万事皆有缘,朋友相值,闲谈,闲行,皆有缘分在。'潘云：'朋友中有合有不合，不可用理由讲解，我等即出一千块钱，有谁肯陪我们闲谈到二三点钟，又犯寒出门看月耶！'"

学者钱穆是无锡人，北来后并无不适应的感觉，反而很畅快。他在一本书里写道："余初来北方，入冬，寝室有火炉。炉上放一水壶，桌上放一茶杯，水沸，则泡浓茶一杯饮之。又沸，则又泡。深夜弗思睡，安乐之味，初所未尝。"又写道："其时余寓南池子汤锡予家，距太庙最近。庙侧有参天古柏两百株，散布一大草坪上，景色幽茜。北部隔一御沟，即面对故宫之围墙。草坪上设有茶座，而游客甚稀。茶座侍者与余相稔，为余择一佳处，一藤椅，一小茶几，泡茶一壶。余去，或漫步，或偃卧，发思古幽情，一若惟此最相宜，余于午后去，必薄暮始归。"

1921年7月2日，胡适到什刹海参加一场婚礼并为男方主婚，当日记道："什刹海荷花正开，水边有许多凉棚，作种种下等游戏。下午游人甚多，可算是一种平民娱乐场。我行礼后，也去走走。在一个古董摊上买了一幅杨晋的小画，一尊小佛，这是我平生第一次买古董。"半个多世纪后，学者邓云乡借着胡适的这段描述大加发挥，他推断胡适出席的婚礼设在什刹海湖畔的会贤堂，进而说："会贤堂门前的风光旖旎无比，尤其那个楼，坐西北，向东南，十一间磨砖对缝的高大二层楼房，楼上临什刹海都是宽大的走廊，那落地大玻璃门里面，都是一间间的雅座。酒宴未开，或酒阑席后，雅座中的人都倚在栏杆上，眺望荷花市场的风光，下面的人望上去，梳着大辫子，梳着爱司头，簪着玉簪花、栀子花的旗下大姑娘小媳妇，笑语时闻，真像神仙中人一样。"

之江大学是一所教会学校，坐落在杭州六和塔钱塘江畔，倚山靠水，景色如画。上世纪30年代在这里执教的学者夏承焘曾在日记中写道："夜与雍如倚情人桥听水，繁星在天，万绿如梦，畅谈甚久。"雍如即顾雍如，北京大学毕业，是夏承焘的同事和密友。此前的1924年

7月，正在这里就读的施蛰存写下了他自认为平生"最美丽"的一则日记："晚饭后，散步宿舍前，忽见六和塔上满缀灯火，星耀空际，且有梵呗钟声出林薄，因忆今日为地藏诞日，岂月轮寺有祝典耶？遂独行到月轮寺，僧众果在唪经，山下渔妇牧竖及同学多人，均行游廊庑间，甚拥塞。塔门亦开放，颇多登陟者，余踌躇不敢上。看放焰口到九时。旋见教授女及其弱弟，方从大殿东遍出，望门外黝然者，亦逡巡莫知为计。余忽胆壮智生，拔弥佛前蜡烛，为牵其弟，照之归校，并送之住宅前，始返宿舍，拥衾就衣，不胜其情怀恍惚也。"

上世纪三四十年代，张中行常与友人墅君结伴游北平西郊的农事试验场（万牲园，即后来的动物园）。他晚年回忆说："园西部有一片田园，种多种庄稼，多种果树。记得一个初夏的上午，麦田已经由绿趋黄，我们曾坐在麦垄间，闭目听布谷叫。这使我们想到世间，觉得它既很辽阔又很狭窄。比田园更可留恋的是溪水夹着的土冈，冈上的丛林，我们经常是在那里闲坐，闲谈，看日色近午，拿出带来的食品，野餐。丛林中，春夏秋三季象色不同，以秋季为更有意思。布谷鸟早没有了，草丛中却有大量的蟋蟀，鸣声总是充满凄楚。这使我们又想到人世间，但不是辽阔和狭窄，而是太短促了。"

邓云乡说："人间的幸福生活，不单纯在于物质的完备与奇巧，而更惹人系念的，似乎是一种洁净的环境、安静的气氛、美的关系和艺术的情趣。比如旧时在北京过夏天，住在一条小胡同的小三合院中，两三间老屋，里面四白到地，用大白纸（一种糊墙纸）裱糊得干干净净，一副铺板，铺张新草席，一个包着枕席的小枕头，院中邻院的大槐树正好挡住西晒，这样你每天下午在那糊着绿阴阴的冷布纱窗下的铺板上睡个午觉。一枕醒来，尚有点朦胧睡意，这时便有两种极为清脆的声音随着窗际的微风送入耳鼓，断断续续，悠悠动听，一是庭院中枣树上的知了声，越热越叫得欢；二是大门外胡同口卖冰人的冰盏声,越热敲得越脆。诗人王渔洋所谓'樱桃已过茶香灭,铜碗声声唤卖冰'。这样的环境,这样的气氛,这样协调的人与物的关系,这样毫未超绝尘寰的艺术境界,不是人间最舒服、最美好的吗?又何必北京饭店十六楼的空调套房呢?真是太麻烦了。"

1931年9月的一个星期天,胡适与徐志摩、罗尔纲同游景山。胡适说:"北平天气,一年最好是秋天。真是浮生难得半日闲,怎样才能把工作放下来欣赏这秋光才好。"

1926年,郁达夫在广州执教中山大学,他在11月22日的日记中写道:"同一位同乡,缓步至北门外去散步,就在北园吃了饭。天上满是微云,时有青天透露,日光也遮留不住,斑斓照晒在树林间。在水亭上坐着吃茶,静得可人。引领西北望,则白云山之岩石,黄紫苍灰,无色不备,真是一个很闲适的早晨。"

1934年,郁达夫时已定居杭州。年初某日,他一早起来感到"郁闷无聊",便外出散步。他在日记中说:"钱塘江水势已落,隔江栈桥,明晰可辨,钱塘江桥若落成,江干又须变一番景象了。西湖湖面如一大块铅版,不见游人船只,人物萧条属岁阑,的确是残年的急景……心胸不快时,登吴山一望烟水,确能消去一半愁思,所以我平均每月总来此地一二次。"

1928年夏天,郁达夫从杭州北上避暑,在北平逗留月余。8月25日日记记:"昨晚为中元节,北海放荷花灯,盛极,人也挤得很。晚饭后回来,路上月明如昼,不意大雨之后,却有此良宵矣。"

钱穆有野趣之好。在西南联大时,他平时住在昆明郊外僻静的县里,除到昆明授课外,便是独居著书,用一年时间写了洋洋50万言的

《国史大纲》。陈寅恪曾来这里一游,笑道:"在此写作真大佳事,然使我一人住此,非得神经病不可。"钱穆后转投成都的齐鲁大学,同样选择城外三十余里的一座孤宅。他函告学生:"乡居最惬吾意。"

钱穆与钱锺书家有旧。杨绛和钱锺书订婚后,1933年秋天从无锡北上清华读书,钱穆则在燕京大学教书,钱锺书的父亲便把杨绛介绍给钱穆同行,以便有个照应。两人一路无话,杨绛回忆说:"我们买的是三等坐席,对坐车上,彼此还陌生,至多他问我答,而且大家感到疲惫,没有什么谈兴。"车过蚌埠后,窗外一片荒凉,"没有山,没有水,没有树,没有庄稼,没有房屋,只是绵延起伏的大土墩子。"杨绛叹气说:"这段路最乏味了。"钱穆却说:"此古战场也。"钱穆告诉杨绛,哪里可以安营,哪里可以冲杀。杨绛说:"尽管战死的老百姓朽骨已枯,磷火都晒干了,我还不免油然而起了吊古之情,直到'蔚然而深秀'的琅琊山在望,才离开这片辽阔的古战场。"

汪曾祺在高邮县城读初中时,护城河沿河栽有一排很大的柳树。汪曾祺说:"柳树远看如烟,有风则起伏如浪。我第一次体会到什么是'烟柳'、'柳浪',感受到中国语言之美。可以这样说:这排柳树教会我怎样使用语言。"

1948年夏天到1949年夏天,汪曾祺在北平午门的历史博物馆工作了一年。他后来回忆:"到了晚上,天安门、端门、左右掖门都关死了,我就到屋里看书。我住的宿舍在右掖门旁边,据说原是锦衣卫——就是执行廷杖的特务值宿的房子。四外无声,异常安静。我有时走出房门,站在午门前的石头坪场上,仰看漫天星斗,觉得全世界都是凉的,就我这里一点是热的。"

钱穆是无锡人,他在20岁上下的时候,大约有一年时间,每周都坐船来往于家乡的梅村和荡口两镇。他晚年回忆说："余坐船头上，读《史记·李斯列传》，上下千古，恍如目前。余之读书，又获深入新境，当自读此篇始。"

曹聚仁 20 多岁时，在暨南大学教书。学校设在距上海十多公里远的真如镇，那里还是旷野，一派野趣横生的景致。曹聚仁说："那时的真如，可以说是十足的农村生活，环绕暨南四周围的村落，都是平房，和我自己家乡的农村差不多，因为海风大，绝少有楼房。散散落落，有几处园子，连带有几座楼房，那都是上海大户人物的郊外别墅，假日消闲之地，并不出租的。后来，我和张天放师，总算找到了一所靠近杨家桥的楼房一同住下，当我们厌倦于上海尘杂生活的时候，这是很好的新环境。""住在洋楼里，欣赏农村景物，当然是高雅的，隔篱桃花盛开，一阵风过，送来了菜花香，岂不是羲皇上人？这样的诗意生活，我是领会得的。"

1924 年 6 月，周作人去山东讲学，6 月 1 日车抵济南，他在一封信中说："十点钟车到济南站后，坐洋车进城，路上看见许多店铺都已关门，一一都上着'排门'，与浙东相似。我不能算是爱故乡的人，但见了这样的街市，却也觉得很是喜欢。有一年夏天，我从家里往杭州，因为河水干涸，船只能到牛屎浜，在早晨三四点钟的时分坐轿出发，通过萧山县城，那时所见街上的情形，很有点与这回相像……我不能说排门是比玻璃门更好，在实际上玻璃门当然比排门要便利得多。但由我旁观地看去，总觉得旧式的铺门较有趣味。"

黄裳的少年时代是在天津度过的。他说："在我的记忆里，天津这个城市是温暖的，是一个非常值得留恋的地方。"他回忆说："在梨栈十字路口的转角，有一家天津书局，小小的只有一间门面，但橱窗的布置却很有特色。一个冬天的傍晚，天上飘着雪花了，正是华灯初上的时候,我在这橱窗里看到了用棉花铺成的雪地、红丝带捆好的贺年片、小纸房子、'故宫日历'……错落地安排在'雪地'上,还有几本新书。行人匆匆地从背后走过,没有谁停下来欣赏这美丽的雪景。我想,这大概就是给我带来温暖回忆的一个特定场景。"

抗战期间,黄裳到重庆读大学,曾在长江上游的小镇上住过一段时间。他后来回忆:"乡居寂寞得很。当时是初春,常常和朋友到江边渡口的小竹棚里,喝着用小玻璃瓶装的橘精酒,吃豆腐干,喝苦苦的沱茶。看看鼓吹过江的上坟船,听听充满了寂寞哀愁的船夫的歌声,同时心里也总想着忘不了的一些人和事。"

王维诗云:"雨中山果落,灯下草虫鸣。"钱穆说:"诵中国诗此十字,亦如读西方一部哲学书。"他解释说:"枯坐荒山草庐中,雨中果落,灯下虫鸣,声声入耳,乃使我心与天地大生命融凝合一……又兼及自然科学,生物学。着语不多,而会心自在深微处。此为音乐人生与数理人生、物质人生之境界不同,亦即双方文化不同之所在也。"他还由此联想到自己的一段切身感受以为呼应:"余在对日抗战中,曾返苏州,侍奉老母,居耦园中。有一小楼,两面环河,名听栌楼。一人独卧其中,枕上梦中,听河中栌声,亦与听雨中山果灯下草虫情致无殊。乃知人生中有一音的世界,超乎物的世界之上,而别有其一境。"

18．识见

诗人朱湘15岁考入清华，后因抵制学生早餐时的点名制度，记满三个大过而被学校开除。他在写给低两级的同学罗念生的信中说："你问我为何要离开清华，我可以简单回答一句，清华的生活是非人的，人生是奋斗，而清华只是钻分数，人生是变换，而清华只有单调，人生是热辣辣的，而清华是隔靴搔痒。我投身社会之后，怪现象虽然目击耳闻了许多，但这些正是真的人生。至于清华中最高尚的生活，都逃不出一个假，矫柔。"后来他还当面告诉罗念生，他恨死了清华，他若是有仇人，一定劝他送儿子入清华，这样才害得死人。

朱湘从不看电影，认为那不是艺术。

上世纪20年代，丁西林对梁实秋说，他理想的家庭具备五个条件：一是糊涂的老爷，二是能干的太太，三是干净的孩子，四是和气的佣人，五是二十四小时的热水供应。

丰子恺说："趣味，在我是生活上一种重要的养料，其重要几近于面包。别人都在为了获得面包而牺牲趣味，或者为了堆积法币而抑制趣味。我现在有幸而没有走上这两种行径，还可省下半只面包来换得一点趣味。"

学者钱穆认为，快节奏、功利化的生活，不是一种高级活法。上世纪40年代，他曾说："从鸦片战争五口通商直到今天，全国农村逐步破产，闲散生活再也维持不下来了，再不能不向功利上认真，中国人正在开始正式学忙迫，学紧张，学崇拜功利，然而忙迫紧张又哪里是生活的正轨呢。功利也并非人生之终极理想，到底值不得崇拜，而且中国人在以往长时期的闲散生活中，实在亦有许多宝贵而可爱的经验，还常使我们回忆与流连。这正是中国人，尤其是懂得生活趣味的中国人今天的大苦处。"

钱穆理想的生活环境是什么呢？他说："人类断不能没有文化，没有都市，没有大群集合的种种活动。但人类更不能没有的，却不是这些，而是自然、乡村、孤独与安定。人类最理想的生命，是从大自然中创造文化，从乡村里建设都市，从孤独中集成大群，从安定中寻出活动。若在已成熟的文化，已繁华的都市，已热闹的大群，已定形的活动中讨生活，那只是挣扎。觅享用，那只是堕退。问前途，也恐只有毁灭。想补救，只有重返自然，再回到乡村，在孤独的安定中另求生机，重谋出路。"

钱穆还说："一切物质生活全没多大深度，因此影响于全部人生的，也并不深刻。乘飞机，凌空而去，只是快了些，并不见得坐飞机的人，在其内心深处，便会发出多大变化来……若使其人终身囿于物质生活中，没有启示透发其爱美的求知的内心深处。一种无底止的向前追求，则实是人生一最大缺陷而无可补偿。人生只有在心灵中进展，绝不仅在物质上涂饰。"

闻一多任青岛大学教授时，曾在一封信里说："我们这青岛，凡属于自然的都好，属于人事的种种趣味，缺憾太多。"

丰子恺喜欢到一些没名的、游人多不会光顾的去处赏景。他说："我把三潭印月、岳庙等大名鼎鼎的地方让给别人游。人弃我取，人取我与。这是范蠡致富的秘诀，移用在欣赏上，也大得其宜。"

钱锺书说："吃饭有时很像结婚，名义上最主要的东西，其实往往是附属品。吃讲究的饭事实上只是吃菜，正如讨阔佬的小姐，宗旨倒并不在女人。这种主权旁移，包含着一个转了弯的、不甚朴素的人生观。"

林语堂在评价明代李笠翁所提出居室的"自在"和"独立性"这两大要素时，认为"自在"比"独立性"重要。他说："因为一个人不论他有怎样宽大华丽的房屋，里边总有一间他所最喜爱，实在常处的房间，而且必是一间小而朴素，不甚整齐，和暖的房间。"他尤其欣赏李笠翁的这样一段见解："凡人止好富丽者，非好富丽；因其不能创异标新，舍富丽无所见长，只得以此塞责。"

1924年5月31日，周作人在津浦铁路的火车上致信孙伏园说："我并不是不要吃大菜的，但虽然要吃，若在强迫的非吃不可的时候，也会令人不高兴起来。"

1924年，周作人在一篇文章中写道："我们于日用必须的东西以外，必须还有一点无用的游戏与享乐，生活才觉得有意思。我们看夕阳，看秋河，看花，听雨，闻香，喝不求解渴的酒，吃不求饱的点心，都是生活上必要的——虽然是无用的装点，而且是愈精炼愈好。"

徐志摩与张幼仪离婚后，张幼仪的哥哥张君劢反对妹妹再嫁，说:"女人只能出嫁一次,否则中国的风俗都没有意义了。"

上世纪40年代,学者金性尧的一个朋友想把杭州一所三上三下的旧式住宅卖掉,在西湖边另建别墅。金不赞成长居湖滨,这涉及他的一套对生活的理解:"我们对于一切美的欣赏,应该保持一点心理距离;如果一天到晚的对着湖光山色,则湖山就未必能引起我们深切的依恋,深切的低徊,反而会感到厌倦。最好,与住所相距有十里之遥,偶然的于一个月中,来此盘桓徜徉,方能于精神上、于心理上,有一番愉快轻松的调剂,然后又依依的跟它叩别,留下了不可磨灭的印象。正如天天读李杜的诗篇,也会逐渐生厌,所谓忙里偷闲,方是真正的领略悠闲之趣。否则,便流于无聊和扯淡,变成'几乎无事的悲剧'了。少时读宋人诗云:'因过竹院逢僧话,偷得浮生半日闲',至今犹觉绿叶森森中有此悠然一境,这样的半日之闲,才抵得上十载劳顿。"

赵景深说:"钱歌川是有生活情趣的,他不把生活过得公式化。"

钱锺书说:"心直口快的劝告,假使出诸美丽的异性朋友,如闻裂帛,如看快刀切菜,当然乐于听受。不过,照我所知,美丽的女郎,中外一例,说话无不打着圈儿拐了弯的;只有身段缺乏曲线的娘儿们儿,说话也笔直到底。""无友一身轻,威斯娄的得意语,只算替我说的。"

梁思成说:"我们有传统习惯和趣味,家庭组织、生活程度、工作休息,以及烹饪、缝纫、室内的书画陈设、室外的庭院花木,都不与西人相同。这一切表现的总表现曾是我们的建筑。"

谢六逸写信给友人:"聪明人不愿结婚,甚至不必有个家。"谢本人不仅结了婚,而且有一群孩子,有一个令人羡慕的美满的家。

吴宓说:"除了学术与爱情,其他问题一概免谈。"

梁漱溟曾谈及择偶标准:"在年龄上,在容貌上,在家世上,在学识上,我全不计较,但愿得一宽和仁厚的人。不过,单是宽仁而缺乏超俗的意趣,似乎亦难与我为偶;有超俗的意趣,而魄力不足以副,这种人是不免要自苦的;所以宽仁超俗而有魄力者,是我所求。这自然不容易得,如果有天资大略近乎这样的,就是不识字亦没关系。"

梁实秋说:"齐(如山)先生心胸开朗,了无执著,所以他能享受生活,把生活当作艺术来享受,所以他风神潇洒,望之如闲云野鹤。他并不是穷奢极侈地去享受耳目生色之娱,他是随遇而安的欣赏社会人生之形形色色。他有闲情逸致去研讨'三百六十行',他不吝与贩夫走卒为伍,他肯尝试各样各种的地方小吃。有一次他请我们几个人吃'豆腐脑',在北平崇文门外有一家专卖豆腐脑的店铺,我这北平土著都不知道有这等的一个地方。"

杨振声说:"字画只求其好,何必名家?"

有人曾向鲁迅提起,欧阳予倩、田汉等人想以改良京剧来宣传救国思想,鲁迅笑道:"以京剧来宣传救国,那就是:'我们救国啊啊啊啊了,这行么?'"

张爱玲着装分不出前卫还是落伍。一次她去印刷所看书稿的校样,在与女工聊天时说:"要想让人家在那么多人里只注意你一个,就得去找你祖母的衣服来穿。"女工问:"穿祖母的衣服,不是和穿寿衣一样了吗？"张说："那有什么关系，别致就行。"

1936年春天的一个傍晚，作家吴朗西去永安公司附近赴宴。下了电车后，他先去一家彩票店买航空公司奖券撞撞运气。此时，有人过来拍他的肩膀，吴回头一看，是鲁迅，他一时紧张，说不出别的话来，便问鲁迅："先生，您买不买奖券？"鲁迅笑答："我从来不买发财票。"

鲁迅说："诚然，用经济学的眼光看起来，在现制度下，'闲暇'恐怕也确是一种富。"

邵洵美认为：赌博富于诗意。

金岳霖说："沈从文先生从前喜欢用'打发日子'四个字来形容生活。"

金岳霖说："30年代相当早的时候，唐擘黄先生同我从晚八点开始讨论'雅'这一概念，一直讨论到午夜两点钟以后，我们得出的结论只是这东西不能求，雅是愈求愈求不到的东西。"

徐悲鸿和蒋碧微去法国前逗留北京期间，徐每天四处交际，蒋则枯守家门，她说："往后几十年里，虽然经常听朋友在说北平住家怎么理想，可是我就从来不曾想过要到北平去住。因为在我的记忆里，我那北平一年的生活，只有苦闷和贫穷。"

林语堂说："欲探测一个中国人的脾气，其最容易的方法，莫过于问他喜欢林黛玉还是薛宝钗。假如他喜欢黛玉，那他是一个理想主义者；假如他赞成宝钗，那他是一个现实主义者。有的喜欢晴雯，那他也许是未来的大作家;有的喜欢史湘云,他应该同样爱好李白的诗。"

鲁迅曾在厦门大学执教,他对厦门有如此印象:"此地初见虽然像有趣,而其实却很单调,永是这样的山,这样的海。便是天气,也永是这样暖和,树和花草,也永是这样开着,绿着。"鲁迅还说过:"我不爱江南。秀气是秀气的,但小气。听到苏州话,就令人肉麻。此种语言,将来必须下令禁止。"

梁实秋说:"我虽然足迹不广,但北自辽东,南至百粤,也走过了十几个省,窃以为真正令人流连不忍去的地方应推青岛。"

徐志摩说:"男女之间的情和爱是有区别的,丈夫绝对不能干涉妻子交朋友,何况鸦片烟榻,看似接近,只能谈情,不能爱,所以男女之间最规矩最清白的是烟榻,最暧昧最嘈杂的是打牌。"

1935年10月29日,鲁迅致信曹聚仁:"今天却看先生之作,以大家之注意于胡蝶之结婚为不然,其实这是不可省的,倘无蝴蝶之类在表面飞舞,小报也办不下去。"

鲁迅说:"自己一面点电灯,坐火车,吃西餐,一面却骂科学,讲国粹,确是所谓'士大夫'的坏处。印度的甘地,是反英的,他不但不用英国货,连生起病来,也不用英国药,这才是'言行一致'。但中国的读书人,却往往只讲空话,以自示其不凡了。"

1936年4月,鲁迅致信颜黎民:"我很赞成你们再在北平聚两年;我也住过十七年,很喜欢北平,现在是走开十年了,也想去看看。"

张竞生说:"新男性应该具有硕大的鼻子,浓密的胡须,宽阔的肩膀，强健的肌肉；新女性则应该具有高耸的鼻梁，红润的脸颊，丰满的乳房，肥胖的臀部，粗壮的大腿以及发达的性器官——所有这些都是性交过程中性趣冲动达到最高潮的产物。"

周作人说："在中国我觉得还是北京最为愉快。"

郁达夫说："女人终究是下等动物，她们只晓得要金钱，要虚空的荣誉，我以后想和异性断绝交际了。"

胡适在课堂上曾给"威武不能屈，富贵不能淫，贫贱不能移"这句格言加了一条："时髦不能跟。"

林语堂曾用第三人称自述生活方式："他主张优游岁月，却认为全中国除了蒋先生和蒋夫人，就数他最劳碌。他硬是静不下来，火车老不进站，他一定在站里站外逛来逛去，到商店巡察各种糖果和杂志。宁可走三层楼梯，不愿意等电梯。洗碟子速度很快，却老是打破一两个。他说爱迪生可以24小时不睡觉，不足为奇，端赖你工作专心与否。'一位美国议员演讲五分钟，爱迪生就会睡觉，我也和他差不多。'"

林语堂说："我想一个人的房间，应有几分凌乱，七分庄严中带三分随便，住起来才舒服，切不可像一间和尚的斋堂，或如府第中之客室。天罗板下，最好挂一盏佛庙的长明灯，入其室，稍有油烟气味。此外又有烟味、书味及各种不甚了了的气味……""我要几套不是名士派但亦不甚时髦的长褂，及两双称脚的旧鞋子。居家时，我要能随便闲散的自由……在热度95以上的热天，却应许我在佣人面前露了臂膀，穿一短背心了事。我要我的佣人随意自然，如我随意自然一样。我冬天要一个暖炉，夏天要一个热水浴房。""我要几位知心朋友，不必拘守成法，肯向我尽情吐露他们的苦衷。谈话起来，无拘无碍，柏拉图与《品花宝鉴》念得一样烂熟。几位可与深谈的友人，有癖好，有主张的人，同时能尊重我的癖好与我的主张，虽然这也许相反。"

潘光旦说："我近年来有一个主张，就是觉得大小家庭都不好，最合理的是不大不小的家庭，剔除了大小家庭的缺点。这种不大不小的家庭，是由老壮少三辈组织成的，老人有丰富的经验，壮的有力气做事，少的有理想同朝气，使着家庭的福利能够进步。这样的家庭，可以利用各人的特点，向外发展，对于国家同社会，以及他们的家庭，都是有益处的。"

潘光旦主张女人40岁之前最好在家带孩子，教育子女，等孩子成长起来，母亲再参加社会工作。但这个观点遭到清华女学生几乎一致的激烈反对。

蒋介石说："夫妻谐和为人生唯一之乐事也。"

1925年春，孙中山病重入协和医院，西医已无办法。这时张静江、胡适等人向孙中山推荐中医。孙说："一只没有装罗盘的船也可能到达目的地，而一只装了罗盘的船有时反而不能到达。但是我宁愿利用科学仪器来航行。"

鲁迅说："人到无聊，便比什么都可怕，因为这是从自己发生的，不大有药可救。"

1920年，吴宓与陈寅恪在纽约碰面，当时，两人还是30岁上下的青年，难免谈及爱情与婚姻。吴宓日记记下了陈寅恪的几段论道，如："陈君又论情之为物……而断曰：（一）情之最上者，世无其人，悬空设想，而甘为之死，如《牡丹亭》之杜丽娘是也。（二）与其人交识有素，而未尝共衾枕者次之，如宝黛等及中国未嫁之贞女是也。（三）又次之，则曾一度枕席，而永久纪念不忘，如司棋与潘又安，及中国之寡妇是也。（四）又次之，则为夫妇，终身而无外遇者也。（五）最下者，随处接合，惟欲是图，而无所谓情矣。"又如："陈君寅恪云：'学德不如人，此实吾之大耻，娶妻不如人，又何耻之有？'又云：'娶妻仅生涯中之一事，小之又小者耳。轻描淡写，得便了之可也。'"

南开校长张伯苓说："人可以有霉运，但不可以有霉相。越是倒霉，越要面净发理，衣整鞋洁，让人一看就有清新、明爽、舒服的感觉，霉运很快就可以好转。"

梁实秋说："清茶最为风雅。"他就这个结论所举的例子是："抗战前造访知堂老人于苦茶庵，主客相对总是有清茶一盂，淡淡的、涩涩的、绿绿的。"

汤定之不喜欢荤素搭配的炒菜，说："荤的就是荤的，素的就是素的，何必弄得不荤不素呢！"

丰子恺将人生比作一个三层楼。一是物质生活，二是艺术生活，三是灵魂生活。弘一法师的出家，即是不满足于艺术生活，登上三楼，一探宇宙之真相，人类之究竟。

梁漱溟说："我总是把我的心情放得平平淡淡，越平淡越好。我的生活就是如此。比如，我喝白水，不大喝茶。我觉得茶，它有点兴奋性。我都不要喝茶；白开水好。我吃饮食，要吃清淡的，一切肉类，人家认为好吃的东西我都不要吃，并且我吃得还很少。"

黄裳说："一个人除了吃饭、睡觉、工作之外，总得有点好玩的事做做才会觉得生活有滋味。"

林语堂说:"人生在世,幼时认为什么都不懂,大学时以为什么都懂,毕业后才知道什么都不懂,中年又以为什么都懂,到晚年才觉悟一切都不懂。"

林语堂说:"中国就有这么一群奇怪的人,本身是最底阶层,利益每天都在被损害,却具有统治阶级的意识,在动物世界里找这么弱智的东西都几乎不可能。"

吴昌硕说:"吃东西用筷子,何等文雅,西菜动用刀叉,尚具原始习性,是野蛮习惯,不足取法的。"

画家程瑶笙不缺钱,而自奉甚俭。他不抽烟,不喝酒,食无鱼,出无车,寓中的家具多为从旧货店廉价买来的,一个长几还缺条腿,用煤油箱垫着。但他以济人为乐,曾说:"我得天独厚,福当和人共享。"

吴湖帆对陈巨来说:"凡遇不相识的人,要绝对让人看不出你是个印人,我是个画家。假使叶恭绰对任何人都大谈其铁路建设,梅兰芳对任何人大谈其西皮二黄,岂不自形浅薄?"

钱锺书说:"'永远快乐'这句话,不但渺茫得不能实现,并且荒谬得不能成立。快过的快不会永久;我们说永远快乐,正好像说四方的圆形,静止的动作同样地自相矛盾。""快乐在人生里,好比引诱小孩吃药的方糖,更像跑狗场里引诱狗赛跑的电兔子。几分钟或者几天的快乐赚我们活了一世,忍受着许多痛苦。我们希望它来,希望它留,希望它再来——这三句话概括了整个人类努力的历史。"

周作人很反感用笼子养鸟，他说："如要鉴赏，在它自由飞鸣的时候，可以尽量的看或听，何必关在笼里，擎着走呢？我以为这同喜欢缠足一样的是痛苦的赏玩，是一种变态的残忍的心理。"

1924年12月7日，周作人致信学者江绍源："我的意思，衣服之用是蔽体即以彰身的，所以美与实用一样的要注意。有些地方露了，有些地方藏了，都是以彰身体之美，若是或藏或露，反而损美的，便无足取了。裙下无论露出一只脚两只脚，总是没有什么好看，自然应在纠正之列。"

黄裳年轻时好酒，他是记者，常喝得晃晃悠悠地去上夜班，照写评论不误。他说："喝酒的回忆都是很愉快的。正是因为'少年不识愁滋味'，我一直不能理解为什么酒是可以解忧的。"

林徽因说："颐和园的山太俗气了，颐和园的精华在后山。"

辜鸿铭主张纳妾，他的理由是《字说》中云，"妾"为"立女"，供男子疲倦时靠一靠。有外国女士与之争辩，说未尝不可以反过来，女子累了，用男的做手靠，因而也可以一妻多夫。辜鸿铭反驳的理由是：一个茶壶可以配四个茶杯，没见过一个茶杯配四个茶壶的。

吴佩孚一生，在生活上奉行"三不"主义，即不出洋，不住租界，不娶妾。

1925年，李金发由郑振铎介绍加入文学研究会，成为该会的第149个成员。这个文学青年一旦进了文学的圈子，接触到一帮所谓声名赫赫的人物后，才发觉他们"其实都是亭子间绞脑汁的可怜寒士，若能在中学做一国文教员，或与书局有关系，做一位编辑，便沾沾自喜，终身有托。文人无出路就是如此情形。"李金发最终放弃了他曾经梦想的文学之路。

曹聚仁一生，集学者、作家、报人等于一身，交游极广，可以说文章和朋友都遍天下。他曾在文章中说："说到朋友之间的相处，我该提一提柏斯格（法国17世纪思想家，即帕斯卡）的话：'没有一个人，在我们面前说我们的话，和在我们背后说的会相同的；人与人间的相爱，只建筑在相互欺骗上面；假使每个人知道了朋友在他背后所说的话，便不会有多少友谊能够保持不破裂的了。'朋友相处，也和冬天的刺猬一般，离开得远了，彼此感不到温暖；相处太迫近了，彼此的针又会刺痛了彼此的肉了，只能相互保持若干距离，以彼此能感到温暖而又不至相互刺痛为度。"

朱自清祖籍浙江绍兴，在扬州长大，他说："许多人想到扬州是出女人的地方。但是我长到这么大，从来不曾在街上见过一个出色的女人，也许那时女人还少出街吧！不过从前所谓'出女人'，实在指姨太太与妓女而言，那个'出'字就和出羊毛、出苹果的'出'字一样。《陶庵梦记》中有'扬州瘦马'一节就记的这类事，但我已毫无所知了。另有许多人想，扬州是吃得好的地方。这个保你没错儿。北京人寻常提到江苏菜，总想着是甜甜的腻腻的。现在有了淮扬菜，才知道江苏也有不甜的；但还以为油重和清淡的山东菜不同。其实真正油重的是镇江菜；扬州菜若是让盐商家的厨子做起来，虽不到山东菜的清淡，却也滋润、利落，绝不腻嘴腻舌。不但味道鲜美，颜色也清丽悦目。"

田汉说："婚姻是一条绳索套上脖子，好不自由，最好不结婚，用情人制。"田汉的伴侣安娥的爱情观也与此吻合，她认为，在相爱的男女之间应该"争爱情不争躯壳"，"重内容不重形式"。安娥说："女人为什么非看重结婚这个形式？假如男女的结合是基于爱情的话，同居也好，结婚也好，有什么关系呢？企图用结婚这一形式作为爱情的保障，那是不可能的。"